구름 속의 학교

일러두기

- 책에 QR코드로 수록된 모든 동영상과 자료는
  http://resources.corwin.com/schoolinthecloud에서도 확인할 수 있습니다.
- 제시된 웹사이트는 운영 상황에 따라 접속과 이용이 원활하지 않을 수 있습니다.

컴퓨터 한 대로 시작한 미래형 학교 실험

구름 속의 학교

수가타 미트라 글 | 김보영 옮김

The School in the Cloud

다봄교육

차례

1부 아이들이 인터넷을 만나면 무슨 일이 일어날까?

2부 구름 속의 학교를 짓다

3부 학습의 미래를 엿보다

한국의 교육은 어떻게
수가타 미트라의 영향을 받았나

2013년 9월, 황금 같은 추석 연휴를 수가타 미트라 교수의 인터뷰와 맞바꿨다. TED Prize 100만 달러 상금의 주인공이자 영화 〈슬럼독 밀리어네어〉에 영감을 준 인물, 그는 이미 세계적인 유명 인사였지만 마치 오랫동안 한 마을에 산 아저씨처럼 친절했다. 인터뷰를 마친 후, 영국 뉴캐슬 대학가를 걸어 나오던 길의 두근거림을 잊지 못한다. 그의 통찰을 현실화할 수만 있다면 인류사에 없던 교육실험이 가능하겠다는 기대감 때문이었다.

당시 나는 KBS PD로서 '21세기 교육혁명'을 화두로 실험 다큐멘터리를 제작 중이었다. 시대에 뒤진 학교 교육에서 강의를 없애고 능동적인 학생 중심의 수업을 만들어 보는 것으로 시작했다. '거꾸로교실'로 명명했던 이 실험은 부산의 평범한 중학교에서 9월 초에 시작했다.

그런데 실험 상황을 만들어주자 무기력 자체였던 수업이 일순간에 학생 주도적 수업으로 완전히 바뀌어 버렸다. 활기찬 아이들의 모습은 기뻐할 일임이 분명했지만, 다큐멘터리 제작자로서는 크게 당황했다. 백약이 무효로 보였던 중3 남학생들이 즉각 변한 원인을 설명할 방법이 도무지 보이지 않았기 때문이다.

그 시기에 TED에서 본 벽에 난 구멍Hole in the wall 강연이 떠올랐다. 무섭게 몰입하던 인도 빈민가 아이들의 모습에서 묘한 기시감이 느껴졌고, 특히 강연 마무리에 수가타 미트라 교수가 간략히 언급한 자기주도적 학습환경SOLE이라는 개념에 어떤 실마리가 있는 게 아닐까 하는 호기심이 들었다. 그것이 수가타 미트라 교수에게 만남을 청한 이유였다.

그에게 던진 첫 번째 질문은 "현대 교육의 문제점이 무엇인가?"였다. 하지만 시작부터 허를 찔렸다.

"현대 교육은 존재한 적이 없습니다. 산업혁명 시대의 교육이 계속되고 있는 거죠."

계속된 인터뷰에서 Hole in the wall 프로젝트를 왜 시작했는지, 거기서 읽어낸 SOLE가 무엇인지 직접 듣고서야 SOLE가 통찰의 핵심이라는 것을 알아챘다.

"모든 아이에게는 특정한 환경에서 스스로 조직화해 학습하는 능력이 내재하고 있다. 교육은 그 환경을 만들어주는 것만으로 가능하며, 그것이 적극적으로 개입하는 교육보다 훨씬 효과적이다."

자기주도적 학습환경SOLE과 최소개입교육은 말 그대로 코페르니쿠스적 전환이었다. 인위적으로 외부에서 압박하는 교육이 아니라, 원래 존재하는 내적 학습 능력과 동기를 발현시키는 방식의 교육이라니!

그 스스로 많은 이가 '순진하다고 평가했다'고 이 책에서도 밝혔듯이, 나 또한 예전 같으면 허망한 이상론으로 들어 넘겼을 이야기였다.

하지만 나는 가슴이 두근거렸다. 그가 말하고 있는 현상을 바로 직전 실험을 통해 학생들에게서 보았기 때문이다. 그도 마찬가지였을 것이다. 봤으니까 이해한 것이다. 그런 가설이 그저 머릿속에서 만들어질 일인가?

그는 여기서 한 발짝 더 나아가 이것이 미래 교육의 열쇠라고 말했다. 지금처럼 지식과 정보가 폭발적으로 증가하고 변화하는 시대에 정해진 교과서를 가지고 하는 주입식 교육은 그 한계가 명확하다는 이유였다. 결국, 변화의 시기에 학생들이 길러야 할 능력은 스스로 지식과 정보를 찾아가는 것이며, 그러니 SOLE가 열쇠라는 의미였다.

이 메시지가 국내에서 거꾸로교실 실험 방향을 정교하게 잡아가는 결정적인 전환점이 되었다. 인터뷰 뒤에 그의 소개로 실제 인도의 Hole in the wall 현장을 방문해 SOLE가 어떻게 발현되는지 생생하게 촬영하며 목격했고, 이 책에 등장하는 수가타 미트라 교수의 파트너 리투 당왈 박사와의 인터뷰는 다큐멘터리의 핵심적인 방향타가 되었다.

한마디로 그와 만난 이후 거꾸로교실 실험의 본질은 SOLE를 실현하는 최적의 길을 찾는 것으로 바뀌었다. 결과는 대성공이었으며, 일찍이 없던 수업 혁신의 화두가 되어 한국 교육계를 뒤흔들었다.

2014년 다큐멘터리의 방송 후 수많은 한국 교사와의 워크숍에서 SOLE 개념을 소개했고, 그때마다 뜨거운 반응에 적지 않게 놀랐다. 많은 선생님이 놀라운 속도로 개념을 이해하고 일상적인 수업에서 실행 방법을 만들고 아이들의 변화를 자랑하기 시작했다. 심지어 코로나 상황의 온라인 수업에서도 그 효과는 그대로 발휘되었다. 2021년 상반기까지 워크숍에 참여한 교사 수가 3만 명을 넘었으며, 지금도 확산은 계속되고 있다.

그래서 이 글은 책을 추천하기 이전에 개인적인 감사의 표시이다. 언젠가 꼭 수가타 미트라 교수에게 직접 말씀드리고 싶었다. 뉴캐슬에서 전해 준 당신의 통찰이 수많은 한국의 교사와 아이의 인생에 어떻게 영향을 미쳤는지, 그리고 이미 본인 스스로 알고 계시듯 당신의 메시지가 왜 중단 없이 전파되어야 하는지 말이다.

• 덧붙이는 말 이 책의 사례들이 한국의 상황과 다소 거리감 있다고 느낄 수도 있다. 한국보다 여러모로 열악한 조건이기 때문이다. 하지만 전혀 다른 조건의 인도와 영국에서 똑같이 작동했다는 점에 주목하자. 경험에 비춰 장담할 수 있다. 압도적으로 유리한 정보통신 인프라를 갖춘 한국이 훨씬 더 실현하기 좋은 조건이다.

정찬필
(사)미래교실네트워크 사무총장, 전 KBS PD

종이에 점 하나를 찍고 간단한 규칙들을 만든다. 여기서 어떤 상황에 놓인 아이들에게라도 변화를 가져올 완전히 새로운 교육 모델이 나온다. 불가능하다고 생각된다면 이 책을 읽기 전에 먼저 마음을 열어야 한다. 기존의 학교교육을 재창조해서 인도 빈민가 아이들과 학교교육 전체를 어떻게 해보겠다는 거창한 생각부터 할 것이 아니라 점 하나같이 단순한 생각에서 시작하여 앞으로 나아가야 한다. 이 점에서 구름 속의 학교라는 혁신으로 나아가는 놀라운 여정은 부유한 곳이든 가난한 곳이든 전 세계 어디에나 적용될 수 있지만, 그것이 가능하려면 마음을 열고 경이로움을 느낄 줄 알아야 한다.

　서구 세계에는 학교교육의 문법이 존재한다(Tyack & Cuban, 1995; Tyack & Tobin, 1994). 교사 한 명이 줄기차게 말하고, 학생을 연령에 따라 20~30명 또는 그 이상으로 묶어서 가르치며, 교실 안에서 모든 일이 이루어지고, 교과서와 시험과 성적이 있다. 학습의 문법도 있다. 기존의 학습에서는 사실과 지식, 피상적인 사상이 우선시된다. 배우기 위해 많은 일을 하고 그것이 바람직하게 여겨지며, 학생들이 계속 뭔가를 하게 만들기 위해 흥미롭고 주의를 끌 만한 활동에 초점을 맞춘다. 학교에서 배울 수 없을 때 활용할 수 있는 대안적인 전략을 가르치는 일은 거의 없다. 젠킨스(Jenkins, 2008)가 보여주었듯이 5세 아동의 97% 이상이 학교에 가서 배우고 싶어 하지만 초등학교를 졸업할 무렵에는 이 수치가 30~40%로 떨어진다. 고등학교에 가면 약간 회복되지만, 그래봐야 한 반에서 5~7명만이 배우고 싶어서 학교에 오는 수준이다.

그럼에도 서구의 학교들은 '많이 아는 것'을 선호하는 국가시험이나 국제학력평가 등에서 좋은 성과를 거두어왔다. 많은 교사가 심화학습을 발전시키고 호기심을 키우며 교실을 학생들이 오고 싶어 하는 곳으로 만들기 위해 노력하고 있다는 여러 증거도 있다(Hattie, 2009). 그러나 이 모델은 비용이 많이 들 뿐만 아니라 학교를 운영하기 위해 관리자와 교사의 전문성을 개발하는 데에도 많은 노력이 요구된다. 그렇다면 그럴 만한 자원이나 학교 시스템의 긴 역사가 없는 나라의 학생들은 어떻게 해야 할까? 이런 학교를 지을 수 있을 때까지 학생의 성취도 향상은 미뤄두어야 하는 것일까?

수가타 미트라는 서구 세계의 성공적인 모델을 어떻게 복제할 것인지가 아니라 어떻게 하면 테크놀로지를 활용해 완전히 다른 유형의 학교교육을 구상할 수 있을지 묻는다. 그는 하나의 아이디어에서 시작해 그것을 '벽에 난 구멍Hole-in-the-Wall'으로 그리고 '구름 속의 학교The School in the Cloud'로 확장했다. 그는 이 구멍과 구름이 어떤 일을 할 수 있을지 내다보고 있었다. 그것은 그저 희망을 품고 지켜보자는 것이 아니라 문제를 해결하고 아이디어를 내고 여러 아이디어를 연관 짓는 데 필요한 지식을 알려주려는 의도적인 한 수였다. 학생들에게 많은 것을 알려줄 필요는 없다. 지식을 연관 짓고 확장하고 발견하고 창조할 만큼의 재료만 주면 된다. 수가타 미트라의 비전에서 이 균형은 매우 중요했다.

최근에 우리 연구팀은 무엇이, 언제, 왜 가장 효과적인지 확인하기 위해 여러 학습 전략을 종합해보았다(Hattie & Donoghue, 2016). 어떤 전략은 특정 목적을 달성하는 데, 예를 들어 단편적인 지식을 배우는 데 효과적이지만 그 전략으로는 지식들 간의 관계를 배우기 힘들다. 이와 반대로 지식들 사이의 관계를 배우는 데만 효과적이어서 개별 지식을 얻는 데 도움이 안 되는 전략도 있었다. 표면적인 지식과 심층 지식 사이의 균형이 핵심이다. 우리는 너무나 많은－사실상 거의 대부분의－교수법이 둘 중 하나에만 효과적이라는 점에 주목했다.

'직소jigsaw 협동학습'은 예외였는데, 그 방법은 다음과 같다. 교사가 하나의 대주제와 몇 개의 하위 주제를 소개하면 학생들은 홈그룹home group으로 나뉜다. 홈그룹의 구성원은 각각 하나의 하위 주제를 맡는다. 그다음에 같은 주제를 맡은 학생끼리 전문가 집단을 만들어 그 주제에 관해 조사하고 토론하며 연구한다. 연구가 끝나면 홈그룹으로 돌아가 다른 구성원들에게 그 결과를 보고한다. 보고가 다 끝나면 홈그룹의 각 구성원이 모든 하위 주제에 관해 배우게 된다. 직소 협동학습은 모두 함께하는 활동이나 과제로 마무리될 때가 많다. 이 방법의 강점은 표면적인 학습과 심화학습 사이의 균형에서 나온다. 학생들은 지식을 익힌 뒤 그것을 활용하는 데까지 나아가며, 모든 학생이 개별 학습자인 동시에 집단 전체의 학습에서 중요한 부분을 책임진다.

학생들에게 인터넷에 접속할 수 있게 해주고 거기에서 얻은 표면적 지식으로 할 수 있는 과제를 주는 방식도 크게 다르지 않다. (많이 아는 것에 집착하는 서구의 교사들 다수는 지식을 인터넷으로 대체하는 이 시나리오에 움찔할지도 모른다!) 인터넷은 학생들에게 언어, 질문하는 법, 검색 방법을 가르쳐주며 의견과 편협한 주장과 선전을 구별하는 법을 배우게 해준다.

인터넷 덕분에 컴퓨터 너머의 '영어 할머니'도 만날 수 있다. 할머니들은 가르치지 않고 단지 이야기만 들려주며, 학생들은 이야기를 듣고 할머니와 대화를 나눈다. 인터넷에서 이러한 기술을 익히는 것은 학생들이 단순한 지식에서 특정 주제와 문제로 이행할 수 있게 해주는 준비 과정이다. 호기심 품기, 탐구하기, 여러 아이디어 사이의 관계 파악하기, 더 알고 싶어 하기. 바로 이것들이 우리가 모든 학생에게 바라는 바다.

　우선 표면 지식과 심층 지식 사이에서 적절하게 균형을 맞추고 있다는 점을 비롯하여 이 책 곳곳에서 나의 '가시적 학습' 개념과 일맥상통하는 지점을 찾을 수 있다. 학생들은 끊임없이 자신의 학습을 평가하고, 자신이 무엇을 배울 수 있는지에 대한 높은 기대치를 발전시키며, 앞으로 무엇을 하게 될지가 아니라 무엇을 배우게 될지에 초점을 맞추는데, 이때 골디락스goldilocks 원칙(경제학에서 호황이되 인플레이션이 없는 상태를 가리키는 말로, 너무 뜨겁지도 차갑지도 않게 균형을 유지하는 것을 뜻한다-옮긴이)에 따라 너무 어렵지 않고 그렇다고 지루하지도 않은 과제가 주어진다(2장에서 인지적 복잡성 정도에 따라 여섯 레벨의 질문을 구성한 훌륭한 방법을 볼 수 있다). 오류나 오인을 학습의 기회로 기쁘게 받아들이고 다음에 모험할 대상을 찾고 피드백을 받을 기회로 삼도록 독려한다. 이 모든 전략은 배움의 기회를 극대화하고 학생이 학습의 주도권을 갖게 하며, 무엇보다 '학생이 스스로를 자신의 교사로 보게 만든다'는 목표를 완벽하게 보여준다.

이 모델의 효과는 분명하며, 학생이 정말 배웠는지 그리고 얼마나 깊이 이해했는지를 측정할 방법이 관건이다. 그다음에는 어디로 가야 할까? 학생들이 배운 것을 통해 새로운 자극을 받고 개방적이며 매력적인 다음 질문으로 나아가려면 어떻게 해야 할까? 지루하지 않고 도전 의식이 생길 만하게 난이도를 조절하려면 어떻게 해야 할까?

인도나 자원이 부족한 다른 지역에 여러 시사점을 주는 것이 사실이지만 구름 속의 학교는 다양한 지역에서 가동하고 있다. 다만 권력과 중심의 이동이 필요하다. 교사는 말을 줄이고 인터넷을 주된 자원(배우기 전이라도 인터넷에서 알 수 있다)으로 수용하는 법을 배워야 하며, 학습 성과를 평가할 때 얼마나 많이 아는지뿐만 아니라 얼마나 깊이 이해했는지를 반영해야 하며, 현행 교육과정의 많은 내용을 포기해야 하며, 고정된 교실에서 벗어나 돌아다니는 데 익숙해져야 한다. 또한 줄 맞춰 앉기, 차임벨,

교사의 지시, 너무 많은 할 일의 제약만 없다면 모든 학생이 감추어져 있던 잠재력과 흥미를 발산할 수 있다는 사실을 인정해야 한다.

구름 속의 학교를 방문한 어느 고명한 교수가 수업을 참관하는 동안에는 놀라움과 감동을 드러냈지만 결국 "이제 연구실로 돌아가서 이론적으로 맞는지 검토해봐야겠군"이라고 했다는 일화를 상기해보면, 아직 할 일이 많다. 그러나 이 책은 낮은 기대치라는 인위적인 한계를 깨뜨리고, 가난한 지역의 학생에게 눈부신 성과를 보인 방법이 부유한 학생들에게도 적용될 수 있음을 보여준다(이와 반대로 부유한 국가에서 성공한 방법이 빈곤국에는 적용되지 않는 경우가 많다).

수가타 미트라는 위험한 생각을 지닌 사람이다. 그렇지만 그 생각이 옳을 수도 있다. 그는 강한 힘으로 점들을 연결한다. 혼돈의 가장자리에서 무슨 일이 일어날지 모르니, 그와 함께 그 끄트머리에서 짜릿한 스릴을 즐기라.

존 해티
호주 멜버른 대학교 교육대학원 교수

서문 II

아이들의 학습에 관한 책에 아이들이 서문을 쓸 수 있을까? 한번 시험해보고 싶어서 런던에 있는 벨빌 초등학교로 갔다. 몇 해 전에 교장 존 그로브의 초청으로 이 학교에서 자기조직적 학습환경(SOLE. 이에 관해서는 본문에서 설명할 것이다)을 시연한 적이 있는데, 그 후 여러 차례 방문하여 아이들과 매우 흥미로운 시간을 보냈다. 이번에 연구 주제로 던진 질문은 이것이었다. '집단의 목소리'를 내는 '집단 글쓰기'가 가능한가?

실험에 참여한 3G반 아이들은 일곱 살이었다. 나는 아이들을 만나 내가 책을 한 권 썼는데 서문을 써주면 좋겠다고 말했다. 아이들은 서문이 뭔지 몰랐다. "너희들이 알아내보렴." 교사들이 그 과정을 참관했고 실험에 필요한 기기나 물품을 준비해주었다. 아이들에게는 한 마디도 말을 걸지 말아달라고 요청했다. 그들은 톰 그린, 제임스 캐니포드, 앤드루 퍼니스, 캐런 테일러, 알렉산드라 에드워즈로, 이후의 토론을 위해 연구 모임을 만들었다. 존 그로브 교장과 더불어 이 실험을 가능케 한 교사들에게 감사를 전한다.

아이들은 이 책의 핵심적인 일곱 개 장 원고를 가지고 네 명 정도씩 나누어 앉았다. 각 조에서는 원고를 큰 소리로 읽는 '연설가', 모르는 단어나 개념을 인터넷으로 찾는 '연구자', 두 명의 '서기'를 뽑았다. 놀랍게도 이 모든 일이 저절로 이루어졌다. 열흘쯤 지나서 학교에 다시 가보니, 아이들은 서문의 뜻을 알아냈으며 첫날 기록한 내용으로 글을 써놓았다. 여기 그 놀라운 작품이 있다. 아이들이 쓴 그대로, 손대지 않았다.

수가타 미트라

이 책은 자기조직적 학습환경SOLE에서 배우는 학생들 이야기예요. 전 세계 여러 나라 어린이들이 SOLE를 경험했어요. SOLE는 아이들이 스스로 배우는 거예요. SOLE에는 선생님이 없어요. 아이들이 SOLE를 더 많이 해야 하니까 선생님은 필요 없어요. 이 책은 선생님들에 관한 평범한 책이 아니에요. 학생들이 스스로 공부하고 가르치는 방법에 관한 책이에요. 이 책에는 아이들이 어떻게 스스로 배울 수 있는지도 써 있어요. SOLE는 미트라 교수님이 더 많이 하고 싶어 하는 거예요.

지금까지 우리가 들은 수업에서는 항상 선생님이 답이나 단서를 주고 아이들은 질문에 대답해요. 이렇게 가르치는 것은 선생님이 지칠 때가 있다는 문제가 있어요. 아이들이 SOLE를 하게 하면 그런 문제가 없을 것 같아요. 우리는 더 많이 우리 스스로 하고 싶어요. 학생들에게 스스로 할 수 있는 힘을 주어야 해요.

　이 책은 아이들이 스스로 배우게 해서 문제를 고치려고 해요. 아이들이 함께 이야기할 수 있으니까 서로서로 배워요. 이 책을 읽으면 스스로 배우는 아이들을 특히 강조한다는 걸 알게 될 거예요. 아이들은 SOLE 수업으로 몇 년 동안 자기들끼리 공부했어요. 본래는 어른한테 배우고 있었는데 미트라 교수님이 시스템을 바꿨어요. 아이들은 독립적이고 여럿이 함께 SOLE를 해요.

　이 책은 학생이 스스로 배우며, 도와줄 선생님은 필요하지 않다는 점을 강조해요. 어린 학생은 SOLE 덕분에 몇 년 동안 스스로 공부하고 있어요.

　이 책이 특히 중요한 이유는 아이들이 어떻게 독립적으로 학습을 발전시킬 수 있는지를 보여주기 때문이에요. 이 책을 읽고 아이들이 인터넷을 쓸 수 있게 해주는 게 왜 중요한지 알아보세요. 미트라 교수님은 아이들이 독립적으로 또는 그룹으로 배워야 한다고 말해요.

　이 책은 아이들에 관한 책이지만 어른을 위한 책이에요. 아이들은 독립적으로 혼자 공부할 수 있어야 해요. 아이들은 스스로 배울 수 있어요.

이 책은 SOLE에 관한 책이니까 읽어보세요. 따분한 옛날 선생님들에 관한 책이 아니에요. 아이들에게 선생님이 필요 없다는 사실을 깨달을 거예요. 아이들은 '구름' 속에서 배울 수 있는 것 같아요. 이 책은 재미있을 거예요. 미트라 교수님은 경험이 많은 선생님이니까요. 이 책을 다 읽고 또 다르게 배우는 방법을 상상해보세요.

런던 벨빌 초등학교 3G반

감사의 글

이 책은 아이들에 관한 책이다. 나는 단지 그들의 전령일 뿐이다. 1999년 처음 실험을 시작하고서 강연이나 원고를 청탁받았을 때 나는 사회과학을 정식으로 공부한 적이 없어서 걱정이 컸다. 그렇지만 물리학에 관해서는 어떻게 말하거나 글을 써야 하는지 알고 있었다.

그래서 사회과학과 관련된 서술을 한다면 '내가 한 것'과 '내가 관찰한 것' 두 가지만 하기로 결심했다. 두 가지만 정직하게, 내 능력껏 해낸다면 나는 안전할 테니까. 이 책에서 나는 되도록이면 이 규칙을 따랐다. 내 것이든 남의 것이든 의견을 담는 일은 피했다. '내가 생각한 것'이나 '아무개가 나에게 말해준 것'은 대체로 이 책에 들어 있지 않다.

이 책에 나오는 프로젝트를 도와준 사람도 많고 이 책을 쓰는 데 도움을 준 사람도 많다. 그 사람들을 모두 나열하려고 해봐야 불완전하고 공정하지 못한 명단밖에 안 될 것이다.

프로젝트 자금을 지원해준 기관들을 나열하기는 그리 어렵지 않다. NIIT의 라젠드라 파와르 회장과 CEO 비제이 타다니는 거의 20년 동안 나의 기벽을 참아주었다. 내가《패트리엇》신문사에서 일할 때 아루나 아사프 알리 회장은 늘 나를 "인간 컴퓨터"라고 부르곤 했다. 벽에 난 구멍 실험을 무척 좋아했던 전前 델리 주지사 셰일라 딕싯은 실험을 하는 동안에는 더 살찌지 말라며 건강을 걱정해주었다. 인도 ICICI은행의 사회적 책임 부문은 '상부'의 완강한 반대를 뚫고 자금을 지원해주었다. 세계은행 제임스 울펀슨 총재는 나에게 "얼마가 필요한가요"라고 물어본 적이 있다. 제임스 툴리는 나를 영국으로 불러주었다. 나를 임용한 뉴캐슬 대학교는 내가 어디에 있으며 언제 돌아올지 한 번도 묻지 않았다. MIT 미디어랩의 니컬러스 네그로폰테는 내가 이해하지 못하는 분야는 건드리지 말라고 경고했다. TED 대표 크리스 앤더슨은 "나는 그가 자신이 하는 일이 무엇인지 알고 있다고 생각한다"라고 말했는데, 그것은 내가 한 번도 받아보지 못한 최고의 칭찬이었다. 그리고 리허설도 없이 나를 TED 무대에 세우고 100만 달러의 상금까지 주었다. 이들 모두가 나를 도와주었으며 내가 이룬 일은 이들이 있었기에 가능했다.

그리고 전 세계의 아주 많은 교사가 있다. 그들은 내 실수를 언제나 친절하게 지적해주었다.

끝으로 나의 모든 친구, 그 유쾌하고 선량한 사람들에게 전한다. 너희들의 방해(!)에도 불구하고 책을 마쳤다고.

상상력의 중요성

프렐류드는 혼돈 속에서 저절로 출현하는 질서에 관한 이야기다. 공포물이냐고? 교육을 다룬 글을 읽으려고 이 책을 집어 든 독자에게 뜻밖일 수도 있겠다. 그러나 믿어라. 조금 이상할지는 몰라도 연결되는 지점이 분명히 있으니까. 영 다른 이야기를 하는 것처럼 느껴진다면 건너뛰어도 되지만 책을 끝까지 읽은 다음에라도 프렐류드를 읽기 바란다. 그때는 내가 하려는 말을 이해할 수 있을 것이다.

우리는 무엇이든 상상할 수 있다. 수조 안에서 불타고 있는 물고기를 상상할 수도 있다. 실제로는 일어날 수 없는 일이다. 그것은 오직 우리 머릿속에만 존재한다.

그런데 만일 우리가 상상하는 모든 것이 현실 어딘가에 존재한다면 어떨까? 상상이 우리의 두 눈처럼 일종의 신체기관이어서 과거·현재·미래에 존재하는 여러 가지를 볼 수 있게 해준다면?

인과관계를 생각하다가 문득 의문이 들었다. 인과관계는 과거에서 현재로만 흐른다. 언제나 원인은 과거에, 결과는 현재에 있다. 왜 원인이 늘 결과보다 **앞서야** 할까? 원인이 결과 이후에 올 수는 없을까?

말도 안 되는 얘기다. 그래서 나는 동료 수자이와 함께 실험을 해보기로 했다. 몇 년 전에 우리는 시간대칭적^{time symmetric} 인과 체계 – 이전에 일어난 일과 이후에 일어난 일이 **모두** 어떤 결과의 원인인 체계 – 를 구축해보았다. 이러한 체계를 '소급적 인과관계^{retrocausality}'라고도 하지만 나는 원인이 결과 이전에 존재할 수도 있고 결과 이후에 존재할 수도 있다는 뜻이 더 잘 드러나는 '시간대칭적'이라는 표현을 더 좋아한다.

간단한 컴퓨터 프로그램을 이용한 실험이었다. 우리는 화면상에 점 하나를 찍고 그 점에 무슨 일이 일어날지와 관련해 간단한 규칙 몇 개를 정했다. 어느 한 점에 일어날 일은 양방향의 인접한 점에 달려 있다. 예를 들어 왼쪽과 오른쪽 모두에 인접한 점이 있다면 과밀하므로 다음 순간 그 점이 사라진다. 양쪽 모두 비어 있는 외톨이 점이라면 양쪽에 점이 하나씩 생긴다. 우리는 이런 종류의 (굳이 말하자면 생사의) 규칙 네 개를 정했다. 이로써 각 단계에서 점들이 어떻게 될지는 바로 전 단계의 점들에 의해 연산된다.

이것은 전산학에서 '세포자동자^{cellular automata}'라고 하는 시스템으로, 소개된 지 꽤 된 개념이다. 이러한 시스템은 상호연결성이 높다. 어느 한 점에 일어나는 일은 다른 모든 점에 영향을 끼치고, 그러한 변화는 이 프로세스가 시작된 최초의 점을 변화시킨다.

이와 같이 상호연결된 시스템을 수학이나 물리학에서는 '복잡동역학계^{complex dynamical system}'라고 일컫는다. 모든 것이 서로 연결되어 있기 때문에 **복잡**하고, 모든 것이 계속해서 변화하므로 **동역학적**이다. 또한 모든 변화는 더 많은 변화를 일으킨다. 변화의 연쇄는 카오스처럼 춤춘다.

알래스카 대학교에서는 이 시스템을 다음과 같이 '공식적'으로 정의

했다.

복잡계의 특징은 부분들 사이에서 자명하지 않은non-trivial 상호작용이 일어나며, 이 때문에 시스템 전체가 부분들을 단순히 합한 것과 다르게 작동한다는 점이다. 서로 연결되어 있는 뇌 속의 신경세포들, 빙하권·수권·대기권이 상호연결된 기후계, 고체나 액체 또는 그 중간의 연성물질에서 입자들 사이에 일어나는 상호작용이 그 예다. 단 두 개의 진자만 연결되어 있어도 진자하나의 운동이 전체를 어떻게 움직이게 할지 이해할 수 없게 된다. 복잡계는 작은 (카오스적) 변화에도 민감할 수 있으며, 무작위적인 사건 발생이 안정화를 일으키는 일부터 예측할 수 없는 시스템 작동 붕괴에 이르기까지 몹시 반(反)직관적인 움직임을 보인다(Wackerbauer, 2010).

복잡계에서는 '창발적 행동'과 '자생적 질서'가 나타날 수 있다. 새들의 무리 비행이나 토네이도 형성이 그 예다. 복잡계가 혼돈에서 질서로이행할 때 우리는 그것을 '자기조직적 체계self-organizing system'라고 하는데,이 책에서 이 용어가 자주 쓰일 것이다.

다시 우리의 실험으로 돌아가보자. 우리는 화면 맨 아래에 점 하나를 생성한 다음 프로그램을 실행시켰다. 그러자 화면이 아름다운 삼각형 패턴으로 가득 찼다. 우리 프로그램에는 삼각형을 만들라는 말이 없었는데!

이 시스템에서 각 단계는 이전 단계의 점들에 의해 만들어지며 미래는 과거의 단계가 다음 단계를 만들어가면서 채워지는 일종의 공백이다.

그런데 미래가 공백이 아니었다면 어떻게 될까? 미래에 이미 일어난

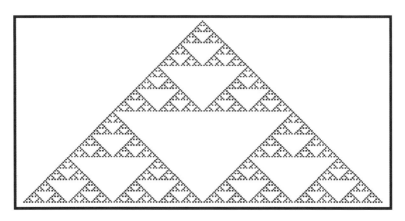

그림 0.1 **시에르핀스키 삼각형**Sierpiński Triangle

시에르핀스키 삼각형은 비어 있는 직사각형 상단 중앙의 한 점을 시작으로 위에서부터 아래쪽을 향해 만들어진다. 각 '시간 단계'에서 어떤 일이 일어날지에 대한 규칙은 각 점의 양쪽에 이웃한 점이 있는지 없는지에 따라 정해진다. 각 단계는 전 단계에 따라 달라진다. 어느 단계에서나 미래에는 미리 정해진 것이 아무것도 없다.

출처: Mitra & Kumar, 2006. Complex Systems Publications Inc.의 허가 아래 사용함.

일이 있다면?

우리는 미래의 어느 단계에 이미 어떤 이미지가 채워져 있는 상황을 동일한 시스템에 제시했다. 마치 미래가 이미 존재했던 것처럼. 우리는 점으로만 이루어진 세상에 미소 짓는 얼굴 그림을 삽입했다. 그러고 나서 다시 프로그램을 실행했다. 점들은 미래를 '만났고' 화면은 아무런 패턴도 없이 요동치는, 무의미한 점들의 혼돈 상태가 됐다. 그러다가 갑자기 혼돈이 사라지고 하나가 아니라 **세 개**의 웃는 얼굴이 우리를 보고 있었다! 점들이 자기가 상상한 미래를 실현한 것이다. 우리의 실험에 관해 더 알고 싶다면 출판된 논문을 보면 된다(Mitra & Kumar, 2006).

웃는 얼굴은 어디로 갔다가 어떻게 돌아온 것일까? 어쩌면 어디로도 '가지' 않고 단지 시스템 전체에 퍼져 있었을 뿐일지도 모른다. 어쩌면 '돌

그림 0.2 미래에 조응하는 과거

미소 짓는 얼굴 그림을 미래에 배치한 뒤 이전에 카오스 패턴을 만들었던 것과 동일한 규칙으로 직사각형 상단 중앙의 점에서 시작하는 삼각형을 만들자 미소 짓는 얼굴 여러 개가 계속해서 다시 나타났다. 미래가 실현됐고, 실현된 미래는 과거가 됐다.

출처: Mitra & Kumar, 2006. Complex Systems Publications Inc.의 허가 아래 사용함.

아온' 것이 아니라 다시 태어난 것일지도 모른다! 어쩌면 우리의 질문 자체가 잘못된 것일 수도 있다.

이 모든 것은 컴퓨터 시뮬레이션일 뿐인데, 현실의 삶과 관련이 있기는 한 걸까? 나는 관련이 있음을 알게 됐다. 자연은 이처럼 역전된 인과관계를 꽤 자주 이용한다.

고요한 수면에서 모든 물 분자는 분자력으로 서로 연결되어 있다. 그 고요함은 위에서 물 한 방울만 떨어뜨려도 깨진다. 물방울이 떨어지면서 생긴 파문은 바깥으로 퍼져나간다. 그러고는 다시 안쪽으로 모인다. 불룩한 부분이 나타나고 매끄러운 수면이 처음에 떨어진 물방울과 거의 똑같은 물방울 하나를 토해낸다. 마치 어떤 기억이 상상 속의 미래로 전환되는 것처럼, 그 물방울은 처음에 떨어뜨린 물방울처럼 다시 물속으로 떨어진다. 물방울은 어디로 갔다가 어떻게 돌아온 것일까?

여기서 말하는 '돌아옴'을 '물의 기억력'이라고 일컫는 미심쩍은 이론과 혼동하면 안 된다. 내가 이야기하려는 것은 물이 뭔가를 기억한다는 것이 아니라 물 전체에 퍼졌던 물방울이 다시 나타나는 것이 자생적 질서를 보여준다는 것이다.

미래가 이미 존재한다고 하자. 그것은 실현되면서 그 체계의 현재가 되고, 그다음에는 과거가 된다. 그렇지 않고 상상한 미래가 실제로 미래에 존재하는 것이 아니라 현재 그것을 상상하는 사람의 마음속에만 존재하는 것이라면 시간대칭적인 인과관계라고 볼 수 없다. 지금 우리의 주제는 '쌍방향적 인과관계'다. 그러나 둘 사이에는 단 하나의 미세한 의미상의 차이만 있을 뿐이다.

그림 0.3의 마지막 사진에 있는 물방울은 분명 첫 번째 사진의 물방울

과 똑같지 않다. 그런 일은 불가능하다. 우리의 시뮬레이션에서 미소 짓는 얼굴 그림이 나머지 점들과 합해졌듯이, 처음에 떨어뜨린 물방울도 물 전체와 합해졌을 것이다.

재생된 물방울과 재생된 미소 짓는 얼굴은 각각 서로 연결된 수많은 물분자 또는 시뮬레이션 내의 수많은 점에서 창출된 산물이다. 둘 다 처음에 가한 개입의 '환생' – 체계에 의해 생산된 이것을 묘사할 더 나은 단어는 무엇일까 – 이다. 조건이 완벽하다면 환생한 물방울은 처음에 떨어뜨린 물방울과 같을 것이다.

그렇다면 정말로 물이 기억하는 것일까? 그건 너무 말이 안 되고 '기억'이라는 단어는 지나치게 의인화한 표현이다.

그러나 점 실험의 세포연결자처럼 물도 구성요소들이 서로 연결된

그림 0.3 **물의 기억력?**

출처: iStock.com/SoraPhotography

체계라고 본다면, 초기의 자극이 어떻게 '기억되고' 복제되는지 이해하기 쉬워진다. 그것은 마술이 아니라 복잡동역학계 본연의 특성이다.

물방울이 아닌 다른 것을 떨어뜨렸다고 가정해보자. 수면에 뭐가 떨어지는 모습을 슬로모션으로 촬영한 영상은 많다. 그중에 MIT에서 튜브 모양의 금속 물체가 물에 떨어지는 모습을 고성능 카메라로 담은 비디오가 눈에 띄었다(그림 0.4).

금속 물체가 떨어지자 물이 튀어올랐는데, 놀랍게도 그것은 침입자의 모양을 닮아 있었다! 똑같지는 않지만 묘하게 비슷했다. 금속이 들어갔는데 물이 나왔으니 환생이라고는 할 수 없을 것이다. '유령'이라고 부르기로 하자.

물 분자들이 '보고 경험한' 것을 복제할 수 있는 것일까? 세포자동자

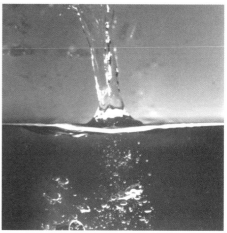

그림 0.4 **물방울 복제**
출처: 유튜브 영상 "High Speed Imaging: Object dropping into water"(https://youtu.be/pLL6oseE5_U)

실험에서 프랙털 이미지를 만들어낸 것과 동일한 메커니즘일까?

텅 빈 우주의 중력권 안에 단 하나의 물체가 있다고 상상해보자. 그것은 아무것도 하지 않는다. 처음에 움직이고 있었다면 계속 움직이고, 처음에 가만히 있었다면 계속 가만히 있을 것이다. 단순하다.

여기에 다른 물체 하나를 추가해 '이체two-body' 체계가 됐다고 하자. 두 물체는 움직이면서 서로를 잡아당기므로 충돌하기도 하고 서로의 주위를 선회하기도 한다. 시간이 흐르면서 우리는 두 물체에 일어날 일을 정확하게 계산할 수 있다. 우리는 이른바 '이체 문제'의 답을 얻을 수 있다.

이번에는 세 번째 물체를 추가하여 삼체 체계를 만들어보자. 물체 세 개가 모두 동시에 서로를 잡아당기며 움직인다. 그 결과 물체들은 복잡하고 변화무쌍하며 혼돈스럽게 춤춘다. 이제는 무슨 일이 일어날지 수학으로 예측할 수 없다. 우리는 삼체 문제를 풀 수 없다. 물리학자들과 수학자들이 오래전부터 시도했지만 풀지 못했다. 그들은 이것을 '다체 문제'라고 한다.

우리는 복잡동역학계가 무엇을 어떻게 하는지 알지 못한다.

그렇다면 우리도 똑같지 않을까

우리 뇌 안의 서로 연결된 시냅스들은 미래를 감지하고 실현할 수 있을까? 방대한 인터넷은 미래를 미리 '보고' 그대로 재현할 수 있지 않을까? 우리의 뇌가 복잡동역학계라면 세포자동자 실험과 비슷한 행동을 보여줄 것이다. 또 하나의 복잡계인 인터넷도 미래를 실현할 수 있을지 모른다. 이제 이에 관해 생각해보자.

내가 게시물이나 트윗을 올리면 그 메시지는 나에게 연결되어 있는 다른 사람들의 게시물이나 트윗에 미세한 변화를 일으킨다. 그러한 변화는 내가 다음에 어떤 게시물이나 트윗을 올릴지에 영향을 끼친다. 체계 전체에 혼돈이 계속되다가 자생적인 질서가 나타날 것이다. 어림짐작이 아니다. 복잡계를 연구한 사람은 누구나 경험하는 일이다. 단지 현재의 수학으로는 체계가 어디로 가는지, 그 질서가 어떤 것일지를 계산할 수 없을 뿐이다.

뇌와 인터넷이라는 체계에는 수십억 개의 물체가 들어 있는 셈이며, 그 물체 각각은 나머지 모든 물체에 거의 동시에 영향을 끼친다. 인터넷이 뇌와 같다고? 그렇다. 인터넷은 매우 큰 뇌와 같다. 뇌의 경우 신경세포들로 이루어진 네트워크 전체는 단순한 부분의 합을 넘어선다. 우리에게는 마음이 있으며, 그것은 물리적인 뇌를 넘어서는 어떤 것으로 여겨진다. 인터넷에도 마음이 있을까? 인터넷이 **어디에** 있느냐는 질문이 옳지 않듯이, 인터넷의 마음이 **어디에** 있느냐는 질문도 옳지 않다. 네트워크는 존재한다. 그러나 네트워크는 어디에도 존재하지 않는다. '마음', '의식', '학습' 같은 단어들은 우리가 아직 인식하지 못한 자생적 질서의 예가 아닐까? 아직은 알 수 없다.

우리가 다체 체계의 일부이며 그 체계의 변화가 과거뿐만 아니라 미래에 의해서도 일어나는 것이라면, 상상력은 낯설고 전도된 방식으로 관건이 될 것이다. 우리의 존재 자체가 미래를 상상하는 능력에 좌우되는 것이다.

이 책의 독자는 이런 상호연결성에 따라 변화할 교육의 미래를 엿보게 될 것이다.

동영상 0.1
혼돈의 가장자리

동영상 0.1은 제리 로스웰Jerry Rothwell 감독의 다큐멘터리 영화 〈구름 속의 학교The School in the Cloud〉(2018) 중 한 대목으로, 자연에서 볼 수 있는 복잡동역학계에 관한 나의 설명을 담고 있다.

누가 이 책을 읽어야 하는가

내가 아는 수천 명의 교사들은 교육의 미래에 지대한 관심을 쏟고 있다. 그들의 일이 변화·진화하고 있기 때문이다. 그런데 앞으로도 교육이 지금과 같을 것이라고 여겨 큰 관심이 없는 교사들도 이 책을 읽기를 바란다.

부모들도 교육이 변화하면 자신이 해야 할 일이 무엇일지 알고 싶어 한다. 오늘날 많은 부모는 자녀가 자신과 다르고 자신과 다른 시대를 산다는 점에 혼란스러워 한다.

답을 찾고 있는 교육계의 지도자들 – 교수와 학습을 다루는 기관을 이끄는 사람들 –은 이 책에서 어느 정도 실마리를 찾을 수 있을지도 모른다. 그들은 교육제도와 교육기관에 어떤 일이 일어날지 알고 싶어 한다.

학습에 관한 큰 질문, 즉 '학습이란 무엇인가', '학습이 왜 거기에 있어야 하는가', '학습은 어떻게 이루어지는가', '앞으로 학습에 무슨 일이 일어날까' 등을 탐구하는 연구자들에게도 이 책이 유익할 것이다.

사회의 미래를 만드는 정책입안자·정치인·행정가는 학습이 지금의 모습과 완전히 달라질 세상을 알아야 한다. 이 새로운 세상에서는 '앎' 자체가 지금 우리가 생각하는 것을 뜻하지 않게 될 것이다.

엔지니어와 건축가도 미래의 학교를 어떻게 설계해야 하는지 알아야 한다. 기술 개발자들은 그들의 생계를 좌우할 수 있다는 점에서 학습의 미래를 알아야만 한다. 우리를 학습의 미래로 나아가게 하는 기술은 무엇이고 과거로 되돌아가게 만드는 기술은 무엇일까?

그리고 마지막으로 학습자 자신을 잊으면 안 된다! 학습의 미래는 아이들의 삶을 결정한다. 그들은 학습의 미래에 의해 가장 크게 영향을 받을 존재이며 동시에 그 미래를 만들어나갈 주체이기도 하다.

우리는 모두 늘 무엇인가를 배운다. 나는 이 책이 모두에게 유용하기를 희망한다.

1부

What Happens When Children Meet the Internet?

아이들이 인터넷을 만나면
무슨 일이 일어날까?

1

자기조직적
학습 시스템

Self-Organizing Systems in Learning

아이들 여럿이 함께 인터넷에 접속할 수 있게 되면 스스로 무엇이든 배울 수 있다. 사실 전통적인 '학습'은 이미 예전만큼 중요하지 않을지도 모른다. 내가 학교에 다니던 시절에는 어떤 가루에 무슨 물질이 섞여 있는지 알아내는 법을 '학습'했다. 당시에 그 방법은 '염분 분석'이라고 불렸다. 우리는 염분 분석을 어떻게 하는지 알고 있다는 것을 증명하는 시험을 치러야 했다. 소량의 분말을 주고 무엇이 들어 있는지 알아내라는 시험이었다. 우리는 몇 시간에 걸쳐 분말을 여러 가지 산에 조금씩 용해시키고 다른 액체를 첨가하면서 침전물, 색의 변화 따위를 살펴보았다. 지금은 분말을 크로마토그래프나 스펙트럼 분석기 같은 기계에 넣기만 하면 몇 분 안에 기계가 그 안에 무엇이 들어 있는지 알려준다. 염분 분석은 빅토리아시대 화학의 멋진 작품이다. 우리는 화학의 탐정이 되는 법을 배웠다. 그 후 나의 뇌는 이 불필요한 구식 지식을 지우려고 애썼다.

내가 열여섯 살이던 1968년, 스탠리 큐브릭의 영화 〈2001 스페이스 오디세이2001 A Space Odyssey〉가 나왔다. 이 영화는 나에게 깊은 영향을 주었으며, 이해할 수 없는 어떤 것이 나타나면 인류가 모든 에너지와 역량을 쏟아부어 그 정체를 알아내려 할 것이라는 관념을 머릿속에 남겼다.

1999년 – 벽에 난 구멍 Hole in the Wall

델리 교외, 번화한 칼카지의 발라지 지구 뒤편에는 세탁공, 청소부, 삼륜 택시 운전사, 칼카지의 부잣집 하인 등이 사는 무허가 판잣집들이 늘어선 빈민가가 있다. 수천 명의 아이들이 이 빈민가에서 자란다. 공립학교가 몇 군데 있지만 교사들은 열의도 관심도 없다. 아이들은 겨우 읽고 쓸 줄 아는 정도이고 영어는 거의 못한다. 21세기가 되기 전이었던 그때는 컴퓨터를 본 적도 없고 인터넷은 들어본 적도 없는 아이들이 대부분이었다.

나는 이곳에 첫 번째 '벽에 난 구멍'을 설치했다. 벽에 난 구멍이란 벽의 뚫린 곳에다 화면이 놀이터(사실 쓰레기가 잔뜩 쌓인 지저분한 공터일 뿐이지만 아이들은 여기서 놀았다)를 향하게 끼워 넣은 컴퓨터다. 여덟 시간이 지나자 벌써 웹서핑을 시작한 아이들이 다른 아이들에게 웹서핑 방법을 알려주고 있었다. 가르쳐주는 어른 한 명 없이 아이들은 게임을 하고 그림을 그리고 정보 찾는 방법을 배웠다. 미숙하지만 이 모든 일을 위해 필요한 영어도 몇 가지 배울 수 있었다. 이 실험에 관한 자세한 설명은 2005년에 출간한 《벽에 난 구멍: 자기조직적 교육 시스템The Hole in The

Wall: Self Organising Systems in Education》에 서술되어 있다.

나는 세계은행, ICICI은행(인도의 민간 개발금융기관-옮긴이), 델리 정부
의 자금을 지원받아 인도의 여러 마을과 빈민가에서 동료들과 함께 이
실험을 여러 차례 반복했다. 그 결과 모두 똑같이 디지털 리터러시가 어
디선가 튀어나왔다.

인도 외무부는 캄보디아의 다섯 곳에 '벽에 난 구멍'을 만들 컴퓨터를
기증했고, 남아프리카공화국 정부는 자국의 두 지역에서 독자적으로 이
실험을 진행했다. 그 결과도 같았다. 측정 방법은 2005년의 논문에 자
세히 기술되어 있다(Mitra et al., 2005).

처음의 흥분이 가라앉은 뒤, 우리는 아이들이 모두 숙제를 하는 데 인
터넷을 이용하기 시작했음을 알아챘다. 아이들은 웹사이트에서 베낀 답
을 제출해 교사를 놀래켰다. 아이들은 거의 언제나 정보를 정확하게 찾
아냈다. 그들은 어떻게 적절한 웹사이트를 찾아내고 올바른 답을 알아
냈을까?

아이들이 테크놀로지를 이용해 학습할 수 있을까

또 다른 실험에서 우리는 도시에서 멀리 떨어진 시골일수록 아이들의
영어·수학·과학 점수가 낮아진다는 사실을 발견했다(Mitra, Dangwal &
Thadani, 2008). 그림 1.1은 주요 과목에서 도시와의 거리가 학습에 미치
는 영향이 놀라울 만큼 크다는 것을 보여준다. 훌륭한 교사들이 더 나은
일자리와 삶의 질을 위해 시골을 떠나 도시로 향하고 있다는 점을 생각
하면 이해가 가는 결과다.

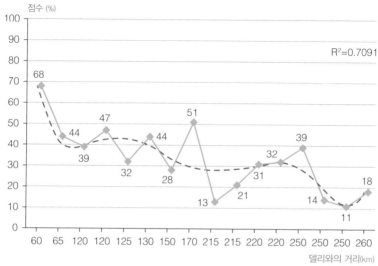

그림 1.1 **델리와의 거리에 따른 시험 점수**

점수 (%)

R^2=0.7091

델리와의 거리(km)

출처: Mitra, Dangwal & Thadani, 2008.

라비 비시트Ravi Bisht는 인도 전역을 돌아다니며 컴퓨터 세 대가 길을 향해 있는 작은 구조물을 설치했다. 인지체계연구센터Centre for Research in Cognitive Systems, CRCS의 산제이 굽타Sanjay Gupta 센터장은 컴퓨터가 어떤 환경에서나 작동할 수 있게 하는 여러 장치를 창안했다. 비시트와 굽타 등 연구진은 솔리드 스테이트 터치 감지 마우스와 키보드 보호 커버를 개발하고 배기 팬 방향을 바꾸었으며 일반적인 PC가 야외 어디에서나 작동하게끔 수많은 부품과 장치를 추가했다. 또 다른 동료인 히만슈는 인터넷만 있으면 어디에서든 우리가 설치한 컴퓨터를 '볼' 수 있게 해주었고 윈도 운영체제가 멎거나 하드드라이브가 실수로 삭제되는 일을 방지하는 소프트웨어를 개발했다. 모두 2000년에 서 2004년 사이에 한 일이다.

1부 아이들이 인터넷을 만나면 무슨 일이 일어날까?

외딴 마을 22개소에 컴퓨터 100대를 설치하고 현장 요원들이 관찰을 시작했다. 실험은 9개월 동안 진행했으며, 실험집단을 컴퓨터를 사용하지 않는 아이들로 이루어진 통제집단 그리고 본래 인터넷을 자주 사용하는 또 다른 집단과 비교했다. 컴퓨터를 사용한 아동의 수는 약 4만 명으로 추정됐으며, 이들 중 다수가 온전히 스스로의 힘으로 컴퓨터 리터러시를 갖추었다. 겨우 9개월 만에 평균 컴퓨터 리터러시 점수가 40점을 기록한 것이다(그림 1.2 참조).

자기조직적 학습이 가능하다는 것을 입증한 이 연구의 결과물은 우리에게 미국교육연구협회American Educational Research Association, AERA의 2005

그림 1.2 **9개월간의 컴퓨터 리터러시 향상**

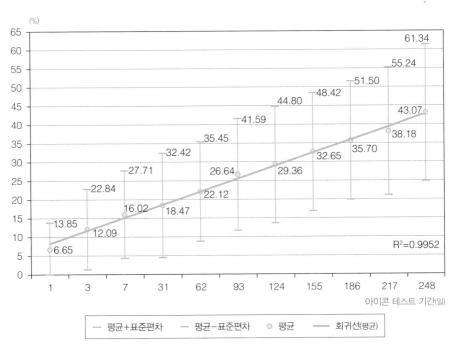

출처: Mitra et al., 2005.

년 최우수 논문으로 선정되는 영예를 안겨주었다.

몇 년 후 리투 당왈Ritu Dangwal이 산악지대에 위치한 부탄에서 벽에 난 구멍 실험을 재현했다. 총 표본 크기는 550명(실험집단 350명과 통제집단 200명)이었다. 당왈은 벽에 난 구멍이라는 이름 대신 '학습 스테이션'이라고 불렀다. 부탄 사회가 테크놀로지를 대하는 태도는 인도와 매우 달랐고, 부탄 아이들은 인도 아이들보다 테크놀로지를 접할 기회도 훨씬 적었지만 두 나라의 학습 속도는 거의 동일했다(그림 1.3과 Mitra & Dangwal, 2017 참조). 그림 1.3에서 인도와 부탄의 점수(비교를 위해 부탄의 측정값은 정규화했다) 기울기는 거의 같다. 초기값의 차이(부탄 0.51, 인도 6.65)를 소거하면 두 선은 겹칠 것이다. 이 실험의 결과는 2017년의 논문 (Mitra and Dangwal, 2017)에 더 자세히 설명되어 있다.

그림 1.3 **부탄과 인도 아이들의 컴퓨터 리터러시 습득**

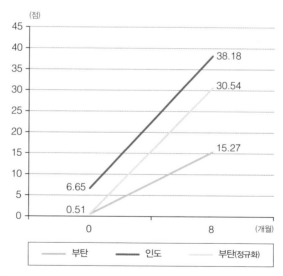

출처: Mitra & Dangwal, 2017.

이 결과가 두 나라에서 동일한 학습 메커니
즘이 작동했다는 지표가 될 수 있을까?
몇 년에 걸친 후속 실험을 통해 아이들에게
안전한 공공장소에서 인터넷을 사용하게 해주
면 어른의 가르침 없이 컴퓨터와 인터넷을 배
울 수 있다는 것이 명확해졌다. 우리의 실험은
아이들이 혼자 있을 때보다 함께 있을 때 훨씬

더 빠른 속도로 학습함을 보여주었다. 집단의 하이브마인드hive mind가 교
사의 몫을 효율적으로 해낼 수 있다는 점이 입증된 것이다. 이 아이들의
집단 학습 상황이 – 물방울 실험처럼 – 자생적 질서가 어디선가 나타나는
자기조직적 체계의 예라는 사실을 깨닫기까지는 긴 시간이 걸렸다.

20년 뒤, 나는 벽 속의 컴퓨터가 〈2001 스페이스 오디세이〉 첫 장면
에서 인류의 여명이 밝아올 때 등장한 거대한 모노리스와 비슷하다는
것을 깨달았다. 그 컴퓨터는 신호이자 나침반·풍향계였다. 그것은 매
우 낯선 미래를 가리키고 있었다.

2007년 – 게이츠헤드 실험

뉴캐슬어폰타인은 작고 예쁜 소도시다. 타인강의 한편에 뉴캐슬이, 다
른 한편에 게이츠헤드가 있다. 이 타인강 유역 사람들은 조디Geordie라고
불리곤 한다. 조디는 독특한 사투리로 말하기 때문에 알아듣기가 몹시
힘들다. 뉴캐슬은 18·19세기 영국의 산업 중심지였다. 아메리카라는 신
세계로 향하는 사람들을 태운 선박들을 이곳에서 건조했고, 그 선박의

> **"** 당신이 어린 자녀가 있는 부
> 모이거나 아동의 보호자라면 거
> 실처럼 공개된 공간에서 여러 아
> 이들이 함께 큰 화면으로 인터넷
> 을 이용하게 해보세요. 여럿이 함
> 께 TV를 보는 것처럼요. 그러면
> 기적 같은 학습의 현장을 보게 될
> 것입니다! **"**

증기기관에 들어가는 석탄도 여기에서 채굴했다. 바로 여기서 교육이 세상을 바꾸게 된다.

2006년 11월, 나는 뉴캐슬 대학교 교육공학과 교수로 임용됐다. 나이 쉰넷에 평생을 보낸 인도를 떠나 영국으로 이주하게 된 것이다. 교수가 무슨 일을 해야 하는지 전혀 몰랐으므로 만나는 모든 사람에게 공허한 미소만 날렸다. 영국에서 몇 년 즐겁게 지내다가 은퇴할 요량이었다. 그런데 2009년 1월, 영화 〈슬럼독 밀리어네어 Slumdog Millionaire〉가 모든 것을 뒤바꾸었다. 비카스 스와루프 Vikas Swarup 의 소설 《큐앤드에이 Q & A》를 원작으로 한 이 영화는 오스카와 골든글로브에서 여러 상을 받았고 한동안 뉴스에 나왔다. 한 인도 신문이 스와루프에게 그 책을 쓰는 데 영감을 준 것이 무엇인지 물었다.

스와루프는 솔직했다. "벽에 난 구멍에서 영감을 얻었다. 그것은 델리의 빈민가에 인터넷에 연결된 컴퓨터 한 대를 설치한 프로젝트였다. 컴퓨터를 설치하고 한 달 뒤에 가보니 빈민가 아이들이 월드와이드웹을 이용하는 법을 익혔더라는 것이다. 나는 이 프로젝트에 매료됐으며, 기회만 주어진다면 뭔가 비범한 일을 할 수 있는 타고난 능력이 누구에게나 있다는 사실을 깨달았다. 그렇지 않고서야 아이들이 아무런 교육도 받지 않고 인터넷 사용 방법을 깨친 것을 어떻게 설명하겠는가? 이 프로젝트는 지식이 엘리트만의 전유물이 아님을 보여준다."

스와루프가 말한 프로젝트는 NIIT(기업과 기관, 개인에게 학습 관리와 교육 솔루션을 제공하는 인도의 다국적기업) 수석 과학자 수가타 미트라 박사가 1999년 칼카지의 NIIT 지사와 빈민가를 경계 짓는 벽에 구멍을 내고 했던 실험을 말한다. 이 구멍에 끼워 넣은 컴퓨터는 자유롭게 사용할 수 있었고, 아이들은 이전에 컴퓨터를 이용해본 경험이 없었지만 스스로 사용법을 배웠다(Roy, 2009).

내가 이 영화의 원작에 영감을 주다니! 인도의 NIIT 대학교와 영국의 뉴캐슬 대학교는 자기들이 골든글로브에서 상을 받기라도 한 것처럼 몹시 흥분했고, 내 연구실에는 신문기자와 방송 스태프들이 끊임없이 드나들었다.

그다음에 일어난 일은 전 세계에 영향을 주었으며 내 후속 연구의 추진력이 됐다. 그것은 2009년 5월 14일, 한 통의 이메일에서 시작됐다.

미트라 교수님, 안녕하세요.

이렇게 연락드려도 되는지 모르겠지만, 아동과 ICT를 다룬 교수님의 연구에 관해 더 알 수 있는지 여쭈어보고 싶습니다. 얼마 전 교수님이 브리티시 에어웨이에서 강연한 DVD를 보고 그 스토리에 매료됐습니다.

저는 초등학교 교사로 4학년(8~9세) 아이들을 가르칩니다. 제가 일하는 세인트에이든 초등학교는 낙후 지역인 게이츠헤드 팀스 지구에 있습니다. 학생들이 교실에서 사용할 노트북 컴퓨터를 곧 지원받는데, 교수님이 우리 학교에 와서 최소간섭교육에 관한 연구 결과를 공유해주신다면 무척 기쁠 것입니다.

교장인 레슬리 스틸 선생님에게 얘기하니, 가능하다면 꼭 초청하고 싶다고 하셨습니다. 우리 학교는 진보적이며 언제나 학생이 학습의 중심에 있게 만드는 새로운 아이디어를 실행하려고 합니다. 우리 학생들과 교사들이 아동의 학습에 대한 교수님의 접근 방식에서 많은 것을 배울 수 있으리라 기대합니다. 감사합니다.

에마 크롤리 드림

에마의 이메일은 내 호기심을 자극했다. 세계에서 가장 가난한 아이들에게서 얻은 결과가 세계에서 가장 부유한 선진국 중 한 곳인 영국에서 어떤 의미를 지닐까?

나는 친구이자 뉴캐슬 대학교 동료인 배리 크레이븐Barrie Craven과 함께 수행한 연구에서 부유한 지역보다 빈곤한 지역에서 아동의 성적이 나쁘다는 것을 관찰했다(Mitra, 2009).

소외remoteness는 영국에서도 문제였다. 다만 그 종류가 다를 뿐이었다. 영국의 풍족한 도시 안에도 사회경제적 지위나 문화·민족에 따른 소외가 존재했다. 크레이븐은 정부보조주택subsidized housing을 경제적 빈곤의 지표로 삼아, 빈민이 많이 사는 지역에서 중등과정 졸업자격시험General Certificate of Secondary Education, GCSE 결과가 더 열등함을 밝혔다(그림 1.4).

그림 1.4. 정부보조주택 밀도가 시험 성적에 미치는 영향

출처: Mitra, 2009.

1부 아이들이 인터넷을 만나면 무슨 일이 일어날까?

나는 세인트에이든 초등학교 교사들을 대상으로 벽에 난 구멍과 이와 관련된 실험들에 관한 강연을 했다. 그들은 흥분했고, 레슬리 스틸 교장은 나를 다시 초청해서 이번에는 아이들과 함께하는 자리를 마련했다.

세인트에이든은 잉글랜드 게이츠헤드에 있는 작은 학교다. 2009년 7월에 나는 이 학교의 4학년(8세) 아이들을 만났다. 그것은 엄청난 경험이었다. 대륙과 국가 간의 차이가 순식간에 사라졌다. 여덟 살 난 아이들과 내가 친구가 된 것이다. 여덟 살짜리 아이들은 어디서나, 어떤 상황에서나 똑같다.

에마가 아이들에게 물었다.

"수가타 선생님에게 인도에 관해 물어볼 게 있니?"

아이들은 힘차게 고개를 끄덕였다.

"인도에 감자튀김 있어요?"

한 소년이 물었다.

"당연히 있지! 생각나는 게 고작 감자튀김뿐이야?"

에마는 화를 냈다. 그날 오후, 수업이 끝나 줄지어 교실을 나서는 아이들에게 내가 물었다.

"뭐 하나 해볼래?"

"네!"

모두 한목소리로 대답했다. 나는 앞에 있는 친구와 반대 방향으로 서라고 말했다. 첫 번째 아이가 문을 향해 있었으므로 두 번째 아이는 문을 등지고 섰고, 그다음은 문을 향하고, 그렇게 번갈아 다른 방향을 보고 섰다.

"자, 지금 우리는 한 줄로 선 걸까, 두 줄로 선 걸까?"

나는 아이들에게 물었다.

"뒤죽박죽이긴 한데, 그래도 한 줄이요."

"아냐, 두 줄이지."

"줄이 없어진 거 아니에요?"

시끌벅적해졌다. 그때 키 작은 여자아이 하나가 또렷하고 큰 목소리로 말했다.

"같은 장소에 방향이 반대인 줄 두 개가 함께 있는 거예요."

고개를 돌려 에마를 보니, "양자물리학이야 뭐야"라며 입을 삐죽거리고 있었다. 벨이 울렸고, 하나 같은 두 줄은 기다리고 있던 학부모들에게로 흩어졌다. 나는 이메일로 에마에게 또 한 가지를 제안했다.

에마 선생님, 안녕하세요. 우리가 해볼 만한 실험 하나를 제안합니다.

1 환경 문제에 관한 GCSE 시험 문제 하나를 선정합니다.

2 아이들이 네 명씩 조를 이루어 선생님의 도움 없이 인터넷을 사용해 문제를 풀게 합니다.

3 아이들이 문제를 푸는 과정을 관찰합니다.

4 두 달 후, 인터넷 없이 이 문제를 다시 풀게 하여, 얼마나 기억하고 있는지 알아봅니다.

문제 예시: 다음의 적응 방법이 생존에 어떤 이점이 있는지 쓰세요. 예를 들어, 토끼의 큰 귀는 포식자의 소리를 멀리서부터 들을 수 있게 해줍니다.(각 문항당 1점)

1 북극곰의 흰 털

2 고슴도치의 가시

3 치타의 휘어지는 척추

4 독수리의 날카로운 발톱

5 사자의 강한 이빨

1 눈 속에서 먹잇감에 접근할 때 먹잇감이 알아채지 못하게 몸을 숨겨준다.

2 포식자로부터 보호해준다.

3 척추의 유연성 덕분에 치타는 단시간에 부드럽게 최고속력에 도달할 수 있다.

4 급강하해서 먹이를 빨리 움켜쥐고 안 떨어뜨릴 수 있다.

5 고기를 쉽게 찢고 으깰 수 있게 해준다.

 2009년 7월 6일, 큰 기대를 품고 4학년 아동 24명에게 다섯 개의 GCSE 문제를 풀어보게 했다. 앞에서 제안한 바와 같이 적응 방법이 생존에 어떤 이점이 있는지에 관한 문제였는데, 교과과정에 따르면 4년 뒤에나 배울 내용이었다. 네 명당 한 대 정도 컴퓨터를 제공했고, 아이들에게 무엇을 하든 누구와 이야기하든 상관없으며, 돌아다니고 싶으면 그래도 된다고 말했다. 에마에게는 벽에 난 구멍 실험을 했던 인도의 환경과 똑같이 만들고 싶어서 그렇게 하는 것이라고 설명해주었다. 에마와 나는 교실 구석으로 물러났다.

 30분쯤 지나자 아이들이 무리를 지어 종이에 답을 쓰기 시작했다. 모두 답안을 제출한 뒤, 나는 각각의 그룹에게 문제를 하나씩 만들라고 했다. 아이들은 다른 그룹이 낸 문제를 각자 따로따로 인터넷 없이 풀었다. 나는 에마에게 답안지를 보관하고 두 달 후에 그 아이들에게 같은 문제를 내되 인터넷 없이 개별적으로 풀게 하라고 요청했으며, 오늘 받은 답안과 두 달 후의 답안을 채점해서 결과를 알려달라고 부탁했다.

 7월 9일, 에마가 첫 번째 시험 결과를 보내왔다.

 GCSE 문제 채점 결과는 다음과 같습니다.

1그룹: 5점

2그룹: 5점

3그룹: 4점

4그룹: 3점(세 문제만 답함)

5그룹: 2점(세 문제만 답함. 그중 한 가지 답은 "북극곰의 털은 흰색이 아니다"였음. 아이들이

　　　속하기 싫어하는 그룹이었음)

아이들이 만든 문제(각 문항당 1점)

1점: 7명

2점: 13명

3점: 2명

4점: 1명

5점: 1명

교수님이 흥미를 느낄 만한 결과이기를 바랍니다.

　이 결과에서 우리는 무엇을 알 수 있을까? 아이들은 교과과정보다 몇 년 앞서 GCSE 시험 문제에 답할 수 있다. 많은 아이들이 집단 학습 후에 얻은 답을 완전히 자신의 것으로 소화할 수 있다. 그런데 그렇게 얻은 지식이 오래 간직될까?

　에마는 우리의 실험 계획에 따라 개인별 재시험을 실시했다. 첫 실험 이후 두 달이 더 지난 2009년 10월 7일 에마에게서 이메일이 왔다.

　교수님, 안녕하세요.

……지난주에 재시험을 치렀고, 결과는 아래와 같습니다.(총 23명)

5점: 9명

4점: 7명

3점: 5명

2점: 2명

아주 인상적인 결과라고 생각합니다. 아이들이 정확한 어휘를 사용해서 답을 잘 썼어요. 지난번 집단 시험과 같은 기준으로 채점하려고 애썼습니다. 아이들은 아무 문제 없이 아주 빨리 답을 썼습니다. 이 결과가 교수님에게 유용하기를 바랍니다.

나는 세심하게 검토했고 그사이에 학교에서 이 주제에 관해 '가르친' 적이 없다는 것을 확인했다. 그렇다면 어떻게 처음보다 더 높은 점수를 받았을까? 나는 약간 어리둥절했다. 아이들이 보여준 결과는 내 가설에

그림 1.5 **시간에 따른 8세 아동의 학습 내용 잔존(Learning Retention)**

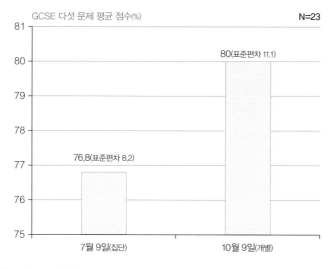

출처: Mitra & Crawley, 2014.

서 기대하지 못했던 '이례적 학습'이었다. 이 소
규모 실험 결과는 학습의 미래를 가리키는 또
하나의 풍향계를 제공했다.

우리는 이듬해에 또 한 번 실험을 했다. 자신
감이 충만해진 4학년 학생들을 위해 더 어려운 문제를 내기로 했다. 아
이들은 내내 웃고 떠들면서 GCSE A레벨 문제(보통 12학년이 치르는 시험
문제다!)를 풀었다. 그림 1.6은 그 결과를 간단히 보여준다.

나는 2014년에 이 연구 결과를 발표하고 트위터로 공유했다. 당시 2만
명의 팔로워가 있었으며 그중 많은 수가 교사였다. 몇몇 교사들이 논문
을 읽고 자신의 교실에서 같은 실험을 시작했다. 그들은 내가 쓴 내용과

그림 1.6 **시간에 따른 8세 아동의 학습 내용**(17세 수준) **잔존**

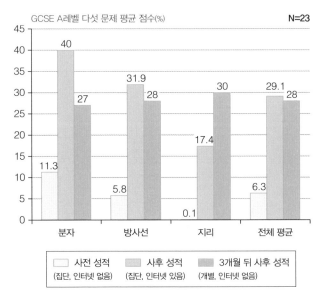

출처: Mitra & Crawley, 2014.

정확하게 동일한 결과가 나왔다고 했다. 이것은 학술 영역에서 소셜미디어가 가진 힘을 실감한 나의 첫 경험이었다. 교사들은 대개 학술논문을 읽지 않는다. 그럴 시간이 없거나 관심이 없기 때문이다. 그러나 트위터나 페이스북 같은 플랫폼은 교사들에게 단시간에 연구 결과를 훑어보고 자신의 업무와 관련된 내용이 있는지 살펴볼 기회를 제공한다.

나는 이 학습 '방법'의 이름을 지어야 했다. 벽 따위는 없었으므로 계속해서 '벽에 난 구멍'이라고 부를 수는 없는 노릇이다. 이제 내 실험은 교실 안으로 들어왔다. 그러나 으레 생각하는 질서 잡힌 교실이 아니라 가벼운 혼돈 상태에서 자생적인 질서가 출현하기를 기대하는 교실이다. 여기에 어울리는 이름을 찾아냈다. 그것은 '자기조직적 학습환경Self-Organized Learning Environment, SOLE'이었다.

에마 크롤리의 학생들과 함께한 2008년에서 2009년 사이에 나는 영국의 게이츠헤드와 인도를 오가며 연구했다. 인도에서는 동료들과 함께 최초의 SOLE를 학교 안의 컴퓨터실 형태로 구축했다. 자금은 내가 학술회의에서 기조연설을 하고 받은 강연료가 전부였다.

2009년 - 할머니 구름

몇 년에 걸쳐 이루어진 여러 실험은 공용 컴퓨터와 인터넷을 자유롭게 이용할 수 있게 되면 아이들이 다음과 같은 일을 할 수 있다는 것을 알려주었다.

1 평범한 사용자들이 컴퓨터와 인터넷을 활용하는 방법 대부분을

스스로 익힌다. 즉 스스로 컴퓨터 리터러시를 갖춘다.

2 이메일 작성, 채팅, 정보 검색에 필요한 영어를 스스로 배운다.

3 몇 달 안에 질문에 대한 답을 인터넷에서 검색할 줄 알게 된다.

4 스스로 영어 발음을 향상할 수 있다.

5 학교에서 수학과 과학 과목의 성적이 나아진다.

6 의견을 평가하고 특정 이념을 주입하려는 메시지나 선전을 알아
볼 수 있다.

우리는 새로운 질문을 하게 됐다. "아이들이 인터넷을 활용하여 이해
할 수 있는 내용에 한계가 있을까?"

감탄이라는 교수법: 칼리쿠팜 실험

2010년, 이 새로운 질문에 답하기 위해 나는 리투 당왈과 함께 인도 남
부의 칼리쿠팜이라는 마을에서 또 하나의 실험을 실시했다. 우리는 아
이들이 절대로 답할 수 없으리라고 생각되는 질문 하나를 고안했다.
"DNA는 어떤 과정을 거쳐 복제되나요?"

타밀어를 사용하는 칼리쿠팜의 12세 아동이 어른의 지도 없이 벽에
난 구멍을 통해 DNA 복제를 영어로 배우고 이해하는 일이 가능할까?
놀랍게도, 가능했다!

우리는 벽에 난 구멍 컴퓨터에 대학 수준의 생명공학 자료를 저장해
놓았다. 두 달 후에 아이들 몇 명을 무작위로 뽑아 성과를 측정하고, 훈
련받은 교사에게 동일한 자료를 배운 델리의 사립학교 학생의 점수와

비교했다.

칼리쿠팜 아이들의 0에 가깝던 점수는 약 30%까지 상승했다. 거의 이해하지 못하는 영문 자료가 주어졌고 나이에 견주어 한참 앞선 주제라는 점을 고려하면 이 정도만 해도 놀라운 결과다. 하지만 나는 아이들이 더 높은 점수를 받을 수 있는지 궁금했다. 뭐가 필요할까? 교사를 구해야 하나?

칼리쿠팜에서 생화학 교사를 찾을 길이 없었으므로 나는 '중재자'를 이용하기로 했다. 중재자란 할머니가 손주를 칭찬할 때처럼 "어머나, 어떻게 이걸 이해했니?"라든가 "나라면 절대 혼자 알아낼 수 없었을 텐데!" 같은 따뜻한 말로 아이들을 독려하는 친절한 어른을 말한다. 중재자는 관련 지식은 전혀 없었지만 아이들을 아꼈고 아이들의 성취에 감탄했다. 나는 이것을 '할머니의 방법'이라고 불렀다. 할머니의 방법은 단 몇 주 만에 칼리쿠팜의 아이들을 델리 도심의 학교에서 훈련받은 생화학 교사에게 배운 더 높은 학년의 아이들과 동등한 수준으로 끌어올렸다(그림 1.7).

칼리쿠팜에서 우리는 매우 중요한 두 가지 교훈을 얻었다.

1 **우리는 이 메시지를 전파해야 한다.** 2006년 뉴캐슬 대학교에 부임하기 직전, 자메이카에서 열린 팬 코먼웰스 포럼Pan Commonwealth Forum, PCF에서 연설한 적이 있다. 자기조직적 학습에 관한 내 설명을 들은 청중은 정중하게 표현하기는 했지만 '순진하다'고 평가했다. 칼리쿠팜 실험(2010) 이후 나는 강연에 새로운 슬라이드 하나를 사용했다. 거기에는 이렇게 쓰여 있다. "아이들 여럿이 함께 인터넷을 이용할 수 있게 해주면 그들은 무엇이든 스스로 배울 수 있다." 이

그림 1.7 **농촌의 자기조직적 학습과 도시의 엘리트 학습 비교**

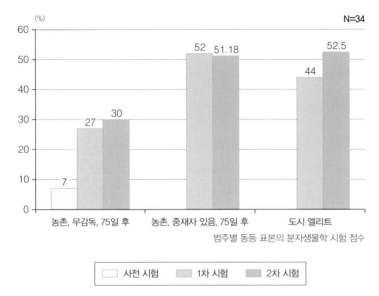

범주별 동등 표본의 분자생물학 시험 점수

출처: Mitra & Dangwal, 2010.

제는 '순진하다'는 평가 대신에 '위험하다'는 반응이 돌아왔다. 순진
해 보이면 무시당할 뿐이지만 위험해 보이면 공격 받기 시작한다.

② **감탄은 강력한 교육 도구다.** 자기조직적 학습을 촉진하는 것은 감탄
이다! 나는 이 방법을 '최소간섭교육Minimally Invasive Education'이라고
이름 지었다.

나는 할머니의 방법에서 가능성을 발견했고, 그래서 다시 해보고 싶
었다. 스카이프Skype로도 같은 효과를 볼 수 있을까? 이 테크놀로지가 외
딴 마을에 사는 아이들과 학부모에게 그들이 원하는 교육에 대한 접근
성을 선사할까?

동영상 1.1은 로스웰 감독의 영화 〈구름 속의 학교〉(2018) 중 한 장면으로, 크리샤누의 부모가 현실적으로 아들이 받을 수 있는 교육과 그들이 아들에게 제공해주고 싶은 교육에 관해 이야기하고 있다.

동영상 1.1
크리샤누

스카이프 할머니

〈슬럼독 밀리어네어〉가 개봉한 뒤, 루시 토빈 Lucy Tobin 이 나를 인터뷰해서 《가디언》에 「슬럼독 교수」－이 별명은 지금까지도 나를 따라다닌다－라는 제목의 기사를 썼다. 기사 끄트머리에 토빈은 이렇게 썼다.

그는 하이데라바드의 학교에 영상통화 서비스 스카이프를 설치한 컴퓨터를 가져다 놓고, 뉴캐슬에 있는 자신의 연구실 가까이에도 비슷한 환경을 만들었다. 혁신적인 실험을 위해서였다. 미트라는 이렇게 말했다. "제가 인도를 마지막으로 방문했을 때 아이들에게 스카이프로 가장 하고 싶은 게 뭐냐고 물었더니, 놀랍게도 영국인 할머니가 동화책을 읽어주면 좋겠다는 겁니다. 일주일에 1파운드를 낼 수 있다고까지 했어요."

《가디언》 편집자는 기사 끝에 다음과 같이 덧붙여주었다.

광대역 인터넷 통신과 맑은 목소리를 지녔으며 일주일에 몇 시간씩 시간을 낼 수 있다면, 동화책을 읽어주는 일에 참여할 수 있습니다.
문의: sugata.mitra@newcastle.ac.uk

기사가 나가고 며칠 안 되어 이메일이 쏟아져 들어오기 시작했다. 부에노스아이레스에서 동료 마벨 키로가Mabel Quiroga가 자원봉사 지원자들 명단을 만들었고, 나는 그들에게 보내는 짧은 안내문 「할머니의 방법」을 작성했다.

- 가르치지 마세요.
- 대화를 나누세요.
- 질문을 던지고 아이들에게 답을 찾아보라고 하세요.

다시 말해 그들은 스카이프 버전의 SOLE 중재자가 되는 것이다. 자원봉사자 재키 배로Jackie Barrow가 말했듯이, 구름 할머니 시간은 "수업시간이 아니다."

우리는 이 자원봉사단을 '할머니 구름'이라고 부르기로 했다. 구성원들은 성별·나이와 상관없이 자신을 '구름 할머니'라고 불렀다. 키로가는 할머니 구름의 활동과 일정을 관리하기 위한 웹페이지를 급히 만들었으며, 운영은 인도 푸네시의 수니타 쿨카르니에게 부탁했다. 쿨카르니는 나중에 '할머니 구름 단장'이 된다. 할머니 구름 프로젝트는 간헐적으로 진척됐다.

주디스 시스메이Judith Sismey, 헤이즐 데이커스Hazel Dakers, 밸 아먼드Val Almond, 리즈 퓨잉스Liz Fewings, 앤 토머스Anne Thomas, 로즈메리 노블Rosemary Noble, 다이앤 나달리니Diane Nadalini, 헬렌 스코필드Helen Schofield 그리고 앞에서 말한 재키 배로까지, 이렇게 아홉 명이 첫 지원자였다. 이들은 아동교육의 역사에서 중요한 이름들이다.

특히 재키 배로는 가장 영향력 있는 구름 할머니에 속했다. 재키는 영국 맨체스터 근방에 사는데, '흘란바이르푸흘권기흘고게러훼른드로부흘흘란티실리오고고고호 Llanfairpwllgwyngyllgogerychwyrndrobwllllantysiliogogogoch(웨일스 지방의 마을 이름)'를 정확하게 발음할 줄 안다. 뭐가 더 필요하겠는가? 재키는 지금까지 인도와 그 외 지역의 아이들 수천 명과 대화를 나누었다. 그를 알게 된 건 무척 행운이었다.

2009년부터 2011년까지 할머니 구름은 성숙하고 진화했다. 또한 구름 할머니들의 블로그를 통해 전 세계적으로 활동을 알렸다. 유튜브나 페이스북에서 'Granny Cloud'로 검색하면 여러 영상을 볼 수 있다. 할머니 구름 웹사이트 www.thegrannycloud.org 와 할머니 구름

동영상 1.2
게이츠헤드
할머니 구름

페이스북 그룹에도 많은 사례와 자료가 있다. 그중에서도 〈게이츠헤드 할머니 구름 Gateshead Granny Cloud〉이라는 7분짜리 동영상은 특히 훌륭한 사례다. 구름 할머니 중 한 명인 수 더크워스 Sue Duckworth 는 구름 할머니 시간을 다음과 같이 묘사했다.

마나스 지역의 레드 그룹에서 열 명의 열의 가득한 얼굴이 나를 기다리고 있었다. 우리는 지난주에 뭘 했는지 되짚어보았다. 아이들 모두 지난 시간에 벌 이야기를 했던 것을 기억하고 있었다. 나는 그 주제를 다루기 위해 미리 이메일로 아이들에게 「꿀벌」이라는 시를 보냈다. 아이들이 한 명씩 시를 읽었으므로 시간이 꽤 걸렸다. 그러고 나서 종이로 새 접는 법을 보여주었다. 이내 교실에 새들이 날아다녔다. 아이들은 정말 즐거워하는 듯했다. 시간이 훌쩍 빨리 지나갔고, 아이들은 행복한 얼굴로 손을 흔들며 작별 인사를 했다 (Granny Cloud Facebook Group, 2018).

2010년부터 구름 할머니들은 오프라인 회의를 열었다. 런던에서 모인 적도 있고, 2016년에는 인도에서 대규모 회의를 열었으며, 아이들이 있는 현장 몇 군데를 직접 방문하기도 했다. 인도의 오지에 사는 아이들은 무엇보다 구름 할머니가 진짜 있다는 사실에 놀랐다. 현재 할머니 구름은 인도와 영국부터 그린란드, 콜롬비아에 이르기까지 전 세계에서 활동하고 있다. 그리고 할머니 구름이 아이들에게 끼치는 엄청난 영향이 막 기록되기 시작했다.

2016년에 나는 새로운 할머니 구름 웹사이트를 만들기 위해 후원금을 모으자고 제안했는데 핵심 팀원들이 반대했다. 그들 스스로 할 수 있다는 이유였다. 나는 마치 아이가 다 커서 집을 떠날 때처럼 기뻤다. 2016년 말 웹사이트(thegrannycloud.org)가 내가 전혀 개입하지 않은 상태에서 생겼으며, 나는 로그인하라는 초대조차 받지 못했다. 할머니 구름이 성년이 된 것이다.

> **❝** 처음에 그들은 여러분을 무시할 것이고, 그다음에는 비웃을 것이며, 그다음에는 여러분을 공격해 없애버리고 싶어 할 것입니다. 그러나 결국에는 여러분을 위한 기념비를 세울 것입니다.
> — 니컬러스 클라인의 미국의류노동자연맹 볼티모어 대회 연설(1918년 5월 15일) 중에서 **❞**

하이데라바드 프로젝트 (2007~2011)

우리는 인도 하이데라바드에서 기술적·교육학적 개입을 통해 빈곤계층이 다니는 사립학교 교육의 질을 개선할 가능성을 탐구하는 연구 프로젝트를 3년간 진행했다. 연구비는 뉴캐슬 대학교 제임스 툴리James Tooley 교수에게 지원받았다. 게이츠헤드 실험도 진행 중이었으므로 영국과 인도를 오가며 이 프로젝트를 수행했다.

하이데라바드는 인구 800만 명의 번화한 대도시로, 1990년대에 소프트웨어와 IT산업의 허브가 됐다. 이 도시는 전 세계에 소프트웨어 엔지니어를 내보낸다. 슬럼가가 제멋대로 뻗어나간 구시가에는 소규모 상점 주인과 삼륜택시 운전사, 일용직 노동자들이 산다.

우리의 전제는 양질의 학교가 존재하지 않고 좋은 교사가 올 수 없거나 오고 싶어 하지 않는 지역이 있다는 것이었다. 그런 상황에서 아이들이 학교나 교사 없이 스스로 배울 수 있을까?

우리는 아이들이 누구나 볼 수 있는 큰 화면으로 인터넷을 사용한다면 '오용'(인터넷 포르노그래피 등 바람직하지 않은 이미지를 보는 행위를 완곡한 표현으로 흔히 이렇게 말한다)을 방지하기 위한 차단 또는 감시 도구가 별로 필요하지 않다는 사실을 알게 됐다. 남녀 아이들이 섞여서 함께 인터넷을 이용하고 그 컴퓨터가 오가는 사람 누구나 아이들이 무얼 하는지 볼 수 있는 공공장소에 있는 경우, 아이들은 문제 될 것이 없는 정보에만 집중하는 경향을 보였다.

SOLE는 광대역 통신과 인터넷 접속이 가능한 아홉 대의 컴퓨터로 구성됐으며, 최대 36명의 아이들을 수용했다.

컴퓨터는 세 대씩 원형으로 배치하여 그룹이 다른 아이들 사이의 상호작용이 쉽게 일어나게 했다(그림 1.8). 아이들은 여기서 공부를 하거나 인터넷과 다른 소프트웨어를 사용할 수 있고, 수업 활동이나 프로젝트를 수행할 수도 있으며, 흥미가 이끄는 대로 무엇이든 할 수 있다.

> **"** 한 가지 조언: 독자 중에 학부모가 있다면 이 점을 명심하기 바란다. 가족이 함께 TV를 보는 거실 등 집 안의 공용 공간에 화면이 큰 컴퓨터를 두면 아이들은 컴퓨터를 사용할 때 사회적으로 용인되는 방식을 벗어나지 않을 것이다. 아이들이 작은 화면을 혼자 보게 하는 것보다 이런 식으로 인터넷을 사용하는 데 익숙해지는 편이 좋다고 생각한다. 사실 어른도 마찬가지다! **"**

그림 1.8 **하이데라바드의 SOLE 실험실**

이것은 학습자에게 수업 내용과 관련된 정보를 포함해 여러 정보를 검색해볼 수 있는 기회를 제공했다.

우리는 아이들이 영어·수학을 비롯해 학교 교과목을 학습하는 데 도움이 된다고 생각되는 갖가지 '유용한' 소프트웨어를 컴퓨터에 담아놓았다. 몇 주 지나자 수니타는 아이들이 컴퓨터를 자유롭게 이용할 수 있을 때마다 계획된 활동보다 자신이 원하는 다른 정보를 검색하는 일이 흔하다는 사실을 알아챘다. 하이데라바드 프로젝트는 아이들의 인터넷 이용, 목표의식, 영어 능력 향상, 자기조직적 행동이라는 네 영역에서 흥미로운 변화와 진전을 보여주었다.

인터넷 이용

교사들은 아이들이 게임만 할까 봐 인터넷에 마음대로 접속하지 못하게 할 때가 많았다. 우리는 아이들에게 특정 질문의 답을 찾으라는 과제가 주어지면 무슨 일이 일어나는지 보기 위해 네 개의 SOLE에서 GCSE 수준의 문제로 실험해보았다. 놀라운 사실 중 하나는 3학년 아이들이 인터넷에 접속해본 적이 없어서 '검색'이라는 개념을 모른다는 점이었다.

그래서 2009년 11월에는 학년을 높여 5~7학년 아이들을 대상으로 '검색' 활동의 잠재력을 살펴보았다. 이 아이들 역시 인터넷을 사용해본 경험이 거의 없었다. 브라우저에 남아 있는 인터넷 주소로 게임에 접속해본 적은 있어도 구글 등 검색엔진을 이용하는 것은 이번이 처음이었다. '세계에서 가장 높은 건물'이라는 과제를 받은 아이들은 열심히 검색엔진 사용법을 알아내기 시작했다. 이것이 출발점이었다. 아이들의 답안을 훑어보니 영어라는 언어의 한계가 자기가 지금 어디에 접속한 것인지를 이해하는 데 심각한 영향을 주기는 했어도, 검색엔진 사용법은 무척 빨리 알아냈음을 알 수 있었다.

그다음에는 교과서에 나온 질문의 답을 찾아보게끔 독려했다. 되도록 이면 지금 배우고 있는 부분에서 질문을 찾게 했다. 이번에도 아이들은 열정적으로 참여했으며 답안을 보니 '올바른' 답을 제대로 찾고 있었다.

열쇠는 끊임없이 호기심을 자극하는 데 있다. 그러면 아이들은 난관을 잘 극복해나갈 것이다.

목표의식

프로젝트 초기부터 가장 두드러지게 나타난 변화 중 하나는 아이들이

2008년 11월 28일, 아이들이 구글로 검색을 시작했습니다. 한 무리의 7~8학년 소년들이 인체 그림을 보고 있었죠. 무얼 찾느냐고 물으니 "뼈"라고 대답했습니다. 해부학 페이지로 연결되는 링크가 검색됐지만 아이들은 그게 자기가 찾으려는 정보인지 모르는 듯했습니다. 우연히 'red'라는 단어를 클릭하자 완전히 다른 사이트로 넘어갔고, 거기에 있는 빨간색, 빨간 꽃을 보고는 자기들이 찾는 것이 아님을 깨달았는지 그전에 보던 사이트로 되돌아갔어요. …… 아이들은 나중에 뇌, 신장, 귀 그림을 찾아냈습니다. 바로 옆 컴퓨터에 앉은 다른 아이들이 흥미롭게 바라보고 있었는데, 제가 다가가자 자기들도 검색할 줄 안다고 자랑하더군요. 아이들에게 이런 능력이 있는 줄 몰랐던 교장 선생님에게 이 얘기를 들려주자, 감탄과 놀라움으로 머리를 감싸쥐며 행복해했습니다.

스스로 표현한 관심과 열망이었다. 저마다 앞으로 더 알고 싶은 것이 생겼다. 수니타가 묘사한 것과 같은 여러 사례는 SOLE가 아이들의 목표 의식에 끼친 강력한 영향을 보여준다.

영어 능력 향상

우리는 해외의 중재자(구름 할머니)가 등장하자 아이들의 영어 이해력이 크게 향상되고 있음을 알 수 있었다. 구름 할머니들은 프랑스, 스리랑카, 호주 등 먼 곳에 사는 영어 원어민이었다. 그들은 스카이프 영상으로 동화를 읽어주고 쉬운 영어와 풍부한 표정으로 아이들과 대화했다. 아이들은 원어민의 발음과 억양을 배울 수 있었다. 수니타에 따르면, 대여섯 살밖에 안 된 어린아이들이 스카이프로 할머니와 대화하는 첫 시간부터 흥미를 느끼는 단어가 나오면 몇 번이고 거듭하여 입을 오물거리며 열심히 따라 말하고 있었다!

자기조직적 행동

'자기조직화'를 관찰한다는 것은 행위의 원칙을 보는 일이다.

수니타는 SOLE가 아이들의 대인관계 역량에 끼치는 몇 가지 영향을 기록했다. 그는 아이들 사이에서 일어나는 상호작용의 유형, 항상 일어나는 갈등의 양상, 아이들이 그 갈등을 해소해나가는 방법을 파악했다. 공유하기, 번갈아 하기, 미묘한 권한 행사 등이 아이들의 상호작용에서 뚜렷이 드러났다. 특히 원격 상호작용 역량이 주목할 만했다.

2010년 말, 수니타는 학교들이 여전히 SOLE의 취지를 명확하게 알지 못한다고 판단했다. 부모들도 마찬가지였다. 시설은 문이 닫혀 있을 때가 많았고 관리도 허술했다. 위생 상태는 끔찍했다. 집기를 멋대로 학교의 다른 곳에 가져다 쓰기도 했다. 이러한 여러 요인이 가져온 결과는 분명했다. 아이들은 우리가 의도했던 만큼 자주 SOLE를 이용할 수 없었다. 우리가 이 실험에서 가장 좌절감을 느낀 부분은 SOLE가 있는 학교의 지원을 받지 못한 탓에 우리가 원하는 만큼 학생들에게 SOLE에 대한 접근성을 제공할 수 없다는 사실이었다.

수니타와 나는 영국에서 했던 실험을 되도록이면 그대로 하이데라바드에 적용하기로 했다. 우리는 게이츠헤드에서 냈던 GCSE 문제를 하이데라바드의 아이들에게 똑같이 제시했다. 그런데 실험 결과는 단 한 가지도 재현되지 않았다! 우리는 하이데라바드 프로젝트를 통해 무엇을 하면 안 되는지를 많이 배웠지만 프로젝트는 끝나버렸고, 이제까지 얻은 결론을 계속 검증하려면 새로운 프로젝트가 필요했다.

마침 운 좋게도, 콜카타의 성공한 젊은 사업가 수만트라 로이Sumantra Roy가 연락을 해왔다.

2012년 인도 고사비 바스티 지역에 아틀라스 학습 센터ALC 설립

수니타와 나는 하이데라바드의 경험에서 얻은 다음과 같은 결론을 수만트라 로이에게 설명했다. SOLE가 작동하려면 아이들에게 다음과 같은 것들을 제공해야 한다.

- 영어 또는 인터넷에서 많이 사용되는 언어를 읽고 이해할 수 있는 능력
- 컴퓨터와 인터넷을 충분히 자유롭게 이용할 수 있는 접근성
- 이러한 취지를 잘 이해하고 있는 관리자

하이데라바드에서 SOLE를 운영해본 경험은 접근성이 얼마나 중요

한지를 분명히 보여주었고, 전형적인 권위주의 방식으로 운영되는 학교에서는 학생 주도적인(즉 자기조직적인) 접근 방식에 겁을 내기 때문에 이러한 접근성을 달성하기 어려울 때가 많다는 것도 알려주었다.

아이들의 학습을 돕고 싶어 한 수만트라는 학교와 연계하지 않은 독립적 SOLE에서 읽기 능력 발달을 연구하는 우리의 실험에 투자하는 데 열의를 보였다.

2010년, 우리는 인도 북부 탈레레 지역에 최초의 독립 SOLE를 만들었다. 탈레레는 시골이었지만 비교적 좋은 인터넷망을 갖추고 있었다. 사전 평가에서 아이들의 영어 독해 능력은 거의 없다시피 한 것으로 나타났다. 알파벳을 인지하고 이따금 단어를 아는 정도였다. 고학년 아이들 몇몇은 짧은 글을 읽을 수 있었지만, 읽은 내용을 영어로는 물론 모국어로도 설명하지 못했다.

지역사회는 우리가 하는 일에 매우 호의적이었다. 핵심 그룹 아이들 20명에게 몇 달 동안 시설을 이용하게 했다. 우리는 이 파일럿 운영에서 중요한 교훈 몇 가지를 얻었다.

- 독립적으로 운영하면 아이들이 SOLE를 하고 싶은 대로 충분히 이용하게 할 수 있다.
- 게임은 아이들에게 인기가 있어서 유용한 수단이 될 것 같지만, 대개는 게임을 하기 위해 영어를 배울 필요가 없다. 설명이 영어로 되어 있어도 아이들은 시행착오를 거치면서 게임 방법을 금세 익히기 때문이다.
- 영어 독해에 동기를 부여하기 위해서는 제공된 콘텐츠가 집이나

학교에서 아이들의 삶과 밀접한 관련이 있는 것이라야 한다.

• 접근성만으로는 읽기 능력에 변화를 가져오기에 충분하지 않다. 이 것이 지금 우리가 해결해야 할 과제다!

고사비 바스티의 아틀라스 학습 센터 SOLE는 도시 빈민가의 방 한 칸에 설치됐다. 돌아다니다 보면 시비가 붙거나 욕하는 소리가 자주 들 리는 험한 동네다. 주민들은 집이라고 하기도 힘든 판잣집 바로 앞에서 카드놀이를 하고 술을 마신다.

SOLE를 설치한 방은 3m×3.7m 넓이로, 컴퓨터를 두 대밖에 놓을 수 없다. 작은 창문이 두 개 있고, 동네의 다른 집들처럼 양철 지붕으로 덮여 있으며 바닥은 울퉁불퉁하다. SOLE에 오는 아이들도 근처에 산다. 연령 은 8~14세이며 보통 나이나 성별에 관계없이 함께 SOLE를 이용한다.

이곳에는 공격적인 성향의 아이들이 많아서 사소한 갈등도 이내 다 툼으로 이어진다. 아이들은 세상물정에 밝고 영악하지만 새로운 기술을 배울 기회가 적다. 그들에게 주어진 가정과 학교의 자원이 매우 제한적 이라는 점을 고려하면, 컴퓨터를 가지고 놀 기회는 부모와 아동 모두에 게 매력적이다.

우리가 관찰을 시작했을 때 어떤 아이들은 영어 알파벳도 금방 구별 하지 못했다. 대개는 'cat', 'dog', 'ball' 같은 몇몇 단어를 간신히 알아보 았지만 모르는 단어가 훨씬 많았다. 따라서 범주상으로는 '영어 리터러 시 없음'에 해당됐다.

수니타는 아이들이 영어를 접하도록 독려하기 위해 최소한의 개입을 하기로 했다. 아이들에게 90분의 시간이 주어지는데, 처음 30분 동안 무엇인가 새로운 것을 탐색하면 나머지 한 시간은 게임을 해도 된다. 벽에 난 구멍 실험에서 보았듯이 충분한 시간만 주어진다면 부과된 조건이 없어도 결국 아이들은 해냈을까? 답은 모른다. 그럴 만한 시간이 없었기 때문이다.

우리는 최소한의 구조를 통해 아이들에게 처음 30분 동안 미리 저장해놓은 추천 사이트에서 무엇이든 원하는 것을 탐색해보도록 독려했다. 온라인 자료나 이전에 다운로드받은 자료를 이용할 수도 있고, 이야기나 노래를 들을 수도 있고, 선별해놓은 대여섯 개의 게임이나 추천 사이트에 있는 게임 중 자신이 원하는 게임을 해도 된다.

이러한 '준구조적 semistructured' 시간을 처음에 배치한 것은 이 개입에서 결정적으로 중요한 점이었다. 2012년 5월 최초의 관찰에서 이 시간을 90분 중 마지막 30분에 두면 탐색이 제대로 이행되지 않음을 알 수 있었다. 아이들 대부분이 두세 가지 게임에 익숙해지면 그것만 하고, 다른 무엇인가를 시도하기 위해 하던 게임을 멈추려 하지 않았다. 몇 달 뒤, 아이들은 영어를 읽기 시작했다.

탈레레의 SOLE는 2011년에 운영을 중지했고, 고사비의 시설은 자원 확보의 어려움 속에서 근근이 한 달 한 달을 이어가고 있다. 2017년부터는 구름 할머니들과 정기적으로 교류했다. 지역사회도 SOLE의 재활성화와 유지·관리 비용 마련을 위해 노력했다. 그러나 여전히 "교사 없는 교육이라고? 말도 안 돼!"라는 시각이 지배적이다.

열악한 학교와 가난한 부모가 사고의 전환을 통해 SOLE의 가치와 그곳에서 아이들이 배울 수 있다는 것을 인식하기란 어려운 일이다. 이것이 자기조직적 학습의 최대 장애물이다. 우리는 학교 당국과 학부모에

게 우리의 뜻을 이해시켜 어떤 새로운 것도 허
용하지 않는 전통에 대한 집착을 버리게 하는
데 실패했다. 그러나 우리는 이 경험을 통해 아
이들이 스스로 학습하는 역량에 대한 우리의

전망과 믿음에 지역사회가 공감하기만 한다면 SOLE가 가난한 지역, 열
악한 학교에서 성공할 수 있음을 알게 됐다.

네덜란드의 사회과학자 파얄 아로라[Payal Arora]는 2009년 인도를 방문
했을 때 내가 2002년에 벽에 난 구멍 실험을 했던 곳에 들렀다. 후원금
이 바닥나서 컴퓨터는 이미 치워져 있었다. 그는 논문에서 벽에 난 빈
구멍이 마치 빈 눈구멍처럼 자신을 응시했다고 썼다(Arora, 2010). 도널
드 클라크[Donald Clark]도 자신의 블로그에서 벽에 난 구멍이 어떻게 해서
거의 다 멈추게 됐는지 신랄하게 비판했다(Clark, 2013).

바닥을 치면 올라갈 길만 남는다. SOLE는 수면 위로 올라와 세상에
거대한 소용돌이를 일으켰다. 그 시작은 남반구에서였다.

2010년 – 전 세계에서 진가를 시험하다

자생적 질서의 예가 또 하나 있다. 호주에서 일어난 한 사건으로 말미암
아 SOLE가 전 세계로 확산한 것이다.

호주 멜버른

2010년 어느 날, 호주 빅토리아주 공립학교 교육사무국에서 보낸 이메
일 한 통을 받았다. 빅토리아주 소재 1,600개 공립학교의 교장과 교감

3,500명을 대상으로 하는 강연 요청이었다. 정부 차원의 연락을 받은 것은 처음이었다. 이 일은 SOLE가 전 세계로 나아가는 전환점이 됐다.

멜버른에서 열린 빅 데이 아웃Big Day Out이라는 행사였는데, 그때까지 내가 해본 강연 중 청중 규모가 가장 컸다. 이때 멜버른과 인근 지역의 학교 몇 군데를 방문할 기회가 있어서 강연을 마친 뒤 그곳에서 SOLE를 시연해볼 수 있었다. 언제나 그랬듯 내 관심은 온통 아이들에게 쏠렸다.

나는 아이들에게 물었다.

"번개가 뭐지? 왜 하늘이 그렇게 엄청난 빛과 소리를 낼 수 있는 걸까?"

열 살짜리 아이들은 단 15분 만에 전하분리, 이온화, 방전 등을 첫 번째 답으로 내놓았다. 그러나 이해하고 한 말 같지는 않았다. 지켜보고 있던 교사들의 눈에 얼핏 승리의 빛이 비쳤다. "봐, 그냥 앵무새처럼 구글을 따라하고만 있잖아."라고 말하는 것 같았다.

나는 어느 여자아이에게 전하분리가 무슨 뜻인지 물었다. 그 아이는 몰랐고, 나는 친구에게 물어봐도 괜찮다고 했다. 아이들이 소곤거렸다. 그리고 여자아이가 대답했다.

"양의 전하와 음의 전하는 서로를 끌어당겨요. 그래서 떼어놓으면 빨리 서로 만나려고 하는 거예요."

뒤에서 남자아이가 말했다.

"공기는 음의 전하와 양의 전하로 이온화해요. 이온이라는 게 되는 거예요. 그 두 가지 이온은 아주 빨리 다시 만나요. 꽝!"

모두 웃었다.

"아하! 그래서 번개가 생기는 거야? 그런데 이온이라는 게 뭐지?"

내가 물었다. 아무도 몰랐다.

"좋아, 거의 다 왔다. 이제 와서 포기할 순 없지? 이제 이온이 뭔지 알아볼까?"

아이들은 소란스럽게 웹사이트를 방문하고, 대화를 나누고, 그룹을 다시 짰다. 컴퓨터는 네 대였고 스무 명의 아이들이 있었다. 참관하던 교사들은 자기들끼리 속닥거렸다. 그중 한 명이 나에게 다가와 말했다.

"원주민 학생 한 명이 있는데 그 아이에게 특별히 주의를 기울여야 할까요?"

"아니요, 그냥 두세요."

나는 속으로 온 마음을 다해 행운을 빌었다. 30분이 지났을 때 아이들이 답을 이야기할 준비가 됐다고 했다. 아이들 네 명이 앞으로 나왔다. 한 여자아이가 전자껍질이 벗겨지거나 전자가 원자에 더해지면서 이온이 만들어지는 과정을 설명했다.

"이온의 순 전하는 원자 안에 있는 총 양성자 수에서 총 전자 수를 뺀 거예요."

아이는 싱긋 웃으며 설명을 마쳤다. 또 한 여자아이는 고사리손으로 여러 겹의 원과 작은 원들을 그린 알록달록한 그림을 들어서 보여주었다. 양성자와 전자 사이에서 여분의 전자가 불룩 튀어나와 있는 그림이었다. 그 아이가 바로 원주민 학생이었다. 뒤에서 한 남자아이가 말했다.

"걔는 뭔가를 알게 되면 언제나 그림을 그려요."

아이들은 교사나 나보다 원주민의 문화를 더 잘 이해하고 있었다.

나중에 영국으로 돌아온 뒤 빅 데이 아웃에 참가했던 글렌로이 웨스트 초등학교 교장 브렛 밀럿과 벨뷰 파크 초등학교 교장 폴 케너에게 연락을 받았다.

…… 저는 다른 교장 선생님 한 분과 함께 5학년 학급 두 곳에서 벽에 난 구멍 교수법을 적용했는데, 입이 떡 벌어질 만한 결과를 얻었습니다.

학생들은 흑사병의 원인과 결과, 그것이 낳은 사회 변화를 조사했습니다. 아이들은 아주 짧은 시간 안에 엄청난 양의 내용을 알아냈어요. 아이들은 효과적으로 협동하는 법도 배웠습니다. 우리가 한 일은 질문을 던지고 아이들이 유용한 웹사이트를 화이트보드에 적어서 서로 알려줄 수 있게 마커펜을 나누어준 것뿐입니다.

아이들은 수업 시간이 끝났는데도 계속해서 하고 싶어 했고, 집에서 연구를 이어나간 아이도 많았습니다. 아이들은 자기가 똑똑하고 영리하고 강해진 것 같다고 말했고, 과제의 어려움과 자유로움을 즐기고 있었습니다. 이런 일을 할 수 있게 해주신 교수님께 감사드립니다.

글렌로이 웨스트 초등학교 교장 브렛 밀럿 드림

이 소식을 듣고 매우 기뻤다. 브렛의 편지를 인도와 영국의 선생님들에게도 보내주었다. 에마·수니타·리투는 마치 축구 경기에서 골인 장면을 봤을 때처럼 환호했다.

브렛과 폴은 SOLE 수업을 지속했으며, 나는 멜버른에 갈 일이 있을 때 동참했다. 몇 달 안에 빅토리아주 아이들이 우리가 나아갈 길을 알려주었다.

교수님께 우리의 벽에 난 구멍 학습 프로그램Hole in the Wall Learning, HITWL 진척 상황을 알려드리는 것이 유용할 수 있겠다고 생각했습니다. 5·6학년 교사들 중 몇몇이 교수 전략의 하나로 HITWL을 시험하기 시작했습니다. 우리는 두 학교의 고학년 전체에 시범 운영을 확대했는데, 매번 학생들의 참여도와 열의의 증가가 분명하게 나타났습니다.

폴과 저는 HITWL이 멜버른 권역 북부에서 시행되고 있는 강력한 학습 프로젝트와 얼마나 잘 들어맞을지 논의해왔습니다. 앞으로 12~18개월 동안 강력한 학습 전략의 세 번째 구성요소인 호기심을 도입하여 학습도가 더 향상되는지 관찰할 것입니다. 호기심과 학생 참여라는 두 개념을 따로따로 생각했던 저희는 교수님의 전략에 큰 감흥을 받았습니다. 교육 당국이 설정한 방향성은 이 주제에 관한 우리의 관심과 밀접하게 관련되며, 교수님과의 관계를 이어감으로써 더 많은 것을 알아내고 싶습니다.

글렌로이 웨스트 초등학교 교장 브렛 밀럿,

벨뷰 파크 초등학교 교장 폴 케너 드림

브렛과 폴은 여러 차례 뉴캐슬을 방문했다. 폴은 매우 유용한 이메일 한 통을 보내 왔다. 거기에는 SOLE의 성공적인 실행을 위한 여러 통찰력이 담겨 있었다.

 2011년 4월 7일

데이비드, 수가타, 에마, 수니타, 모두 안녕하세요?

데이비드가 브렛에게 보낸 이메일을 읽고 매우 기뻤습니다. 메일에서 제기한 쟁점이 무척 흥미로웠어요. …… 학생들에게 스스로 학습할 수 있는 여지를 주면서도 전문적인 평가 수준을 유지하려면 어떻게 해야 할까. 우리도 이 문제, 즉 교과목에서 반드시 다루어야 하는 내용과 학생들이 학습 목표를 스스로 설정하게 하는 유연성 사이의 딜레마를 해결할 방법을 탐구하기 시작했습니다.

우리는 교실마다 '호기심의 벽 wonder wall'을 설치하고 있습니다. 여기서는 교과과정의 내용 탐구에 초점을 맞춥니다. …… 큰 질문을 던지고 관심을 끌 만한 세부 내용을 제시해서 학생들의 궁금증을 자극하는 거죠. 이것은 교과목 내용을 창의적으로 전달하고 호기심을 강화하는 방법입니다. 예를 들어 '동물원'과 같은 무미건조한 주제가 '동물은 우리 안에서 살아야 할까?' 같은 질문으로 전환됐습니다.

아이들의 생각을 트이게 하기 위한 몇 가지 초기 자극과 대화 후에는 관심사와의 접점을 자극하는 단계로 들어갑니다. 아이들은 스스로 질문과 도전 과제를 만들어내야 합니다. 실제 탐구와 조사는 더 작은 그룹으로 나눠서 할 수 있습니다. 우리는 학생들의 질문을 비슷한 것끼리 묶고 분류해서 조를 짜주고 있습니다. 그러면 아이들은 자기 조 친구들과 서로 도우며 조사하고, 함께 토론하고 학습하며, 알아낸 것을 각자 또는 조별로 보고서로 쓰거나 발표합니다.

교사는 전달해야 할 내용을 전달하면서도 학생들은 자신이 품은 의문에 근거하여 관심사를 따라가면서 스스로 탐구해나가는 모습은 흥미롭습니다. 학생들의 관심이 어떻게 흘러가는지 보는 일은 재미있을 때가 많습니다. 때로는 뜻밖의 방향으로 흘러가기도 합니다. 학습의 방향을 통제할 권한이 교사에게 있었다면 아이들의 열의와 참여도와 학습 방향의 양상은 분명 달라졌을 것입니다.

정보를 찾기 위해 협동하고 '배움의 여정'을 지속하는 '연구'가 교과과정 안에서 이루어지게 하기란 까다로운 일입니다. 올해에는 학습 목적을 더 명시적으로 설정하여 학생들이 해당 탐구 활동의 '성취 기준'이 무엇인지 분명히 알 수 있게 하는 데 더 주력하려고 합니다.

담당교사들은 학년별로 팀을 이루어 몇 가지 실행연구를 진행할 것입니다. 우리는 학년별 팀에 성과 검토의 일환으로 이 학습 방법을 발전시킬 실행 방안 세 가지를 마련해보라고 했습니다. 또한 각 팀의 교사들끼리 서로 수업을 관찰하여 피드백을 주게 했습니다(그 절차는 리처드 엘모어Richard Elmore의 수업 라운드Instructional Round와 비슷합니다). 우리의 E5 수업 모형(E5는 실험·실습 수업의 다섯 단계인 참여Engage, 탐구Explore, 설명Explain, 정교화Elaborate, 평가Evaluate를 뜻한다-옮긴이) 중 '참여'의 요소에 해당한다고도 볼 수 있습니다. …… 이를 통해 실제로 다양한 교수 전략을 개발하고 많은 교사들이 여전히 의무적으로 꼭 쥐고 있어야 한다고 생각하는 통제권을 손에서 놓는 계기가 마련될 것입니다.

다음 예와 같은 교육 당국 역량 평가 기준을 지침으로 삼아 교사에게 수업 진행에 관한 정보를 제공하고 학생들에게 자신의 연구에 어떤 내용이 담겨야 하는지 알려주는 것도 '학생의 자율과 교과과정 이행' 모두에 도움이 될 것입니다.

내 수업은 학생의 자율과 교과과정 이행을 모두 달성하고 있는가?
• 나는 학생들에게 무엇을 하게 될지가 아니라 무엇을 배우게 될지를 알려준다.
• 나는 학생들에게 무엇을 보고 그들의 이해 여부를 확인할 것인지 설명한다.

- 나는 학생들에게 학습 목적과 성취 기준을 바탕으로 피드백을 준다.
- 나는 평점만 매기거나 정답만 체크해주는 식의 피드백을 피하려고 노력한다.
- 나는 학생들에게 주는 피드백에 그들의 성취에 대한 인정과 개선 방안에 관한 조언을 포함한다.
- 나는 학생들에게 '기다리는 시간'과 '생각하는 시간'을 준다.
- 나는 폐쇄형이 아니라 개방형 질문을 하는 것을 원칙으로 한다.
- 나는 학생들에게 질문함으로써 얻은 정보를 교수·학습 프로그램을 만드는 데 활용한다.
- 나는 학습 목적과 성취 기준에 바탕을 둔 동료 평가를 장려하며, 우호적이고 서로를 격려하는 분위기 속에서 동료 평가를 주고받을 기회를 제공한다.
- 나는 학생들의 자가진단과 자기평가를 장려하며, 학생들이 그 기술을 발전시킬 모델과 기회를 제공한다.

앞으로도 하시는 일이 잘되기를 빕니다.

벨뷰 파크 초등학교 교장 폴 케너 드림

폴의 분석에는 선견지명이 있었다. 그 무렵 폴은 평가를 고민하고 대안을 찾고 있었는데, 이 문제는 내가 몇 년 안에 직면하게 될 가장 큰 난제였다. 당시에는 아이들이 관심사에 따라 스스로 방향을 정하게 한다는 폴의 생각이 기묘하게 느껴졌지만, 나중에 내가 교사의 역할을 "네가 그리로 간다면, 나도 너와 함께 갈게You go there; I will go with you"라고 정의하게 된 데 영향을 주었다.

2012년, 두 교장은 호주 전역과 뉴질랜드에 초청받아 그들의 실험을 소개했다. SOLE가 오세아니아에 퍼지기 시작한 것이다.

아르헨티나, 우루과이, 칠레

2005년, 주駐아르헨티나 영국문화원의 초청을 받아 부에노스아이레스에서 강연을 하게 됐다. 남미는 처음이었다. 영어 교사들을 대상으로 아이들 여럿이 함께 인터넷에 접속할 수 있고 거기서 흥미를 느끼는 소재를 발견하면 어떻게 영어를 배우게 되는지 들려주었다. 영어 교사들에게 아이들이 스스로 영어를 배울 수 있다고 말하다니, 실수였다. 그런데 나는 그 후에도 같은 실수를 여러 번 거듭했다.

2010년 부에노스아이레스 대학교의 초청으로 아르헨티나에 다시 갔을 때는 대학교 강연 외에 부에노스아이레스 시내와 교외의 몇몇 학교를 방문했다. 여기서 스페인어권 최초의 SOLE 시연이 이루어졌다. 아르헨티나 출신인 마벨 키로가가 통역을 해주었고, 아이들과 나는 무척 즐거운 한때를 보냈다. 해당 언어로 된 온라인 자원만 충분하다면 SOLE가 어떤 언어로든 작동할 수 있다는 사실을 깨달은 것이 바로 여기에서였다.

2010년부터 2013년까지 남미는 내 삶에서 중요한 부분이 됐다. 키로가와 나는 우루과이를 방문해 원 랩톱 퍼 차일드One Laptop Per Child, OLPC(네그로폰테의 제안에 따라 저개발국가의 아동에게 저렴한 컴퓨터를 보급하기 위한 사업이자 비영리단체-옮긴이) 프로젝트의 일환으로 읽기 능력 향상에 관한 실험을 몇 차례 했다. OLPC 사업이 실행되고 5년이 지났을 때 우루과이 아이들은 다른 나라 아이들보다 더 잘 읽는 듯했다. 그런데 이상한 점이 있었다. 모두 자기 노트북을 가졌는데도 인터넷으로 수행할 과제를 내주면 늘 컴퓨터 한 대에 여럿이 모이는 것이었다. 다시 한 번 우리는 이해가 집단적으로 일어나는 현상일 수 있다는 증거를 보았다(Mitra

& Quiroga, 2012).

2011년 6월에는 칠레에서 초청받았다. 산티아고 소재 학교에서 몇 차례 SOLE를 시연했다. 특히 흥미로웠던 경우는 통역이 없을 때였다. 나는 '화장실' 말고는 아는 스페인어가 없었고 아이들은 영어를 알아듣지 못했다. 우리는 내내 구글 번역기를 이용했다. 다른 때보다 조금 시간이 더 걸리긴 했지만 아무 문제도 없었다. 교사가 학생의 질문에 대한 답을 알 필요가 없을 뿐 아니라 아이들이 쓰는 언어를 몰라도 되는 것이다! 이 것은 인터넷이 얼마나 대단한 게임 체인저가 될 수 있는지를 보여준다.

다시 부에노스아이레스. 키로가는 나를 어느 학교로 데려갔다. 그 동네 아이들은 대부분이 소매치기나 좀도둑이었다. 나는 거기서 SOLE를 시연하기로 돼 있었다. 뚱한 얼굴의 열일곱 살 난 아이들 20명이 있었는데, 이상하게 생긴 이방인의 침입에 진절머리를 내며 역겨워하는 표정이었다. 나는 아이들에게 왜 우리 머리카락 색깔이 모두 다른지 물었다. 묵묵부답이었다. 그럼 도대체 왜 머리카락이라는 게 있을까? 뒤쪽에서 키득거리는 소리가 났다. 나는 물어보았다.

"뭐가 우스운지 말해줄래?"

한 여자아이가 "온몸에 털이 난 건 아니래요"라고 다른 아이의 말을 옮기고는 웃음을 터뜨렸다.

"아, 그래. 나도 궁금했어. 왜 털이 나는 데는 나고 안 나는 데는 안 나는 걸까?"

키로가가 진지한 표정으로 내 말을 통역하자 다들 대놓고 웃었다.

"인터넷으로 알아볼까? 학교에서 인터넷을 쓰게 해주려나?"

"이런 이유로는 안 될걸요?"

한 남자아이가 말했다. 곱슬머리가 풍성한 흑인 아이였다.

"그래도 한번 해보자. 30분 동안 찾아보고 나서 나한테 너희들 생각을 말해주는 거야."

"컴퓨터가 다섯 대밖에 없는데요."

"그건 어쩔 수가 없어. 되는 대로 해보렴."

SOLE 특유의 활기가 생기는 데 10분쯤 걸렸다. 웃음소리가 더 많아졌다. 한 학생이 말했다.

"우리가 찾아보려고 하는 웹사이트 대부분이 차단돼 있어요."

"그렇구나."

나는 이렇게만 대꾸했다. 30분이 지나자 아이들은 우리의 존재를 거의 잊어버렸다. 예상했겠지만, 아이들은 성性에 관한 이야기에 푹 빠져 있었다. 의견을 발표할 시간이 됐을 때 자리에서 일어선 것은 두 명의 여자아이였다. 그들은 모발의 보온 효과, 털이 없는 편이 초원에서 사냥하는 데 유리한 조건이었다는 점, 땀을 내는 기능의 진화에 관해 발표했다. 나는 키로가의 옆구리를 찔렀고, 내 말을 알아들은 그가 이렇게 물었다.

"그럼, 남아 있는 털은?"

여자아이들이 한 남자아이를 가리키며 자리에 앉았다. 교실에 정적이 흘렀다. 그 남자아이는 신원 확인과 성적 매력을 위해 샘 분비물을 축적하고 체취를 내야 한다고 설명했다. 키득거리는 소리가 멈췄다.

"훌륭하구나!"

나는 박수를 쳤다. 수업이 끝나자 남자아이들이 나에게 몰려와 주먹인사를 청하기도 하고 진짜로 고개를 숙여 인사하기도 했다. 그렇게 뚱하던 아이들이! 나는 그제야 주머니가 털리지 않으리라고 확신했다.

10대 아이들과 SOLE를 진행하면서 알게 된 사실은 청소년기에 접어든 아이들은 더 어린 아이들이 흥미를 느끼는 주제와 완전히 차별되는 질문이 주어져야 몰입한다는 것이다. 청소년은 도전·실용주의·반항을 좋아하며 사회적 규범과 선입견에 도전하기를 좋아한다. SOLE에 임하는 조력자는 청소년들의 이런 성향에 걸맞은 질문을 만들 필요가 있다.

SOLE는 아르헨티나 전역을 비롯해 칠레, 우루과이, 브라질, 볼리비아, 과테말라, 멕시코 그리고 아마도 내가 알지 못하는 나라에까지 퍼져 나갔다.

영국 더럼 카운티

데이비드 리트David Leat 교수는 15년 넘게 뉴캐슬 대학교 교수·학습연구 센터를 이끌고 있다. 내가 자기조직적 학습을 이해하려고 분투하는 동안 데이비드는 탐구 기반 학습을 연구하고 있었다. 우리가 가고자 하는 길이 동일했으므로 데이비드는 교육학적 차별점을 이내 알아보고 SOLE에 관해 조사하기 시작했다. 그는 폴 돌런Paul Dolan에게 나를 도와 잉글랜드 북동부에 SOLE를 도입하는 역할을 맡겼다.

노스이스트잉글랜드는 노섬벌랜드, 더럼, 타인위어, 티스밸리를 아우르는 지역으로 산업 유산이 풍부하다. 과거에는 플라스틱, 나일론, 석유화학, 소금, 유리 외 여러 화학산업이 모두 이곳에 있었다. 잉글랜드의 제철과 철강, 조선 산업의 본거지이기도 했다. 석탄 채광 산업의 중심지였음은 물론이다.

이 지역에는 기술혁신의 강고한 역사가 있다. 마찰성냥, 증기기관차, 백열전구, 증기터빈, 유압장치, 이 모든 것이 여기에서 발명됐다. 그러나

20세기 초부터 쇠락의 길을 걸었다. 영국에서 제조업이 쇠퇴하면서 북동부 지역이 경기침체의 타격을 가장 크게 받았다.

2011년 여름 동안 폴은 나를 더럼 전역의 학교로 데려갔다. 우리는 기차 안에서 SOLE 도입 방법을 논의했다. 첫 순서는 교사 대상의 30분짜리 강연으로, 벽에 난 구멍 이야기, 소규모 조사 연구, 게이츠헤드의 세인트에이든 초등학교에서 한 실험을 소개하기로 했다.

그다음에는 교실로 들어가서 교사들이 참관하는 가운데 8~12세 아동을 대상으로 SOLE를 진행한다. 미리 각본을 짜지는 않는다. 아이들에게 어떤 질문을 던질지는 나도 알 수 없다. 단지 교사에게 내가 오지 않았다면 무엇을 할 예정이었는지 묻고, 동일한 학습 결과를 기대할 수 있는 질문을 만든다. SOLE 세션이 끝나면 교사들과 토론 시간을 마련한다. 시간 여유가 있으면 교사에게 우리가 참관하는 가운데 SOLE를 진행해보라고 하기도 한다. 끝나고 나오면서는 교사들에게 자체적으로 SOLE를 직접 진행해보기를 권한다. 대부분의 교사들은 우리의 방법을 채택할 것이다.

학교 방문이 거듭되면서 우리의 자신감이 올라갔다. 아이들은 진짜 자기들 마음대로 해도 되고 아무런 '함정'도 없음을 깨닫고는 SOLE에 열광적으로 반응했다. 멋진 일이 많았지만 그중 특히 뇌리에 남은 경험이 있다. 취약계층 아이들을 돌보던 그 깨끗하고 아름다운 초등학교는 저소득층이 많이 거주하고 성인 알코올중독자 비율이 높은 지역에 있었다.

"제가 안 왔다면 뭘 가르쳤을까요?"

선생님은 영국 역사를 가르칠 예정이었다고 대답했다.

"대영제국을 다루었나요?"

"좀 당황스럽네요. 보통 그 부분은 살짝만 다루고 세계대전으로 넘어가거든요."

나는 아홉 살짜리 아이들에게 물었다.

"브리티시 라지 British Raj (영국령 인도제국을 뜻함 – 옮긴이)에 관해 들어봤니?"

아이들은 고개를 저었다. 교사는 조금 신경질적으로 반응했다.

"미트라 교수님, 그게 정치적으로 올바른 주제라고 생각하세요?"

폴이 대답했다.

"걱정 말고 그냥 둬보세요."

나는 아이들에게 SOLE가 무엇인지 설명했다.

"이건 일종의 실험 같은 거란다. 얘들아, 우리가 답을 찾아낼 수 있을까?"

아이들은 힘차게 고개를 끄덕였다. 아이들은 실험을 좋아했다.

"브리티시 라지가 뭘까? 좋은 걸까, 나쁜 걸까?"

"'라지'가 뭐예요?"

한 아이가 물었지만 나는 어깨를 으쓱하며 고개를 저었다. 여느 때처럼 SOLE가 혼돈과 소음 속에 시작됐다. 아이들은 무리를 지었다가 다시 흩어지기를 반복했다. 교사와 폴과 나는 교실 한구석으로 이동했다. 우리의 존재감이 사라졌다. 활발하게 토론하는 여자아이 넷이 눈에 띄었다. 10분쯤 뒤에 그 아이들이 외쳤다.

"수가타 선생님, 답을 찾았어요!"

"우아, 금방 찾았구나! 답이 뭐였어?"

"브리티시 라지는 사우스실즈[근처의 해변 마을 이름]에 있는 인도 음식점이에요. 좋은지 나쁜지 알아내려고 메뉴를 찾고 있어요."

나는 침을 꿀꺽 삼켰다. 폴은 망연자실한 표정이었다. 선생님은 아무렇지 않은 척하려 애썼다. 그때 방의 다른 쪽 끝에서 소동이 일었다. 돌아다니면서 다른 아이들을 짜증나게 하는 데 도가 튼 듯한 남자아이 다섯이 있었다. 그런데 그 아이들이 이 여자아이들에게 다가왔다.

"이런 멍청이들! 그건 음식점이 아니라 인도에 관한 거야."

곁눈질로 나를 슬쩍 쳐다보았다. 나는 최대한 태연한 표정을 지었다. 여자아이들은 남자아이들의 컴퓨터 화면을 보았다. SOLE가 다시 작동했다. 자기수정self-correction이 이루어진 것이다. 20분쯤 지났을 때 나는 발표하고 싶은 사람이 있는지 물었다. 남자아이들 중 한 명이 앞으로 나왔다.

"인도의 브리티시 라지는 좋기도 하고 나쁘기도 해요. 대영제국은 인도에서 좋은 일을 많이 했지만 나쁜 일도 많이 했어요."

"그렇게 이도저도 아닌 대답 말고 견해를 분명히 하렴. 네 생각에는 좋은 것 같아, 나쁜 것 같아?"

"10분만 더 주실래요?"

아이는 이렇게 물으며 친구들에게 동의를 구하는 눈짓을 했다. SOLE가 재개됐다. 이번에는 아이들의 목소리가 낮아졌고, 속삭이듯 논쟁을 벌이기도 했다.

"유감스럽게도 시간이 거의 다 됐단다."

아까 그 아이가 다시 나왔다. 그 아이는 분명하고 확실하게 말했다.

"그건 나쁜 거였어요. 대영제국은 인도에서 좋은 일도 많이 했지만 어느 누구도 그렇게 해달라고 하지 않았으니까요."

나는 박수와 함께 그보다 훌륭한 설명을 들어본 적이 없다고 말해주었다. 교사의 눈이 휘둥그레졌다. 전형적인 영국인인 폴은 티타임이 필요하다고 말했다. 그렇게 SOLE가 끝났다.

이 실험 이후에도 SOLE에서 잘못 알았던 정보가 집단의 상호작용에 따라 정정되는 경우를 여러 차례 보았다. SOLE에서 자기수정이 이루어지는 것이다. 교사와 부모는 '쓰레기로 가득 찬 인터넷' 때문에 아이들이 잘못된 생각이나 사고방식을 배울까 봐 걱정이 끊일 날이 없다. 그러나 나는 SOLE에서 상호작용이 일어나야 하고, 감독자가 없어야 하며, 아이들이 스스로 무리를 이루어야 한다는 등의 요건을 충족하지 못한 경우를 제외하면 그런 부작용이 일어나는 것을 본 적이 없다. 이것은 엄청난 발견이다. 어른들도 편견으로 가득한 논평을 자기 집에 홀로 앉아서가 아니라 자체적으로 서로의 오류를 수정해줄 수 있는 집단 속에서 접한다면 어떻게 될까? 그러면 우리 사회는 어떻게 달라질까?

아이들이 인터넷에서 그릇된 생각과 관념을 배우기 쉬운 종교나 정치 같은 주제가 있는 것은 사실이다. 심약하다면 SOLE에서 그런 주제를 피하면 된다. SOLE 시연이 있는 날은 긴장된 기대감이 가득했으며 경외감으로 마칠 때가 많았다. 실질적인 성과라면, 많은 교사가 자체적으로 SOLE를 시도해보기로 했다는 것이다. 그리고 SOLE에 관한 소문이 퍼졌다. SOLE라고 알아? 굉장하대!

가장 큰 보상은 1년 뒤 영국 교육표준청Office for Standards in Education, Children's Services and Skills, Ofsted 보고서에 실린 일이었다. 정부의 인정을 받은 것은 호주 빅토리아주 정부 이후 처음이었다. Ofsted는 영국 의회에 직접 보고하는 기관으로 독립적이고 공정하다고 알려져 있다. Ofsted는 학부모에게 정보를 제공하기 위해 학교를 점검하여 개선을 촉진하고 책임을 추궁하기도 하는 법정 기관이다. 각급 학교는 Ofsted와 애증 관계에 있으며, 그래서 이 기관을 향한 날 선 우스갯소리도 많다.

다음은 Ofsted가 2012년 12월 11일에 발간한 보고서의 일부다.

이 사례는 미들스톤 무어 학교에서 교과과정 설계에 대한 혁신적 접근이 핵심 과목과 기초 과목의 내용을 어떻게 변화시켰는지를 보여준다. 이 학교의 수준은 평균 이상으로, 학업의 진척도 우수하지만 인성 발달 역시 매우 양호하다. 독립적인 학습 기술, 창의적인 글쓰기와 형식을 갖춘 글쓰기 기술, 자신감, 과학적 탐구에 대한 이해가 두드러지는데, 이런 모습이 저학년부터 나타난다. 어떤 주제를 다루든 그 안에 사회적·도덕적·정신적·문화적 측면을 세심하게 통합하고 있다.

이 보고서는 SOLE의 접근 방식도 다음과 같이 다루었다.

주제 기반 학습의 일환으로 각 주제마다 사회적·도덕적·문화적·정신적인 요소를 포함함으로써 특정 맥락 안에서 학생의 인성 발달을 체계적으로 다룬다. 교사는 자기조직적 학습환경(SOLE, 뉴캐슬 대학교 수가타 미트라 교수가 개발)이라는 접근 방식을 활용하여 개방형 질문을 도입했다. 예를 들면 이런 질문들이다. "사람의 몸에서 가장 놀라운 게 뭘까?" "어떤 종류의 동물들이 멸종위기에 놓여 있을까? 그 이유는 뭘까?" "우리가 사는 이 세계를 다들 아름답다고 하는데, 왜 사람들은 이 세계를 걱정하는 걸까?" "라지는 좋은 걸까, 나쁜 걸까?" 학생들은 스스로 답을 찾는 가운데 조사형 과제를 체계적으로 해나가는 방법을 배운다. 이때 학생들이 현재 가지고 있는 지식과 이해를 넘어서는 질문이 의도적으로 제시된다(Ofsted, 2012: 3-4).

이것으로 충분히 보상받았다. 이보다 더 나은 보상이 어디 있겠는가.

미국 매사추세츠주 케임브리지

2010년 12월, 나에게 영웅 같은 존재인 니컬러스 네그로폰테^{Nicholas} ^{Negroponte}에게서 이메일이 와서 깜짝 놀랐다. 그는 매사추세츠주 케임브리지에 있는 MIT의 전설적인 미디어랩 설립자이자 원 랩톱 퍼 차일드의 창립자다.

수가타 교수님께

혹시 한두 달 안에 뉴욕이나 보스턴에 오실 일이 있나요? 한 번 뵈었으면 해서 여쭙습니다. 저는 아동기의 '학교 없는 배움'이 가능하다는 생각에 점점 더 확신이 듭니다. 학교에 다니지 못하는 1억~2억 명의 어린이에게 이것은 매우 중요한 일입니다. 제 생각에 동의하는 사람은 거의 없지만요.

OLPC는 현재 200만 대 이상의 랩톱을 현지에 보냈으며, 제 생각에는 교수님과 제가 학교 없는 배움의 가능성을 입증할 수 있을 것 같습니다. 태블릿도 곧 나옵니다. 교수님과 이 일을 논의하고 싶습니다. 아이들이 스스로 배울 수 있다는 점에 대해 낙관적인 목소리를 내는 몇 안 되는 사람 중 한 분이시니까요.

평안하시길 빌며.

니컬러스 드림

네크로폰테는 아이들이 글을 읽는 법을 스스로 배울 수 있는지 알고 싶어 했다. 그는 에티오피아에서 실험을 해보려고 했다. 나는 2011년 2

월 28일에 그를 만났다. 로봇공학자 신시아 브리질^{Cynthia Breazeal}, 신경과학자 매리언 울프^{Maryanne Wolf}도 함께였다. 우리에게는 작전이 있었다.

다음은 그해 3월 4일에 받은 이메일이다.

MIT에서 2년간 방문교수로 초빙할 수 있다고 합니다. 미디어랩의 연구 외에 다른 일에는 관여하지 않아도 됩니다. 뉴캐슬 대학과 관계없이 교수님께 급여 등의 조건을 맞춰드릴 것입니다. 미트라 교수님과 교수님의 가족에게 최적의 조건을 마련해드리고 싶습니다.

재정이나 다른 편의와 관련해 온당하면서도 매력적인 조건을 부인과 상의해주십시오.

벌써 충분히 매력적이었다! 2011년 8월, 나는 게이츠헤드에 동화에 나 나올 법한 작은 오두막을 하나 사서 우리 짐을 보관해두고 매사추세츠 케임브리지로 이사했다. 그때부터 케임브리지, 게이츠헤드, 콜카타를 오가며 보낸 12개월 동안 많은 일이 일어났다. 나는 TED 강연에 앞서 『벽에 난 구멍을 넘어서^{Beyond the Hole in the Wall}』라는 전자책을 냈는데, 「서문」을 네그로폰테가 써주었다. 미국과 남미 전역의 여러 학교도 방문했다. 2012~2013년, TED상이 처음으로 상금을 100만 달러로 올린 그해에 내가 그 주인공이 됐다.

2

구름 속의
학교

Schools in the Cloud

2007년 2월, 나는 '내일을 위한 선도적 혁신Leading Innovation for Tomorrow'이라는 행사에 강연자로 초청받았다. 강연 제목은 「아이들은 스스로 배울 수 있다Kids Can Teach Themselves」였다. 그 자리에는 TED 콘퍼런스 유럽 책임자 브루노 주사니가 와 있었다. 그는 내 강연에 감명받아 TED 웹사이트에 올리고 싶다면서 허락을 구했다(동영상 2.1).

동영상 2.1
아이들은 스스로
배울 수 있다

2010년 7월, 나는 옥스퍼드에서 '아이들이 주도하는 교육The Child-Driven Education'이라는 TED 글로벌 강연을 했다(동영상 2.2). 옥스퍼드에 머무르는 동안 나를 감동시킨 것이 있었다. 스테파노 만쿠소의 식물 지능에 관한 강연이었는데, 그것은 나를 완전히 변화시켰다. 그 후 세계 곳곳의 아이들과 진행한 여러

동영상 2.2
아이들이
주도하는 교육

SOLE 세션에서 나는 이 강연을 상영했다. 이에 관해서는 나중에 다시 다룰 것이다.

매사추세츠 케임브리지의 MIT 미디어랩으로 돌아갔을 때, 구름 할머니 두 명이 TED상 공모 소식을 이메일로 알려주었다. 절차가 간단해 보여서 신청 서류를 작성했다. 내가 신청서에 제안한 내용은 클라우드, 학교, 아이들을 하나로 묶는 사업이었다. 그리고 2010년 10월, TED상 총책임자 라라 스타인 Lara Stein 의 전화를 받았다. 내가 상을 받게 됐다는 것이다! 게다가 상금이 100만 달러로 오른 첫해였다. 그해 11월, 케임브리지에서 뉴캐슬로 돌아오기 전에 뉴욕으로 가서 TED 대표 크리스 앤더슨에게 상금 사용 계획을 들려주었다. 나는 자기조직적 학습시설 7개소(인도 다섯 군데와 영국 두 군데)를 설립하고 3년간 그에 관해 연구할 계획을 발표했다. 우리는 이 프로젝트를 '구름 속의 학교'라고 부르기로 했다.

그날 저녁 커넬가(街) 근처의 호텔로 돌아왔을 때 재미있는 경험을 했다. 시원한 뉴욕의 저녁 시간, 나는 보람찬 하루를 보낸 후의 긴장을 풀고 호텔 앞에서 담배를 피우고 있는데 어떤 노부인이 말을 걸었다. 그도 영국에서 왔다고 했다.

"무슨 일을 하세요?"

"뉴캐슬 대학교에서 아동교육에 관한 일을 하고 있습니다."

"어머나, 저는 켄트에 있는 학교 교사예요. 구체적으로 어떤 연구를 하시나요?"

"아동교육에 인터넷이 어떤 영향을 끼치는지 밝혀보려 하고 있어요."

"실례지만, 혹시 인도 출신이세요?"

"실례는요. 맞아요, 인도 사람이고 인도에 쭉 살았었죠."

"아, 그렇군요! 그럼 그 사람 얘기를 해드려야겠네요. 몇 년 전에 인도에서 어떤 사람이 담벼락에 컴퓨터를 설치해놓고 아이들이 쓸 수 있게 놔뒀대요. 그 얘기 들어보셨어요?"

"글쎄요……. 근데 저는 이제 가봐야겠어요."

나는 급히 커널가를 걸어 내려갔다.

동영상 2.3
구름 속의 학교를
짓다

2013년 2월, 캘리포니아주 롱비치에서 TED상 시상식이 열렸다. 시상자는 켄 로빈슨 경 Sir Ken Robinson이었고, 나는 '구름 속의 학교를 짓다'라는 수상 기념 강연을 했다(동영상 2.3).

콜카타로 돌아가 구름 속의 학교를 설립하기 위해 팀을 구성했다. 사실 뭘 해야 할지는 정확하게 알지 못했다. 아시스 비스와스 Ashis Biswas가 프로젝트 매니저를 맡아주기로 했다. 아시스는 몇십 년 동안 컴퓨터 설치와 시설, 마케팅, 프로젝트 관리 등의 일을 해왔다. 아동 발달과 양육 전문가인 수니타 쿨카르니는 연구책임자, 조직심리학 전문가 리투 당왈은 프로젝트 코디네이터를 맡았다. 인도 정부 학생지원서비스국 국장이었던 나의 아내 수시미타 Sushmita Mitra도 행정 업무를 돕겠다고 했다. 수시미타가 담당했던 학생지원서비스란 외딴 지역의 학생 약 50만 명의 복지를 챙기는 골치 아픈 일이었다. 영화감독 제리 로스웰은 프로젝트 전체를 영화로 만들기로 했다. 제작비는 TED가 지원했다(그 결과물인 〈구름 속의 학교〉의 일부 내용을 이 책 2부에 인용했다).

구름 속의 학교

저의 바람은 전 세계 아이들이 타고난 호기심을 발휘하게끔 지원하여 교육의 미래를 설계하는 데 기여하는 것입니다. 인도에 새로운 교육의 실험실이 될 구름 속의 학교를 세울 수 있게 도와주십시오. 여기서 아이들은 온라인으로 정보를 얻고 멘토링을 받아 지적 모험을 떠날 수 있을 것입니다. 그리고 또 하나, 여러분도 각자 사는 지역에서 아동 주도 학습을 실험하고 그 경험을 공유해주십시오.

롱비치에서 켄 로빈슨 경에게 TED상을 받던 날 했던 강연의 한 대목이다. 우리는 구름 속의 학교 설립을 위해 우리가 알고 있는 사실에서 시작했다. 우리가 연구할 두 가지 주요 질문은 다음과 같았다.

Q1 적절한 장비와 공간이 주어지면 아이들은 현실의 교사가 도와주지 않아도 (검색을 위해) 인터넷을 사용하기에 충분한 독해 능력을 얻을 수 있을까?

Q2 아이들은 현실의 교사가 도와주지 않아도 영어를 말하고 이해할 수 있으며, 적절한 예의를 갖추어 말할 수 있을까?

우리는 일곱 군데의 입지부터 선정했다. 지역을 고를 때는 사회경제적 지위에 따른 계층 구조에서 세 계층이 고루 분포되게 했다.

> **❝** 왜 언어 습득에 관한 이 질문들에서 영어를 그렇게 강조하는지 궁금해하는 독자가 있을 듯하다. 여기에 답하려면 책 한 권 분량의 설명이 필요하다! 한마디로 말하자면, 인도에서 영어를 아는 사람은 그렇지 않은 사람들보다 믿기 힘들 만큼 유리하다. **❞**

우리가 그동안 알게 된 것(1999~2013)

- **자신과 관련된 주제는 아이들의 학습 의욕을 고취한다.** 아이들은 스스로 정보를 찾고 몇 달 안에 통제집단(실험에 참여하지 않은 또래 집단)보다 10년을 앞서나가게 된다. 전통적인 학교 환경에서는 나타나지 않았던 가능성을 보여준다.

- **멘토의 격려가 성과를 높인다.** 칼리쿠팜(인도 남부)에서 타밀어를 쓰는 8~14세 아동이 어른의 도움 없이 외국어인 영어로 생명공학을 배웠다. 교사의 개입 없이 점수가 0점에서 30점으로 높아졌다. 친절하게 감탄해주는 멘토(구름 할머니)—그들은 교사 경험도 생명공학을 배워본 적도 없다—를 도입하자 아이들의 점수가 30점에서 51점까지 올라갔다. 영국에서 SOLE 방식을 적용했을 때도 비슷한 성과 향상이 나타났다. 이와 대조적으로 하이데라바드의 전통적인 교실에서 이 모형을 실험했을 때는 원치 않는 결과가 나왔다. 교사가 개입하고 가르치고 권위를 행사했기 때문이다.

- **아이들은 스스로 집단을 형성하고 집단이 진화하는 가운데 배울 수 있다.** 가장 고무적인 발견은 적절한 자원만 주어진다면 아이들이 어른들의 어떤 도움도 받지 않고 자기들끼리 무리를 이루어 그 속에서 배울 수 있다는 사실이었다. 이 실험 결과는 재현 가능하며 뒷받침할 데이터도 있다.

- **SOLE는 운동장을 평평하게 만든다.** 긍정적인 징후는 확연하다. 이는 우리뿐 아니라 전 세계의 교육자와 혁신적인 사상가들, TED의 청중에게도 영감을 준다. SOLE를 정기적으로 운영하는 호주의 어느 학교 교장은 이렇게 논평했다. "지구상 어디에서 운영되든, 모든 SOLE는 닮았다." 우리는 이 프로젝트에서 전 세계 모든 어린이에게 평평한 운동을 제공할 수 있는 잠재력을 보았다. 또한 호응을 얻으려면 풀뿌리 수준에서 아래로부터의 공감대를 형성하기 위해 노력할 필요가 있다는 점도 알게 됐다.

- **SOLE는 일부 교사들에게 매우 큰 호응을 얻고 있다.** 전 세계에서 여러 교사들이 SOLE를 실시하고 그 내용을 블로그나 유튜브에 업로드하고 있다.

- **SOLE가 장기적인 효과가 있다는 지표들이 있다.** 두 명의 교사가 아이들의 읽기 능력이 나이에 견주어 일러졌다고 보고했다. 한 학교에서는 여러 이유로 SOLE 운영이 중단됐는데, 그 후에도 중단되기 전 2년 동안 SOLE에 참여한 3학년과 4학년 아이들이 참여하지 않은 아이들보다 읽기 능력이 우수한 것으로 나타났다.

SOLE가 해결해야 할 과제

- 장비의 유지관리와 기술적인 문제
- 공간 확보 공간과 장비를 더 '중요한' 일에 더 잘 사용할 수 있다고 생각하는 학교 측의 저항이 있었다. 인도의 한 학교에서는 교장이 SOLE가 설치된 곳을 우사牛舍로 사용하는 편이 낫겠다고 제안한 적도 있다. 그리고 결국 그렇게 됐다.
- 문화적 장벽 우리는 부모와 교사가 사고방식과 관습적인 사고 때문에 학생의 자기조직적 역량에 별로 주의를 기울이지 않은 것을 관찰했다. 부모는 자녀가 학교에 가기만 하면 그만이어서 학교에서 무슨 일이 일어나는지 신경 쓰지 않았다. 프로젝트의 목표는 사회와 기존 시스템의 저항이나 무시에 의해 좌절될 수 있다.
- 교육제도에 의한 제약 영국 교사들은 훌륭한 역량을 갖추고 있고 SOLE 개념도 잘 이해하고 있지만 대부분 SOLE를 아주 가끔씩만 시행한다. 임박한 시험과 평가 때문이다. 교사들은 시험에 대비하여 가르치기를 싫어하지만 그렇게 해야만 할 때가 많다.
- 부정확한 실행 한껏 고무된 여러 교사가 자기만의 SOLE 실행 방법을 고안했는데 대개는 성공하지 못했다. 그들은 SOLE가 효과가 없었다고 보고했지만, 실은 그들이 정확하게 실행하지 않은 것이었다.
- 표준화한 교사 훈련 자료의 필요성 우리는 훈련 자료를 개발해야 했다. 지금까지 나는 교사들의 명확한 이해를 위해 그들과 대화를 나누고 처음부터 끝까지 시연하는 방법을 썼다. 이 프로젝트를 더 큰 규모로 발전시키려면 이 방법만으로는 버틸 수 없다.
- 지지자 우리는 호주의 두 교장선생님 같은 지원군을 발굴해야 한다.
- 지속가능성 지속가능한 자금 조달 모형을 개발하여 TED 지원금이 고갈돼도 구름 속의 학교를 계속 번창할 수 있게 하는 것이 가능할까? 이 책의 나머지 부분에서도 보겠지만 이 문제는 언제나 가장 중심적인 고민이다.
- 궁극적인 효과 마지막 관건은 이 프로젝트의 궁극적인 효과에 있다. SOLE에 참여한 아이들이 시험에 통과할 수 있으리라는 것은 알지만 단지 정보를 암기하기만 한 것은 아닐까? 다른 방법으로 교육받은 아이들과 비교해도 시험 점수가 좋다고 할 수 있을까? SOLE는 더 잘 배울 수 있고 그 효과가 장기적으로도 지속되는 학습 방법일까?

- 구름 속의 학교 0호(서벵골주 고차란): 콜카타 교외. 인근에 학교가 있는 준도시 지역.
- 구름 속의 학교 1호(서벵골주 코라카티): 갠지스강 순다르반스 삼각주에 위치. 일곱 개 지역 중 가장 외딴 곳. 전기와 수도 시설이 없다. 의료기관이나 학교도 거의 없다.
- 구름 속의 학교 2호(서벵골주 찬드라코나): 콜카타에서 약 100km 떨어진 농촌 마을. 코라카티만큼 가난하거나 오지가 아니다.

중위 계층

- 구름 속의 학교 3호(뉴델리 칼카지): 뉴델리 빈민가의 공립학교. 도시 지역이지만 매우 가난하다.
- 구름 속의 학교 4호(팔탄): 뭄바이에서 남쪽으로 257km 떨어져 있는 지역. 대상 학교는 팔탄 도심에 있다. 도시 중산층 자녀가 주로 다니지만, 일부 학생은 인근 농촌에서 온다. 약 30%가 등록금을 면제받는다.

상위 계층

- 구름 속의 학교 5호(노스이스트잉글랜드 킬링워스): 킬링워스는 뉴캐슬 교외의 도시 중산층 거주 지역이다. 시설은 조지 스티븐슨 고등학교 안에 설치된다.
- 구름 속의 학교 6호(노스이스트잉글랜드 뉴턴 에이클리프): 시설은 준도시 지역에 있는 커뮤니티센터 한 곳과 학교 한 곳에 설치된다.

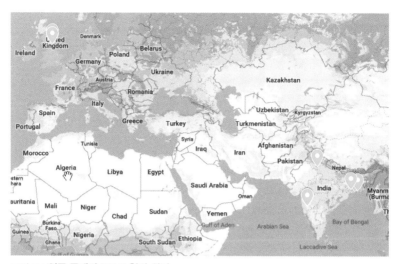

그림 2.1 일곱 군데의 SOLE 현장 위치

출처: Map data ©2019 Google, ORION—ME

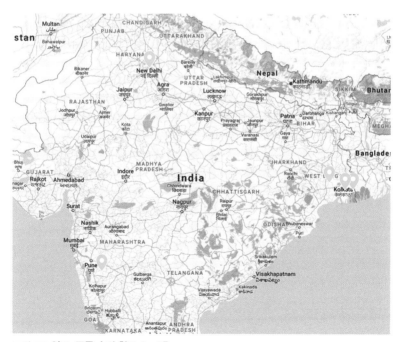

그림 2.2 인도: 구름 속의 학교 0~4호

출처: Map data ©2019 Google

그림 2.3 **노스이스트잉글랜드: 구름 속의 학교 5~6호**

출처: Map data ©2019 Google

프로그램의 목표는 아이들이 자신의 능력과 재능을 계발하기 위해 스스로 조직화하고 진화하는 것이다. 우리는 그저 아이들이 자기조직화와 학습을 원한다면 – 사실 아이들은 항상 원한다 – 그렇게 할 수 있도록 장비와 인터넷을 제공하려는 것뿐이다. 여기에는 어떤 특별한 교수법도 있을 수 없다. 교수법이 없는 것도 좋은 교수법일 수 있다.

이러한 의견은 순진하다, 단순하다, 심지어 유해하다거나 틀렸다는 등의 평가를 받아왔다. 대개는 시도해보지 않고 하는 말이다. 우리 방식을 시도해본 교사들이 전 세계에 수천 명이 있으며, 그들은 이 프로젝트가 어떻게 될지까지는 모르더라도 최소한 내가 하려는 일을 이해할 것이다.

우리는 구름 속의 학교가 가져온 효과를 측정하기 위해 영어 읽기 능력, 목표의식, 인터넷 사용 능력을 지표로 삼기로 했다.

읽기 유창성과 이해력

읽기 유창성과 이해력 Reading Fluency and Comprehension, RFC 은 우리의 평가에서 가장 중요한 영역이다. 이 영역의 평가는 인도에서만 이루어졌다. 대개의 항목이 영어를 유창하게 말하는 영국 아이들에게는 적용되지 않기 때문이다. RFC를 측정하는 방법은 세 가지였다.

1. 기본 선별 도구(교육 현황 연감Annual Status of Education Report, ASER)
2. 수준별 읽기 지문(슈퍼 티처 워크시트, http://www.superteacherworksheets.com)
3. 아이들의 검색 과정에서 RFC에 관련된다고 판단되는 활동에 관한 정성적 데이터

인도에서는 우선 무작위로 뽑은 각 지역의 표본집단 아동을 평가하여 기준선을 설정했다. 그후 약 3년 동안 매달 시험을 보았다.

우리가 사용한 ASER 평가를 설명하려면 인도의 교육 혁신 기관 프라담Pratham을 간단히 소개할 필요가 있다(Banerjee & Duflo, 2011; Pratham, 2019). 프라담은 소외계층 아동에게 양질의 교육을 제공하기 위해 설립된 기관이다(Pratham India Education Initiative, 2009). 프라담은 2005년 인도 초등교육에 관한 대규모 조사를 실시했으며, 그 결과를 ASER이라는 보고서에 발표했다. 우리가 ASER 읽기 과제를 사용하기로 한 이유는 프라담이 인도 아대륙, 특히 농촌 지역 학생의 기본적인 영어 읽기 능력 평가를 위해 개발한 도구이기 때문이었다. ASER 과제를 사용하면 구름 속의 학교 참여 아동의 읽기 유창성을 지역별로 비교하거나 이 프로젝트에 참여하지 않는 아이들과 비교하기가 쉽다. 우리는 읽기 유창성과 함께 이해력을 평가하기 위해 ASER 외에 몇 가지 과제를 추가했다. 유창성이 높다고 해서 이해력도 높다고 볼 수 없기 때문이다.

이 단계에서 우리가 추구하는 바는 다음과 같다.

유창성

- 정확성(자기수정 포함)
- 휴지(구두점)
- 속도
- 표현(억양·강세·강조 등을 통해 이루어지는 의미를 제대로 이해했는지)
- 즉 빨리 읽는 것뿐만 아니라 제대로 이해하면서 읽는 유창성

이해력

- 지문의 주요 요소, 핵심, 요지 파악

- 시간 순서에 따라 글의 논지 또는 사건 요약
- 핵심 단어와 용어의 의미 이해(번역 과제를 통해 평가)
- 지문의 맥락 이해(제목, 저자, 주제 또는 다른 정보나 지식과의 연관성)

목표의식

우리는 '더 넓은' 세상에 노출된 아이들이 자신의 현 상태를 바꾸기를 원하는지 확인하고 싶었다. 자신이 어땠으면 좋겠는지 또는 장차 어떻게 되고 싶은지에 관한 아이들의 포부가 변할까? 아이들의 꿈이 더 커질까 아니면 현실적으로 바뀔까? 또는 구름 속의 학교에서 경험한 것을 바탕으로 더 다양한 꿈을 품게 될까?

우리는 5학년 이상의 아이들에게 다음과 같이 질문했다.

1. 장래 희망이 무엇입니까?
2. 그 꿈을 이루려면 어떤 준비가 필요한가요?
3. 장래 희망의 롤 모델이 있나요? 있다면 누구인가요?

필요한 경우 질문을 그 지방의 언어로 번역했다. 구름 속의 학교가 처음 문을 연 2014년 12월에서 2015년 1월 사이에 아이들에게 이 질문을 했으며 프로젝트 종료를 앞둔 2016년 7월에서 10월 사이에 다시 물었다.

| 자신감 |

우리는 자신감을 '목표를 성취할 능력이 있다는 믿음'이라고 정의했다. 전통적인 학교 환경에서 아이들은 자기가 할 수 있을지 걱정하고 불안해한다. 이 점은 꽤 많은 연구가 입증한다(예컨대 McDonald, 2001을 들 수 있다). 구름 속의 학교는 아이들을 그런 감정에서 벗어나게 해줄 수 있을 까? 자신감의 상승이 학습 역량에 영향을 끼칠까? 우리는 그렇게 되기를 바랐다.

프로그램을 시작하면서 우리는 아이들의 자신감 수준을 5점 척도로 평가했다. "이 아동은 자신감에 차 있다"라는 진술에 대해 "매우 그렇다"는 5점, "그렇다"는 4점, "확실하게 말하기 어렵다"는 3점, "그렇지 않다"는 2점, "전혀 그렇지 않다"는 1점을 부여했다. 관찰자에게는 최종 점수를 매기기 전에 확인해야 할 지표 목록이 주어졌다. 영국 아동과 인도 아동 사이에 차이는 없을 것으로 보았다.

자신감의 지표는 다음과 같다.

- 자기 생각을 표현한다.
- 자신의 답이 맞는지를 걱정하지 않고 질문에 자유롭게 대답한다(이는 영국에서나 인도에서나 전통적으로 장려되지 않았던 태도다).
- 활동에 관해 의견을 낸다.
- 특정 활동(이야기 만들기, 노래 부르기, 퍼즐 등)을 하자고 한다.
- 시키지 않아도 발표한다.
- 뒤에서 행동을 지시한다. 이를테면 화면에서 클릭해야 할 부분을 가리킨다.
- 자기가 한 일을 다른 아이들과 공유한다.
- 주어진 과제가 어려워도 쉽게 포기하지 않는다.
- 다양한 전략을 구사하며 여러 방식으로 탐색한다.

- 자발적으로 일을 맡는다.
- 자신에게 주어진 일을 책임감 있게 수행한다.
- 다른 아이들에게 활동을 지시한다.
- 필요할 때 도와달라고 말하고 도움을 받는다.

검색 기술

나는 '큰 질문'에 대한 아이들의 답을 평가하기 위해 '과제 기반 인터넷 지식 습득 테스트Task-Based Test for Knowledge Acquisition From the Internet, TBT4KA'라는 도구를 개발했다. 질문은 순수하게 사실을 묻는 질문부터 사실과 추론에 근거하여 답해야 하는, 따라서 생각을 요하는 질문 그리고 단일 정답이 있지 않거나 아예 정답이 없는 질문에 이르기까지 등급이 매겨졌다. 이 테스트는 SOLE에 참여하는 학생이 인터넷 자원을 얼마나 효과적으로 사용하여 결론에 도달하는지를 측정한다.

| 과제 기반 인터넷 지식 습득 테스트 TBT4KA |

"모든 것을 알 필요는 없다. 그 지식이 필요할 때 어디에서 찾을 수 있는지만 알면 된다." 인터넷이 탄생하기 수십 년 전에 아인슈타인이 한 말로 알려진 문장이다. 마치 '앎'이 쓸모없어지는 시대를 예견하는 듯하다. 우리가 바로 그 시대를 살고 있다. 정말 아무것도 알 필요가 없다는 뜻은 아니다. 우리는 알아야 한다. 그러나 우리 삶의 첫 17년 안에 되도록이면 많이 배워서 나머지 인생을 사는 동안 그 지식을 기억해서 써먹을 필요는 없어졌다.

한때 우리는 어떤 지식이 필요하면 대개 자신의 기억에서 그 지식을 꺼내 써야 하는 세상에 살았다. 그런 세상은 이제 더 이상 존재하지 않는다. 지금은 인터넷에 접속할 수 있다면 필요한 지식을 몇 초 안에 얻을 수 있다. 이런 세상에서는 필요한 지식에 접속하는 기술만 있으면 된다. 어디서 어떻게 정보를 찾으면 되는지만 알면 되는 것이다. 도서관에서 자료를 찾는 기술과는 매우 다른 기술이다.

TBT4KA는 아이들이 빠르고 정확하게 신뢰할 만한 정보를 얻는 기술을 습득했는지 측정하기 위해 개발됐으며, 아동 개인 또는 집단이 이 세상에 가득한 수많은 접속 방법과 장치를 사용하여 정보의 '구름' 속에서 질문의 답이나 문제의 해결책을 찾아낼 수 있는지를 측정한다.

우리는 복잡성의 정도에 따라 레벨 1에서 레벨 6까지의 질문을 고안했다. 레벨 1은 순수하게 사실을 묻는 질문이고 레벨 6은 비판적 사고가 요구되는 질문이다. 예를 들어 "지금 뉴욕은 몇 시입니까?"는 레벨 1에 해당하는 질문이다. 반면에 "왜 어떤 사물은 뜨고 어떤 사물은 가라앉나요?"는 더 높은 레벨일 것이다. 레벨이 높아질수록 질문이 추상적이고 답이 복잡하며 정답이 하나가 아닐 수 있다.

점수는 답변의 '적절성'(질문에 부합하는지)과 '질', 답을 찾는 데 걸린 '시간'이라는 세 가지 기준에 따라 부여된다. 각 레벨마다 네 개의 질문이 있다. 이와 같은 테스트는 검색, 읽기, 기술적 리터러시, 분석 역량을 동시에 측정할 수 있다. 이러한 '올인원' 기술은 새로운 종류의 리터러시인데, 아직 적당한 이름을 찾지 못했다.

전문가들이 각자 세 가지 기준에 따라 점수를 매긴다. 여기에 ① 답안의 깊이, ② 내용의 명료성, ③ 독창성(인터넷 사이트의 자료를 그대로 사용했는지 아니면 자기 자신의 말로 표현했는지), ④ 논리적 일관성 등의 하위 기준이 더해진다. 테스트 대상은 아동 개인일 수도 있고 집단일 수도 있다. 처음에는 확신을 얻기 위해 집단을 대상으로 먼저 테스트할 것을 권고한다. 아이들의 수준이 높아질수록 개별적인 테스트도 가능해진다. 우리가 권하는 테스트 횟수는 연간 3회다.

대상 아동이 어떤 식으로든 답을 했다면, 브라우저를 열어 검색엔진 사용하기, 하이퍼링크 식별하기, 하이퍼링크를 클릭하여 새 창 열기, 탭 닫기, 여러 창을 번갈아 사용하기, 뒤로 또는 앞으로 가기, 스크롤하여 웹사이트 탐색하기 등 기본적인 작동법을 익힌 것으로 추정한다.

가장 높은 수준의 이해력은 레벨 6의 질문으로 측정한다. 레벨 6 질문은 단일 정답이 없으므로, 해당 아동이 자기 의견 없이 다른 사람의 의견을 그대로 따라하는 것이 아닌지를 알려면 그룹에 서로 수정해주는 다른 아이들이 있어서 상호 참조·검증할 수 있어야 한다. 이전의 경험에 따르면 아이들은 거의 속지 않는다.

그림 2.4는 TBT4KA의 예로, 실제로 활용할 수 있는 질문의 예시를 함께 제시했다. 수니타는 이 테스트가 검증되지 않았다는 점을 우려했다. 정확하고 신뢰할 만한 도구로 발전시키자면 몇 년이 걸릴 터였다. 나는 어찌 되든 이대로 해보기로 했다. 이전의 벽에 난 구멍 실험 경험에 비추어보면 구름 속의 학교에서도 아이들이 답을 찾아내는 능력이 향상되리라는 것은 분명했지만, 어떤 과정을 거쳐 발전이 이루어지는지는 알지 못했다. 우리는 이 테스트가 이에 대한 통찰력을 주리라고 기대했다.

이 프로그램에 참여한 아이들의 검색 기술 향상은 그림 4.4에서 보게 될 것이다. (읽기 이해력과 달리) 정확도의 보정을 거치지 않은 도구이긴 하지만 아이들의 성장은 확인할 수 있다.

그림 2.4 **아동의 검색 기술 발달 평가 도구**

절차

1단계 그룹 이름을 정하고(1그룹, 2그룹 등) 각 그룹에 속한 아동의 이름을 기록한다.

2단계 레벨 1 질문을 선택한다.

교사는 학생들에게 이렇게 말한다. "여기 질문이 하나 있어요. 조끼리 모여 앉아서 답을 찾으세요. 같은 조 친구들과는 얘기해도 되지만 다른 조 친구와 얘기하면 안 돼요. 시간 제한은 없어요. 다 끝나면 답을 적어서 선생님한테 주세요. 문제가 너무 어려워서 도저히 답을 모르겠으면 테스트가 끝난 거니까 선생님한테 말하세요."

3단계 답을 도출할 때까지 걸린 시간을 기록한다.

4단계 레벨 2를 진행한다. 해당 아동 개인 또는 그룹이 만족스럽게 답하지 못하거나 마지막 레벨에 도달할 때까지 이 과정을 반복한다.

질문 목록

레벨 1 대개 단일 정답이 존재하는, 사실에 관한 간단한 질문

1 지금 뉴욕은 몇 시입니까?

2 케이프타운의 기온은?

3 지구에서 달까지의 거리는?

4 코끼리의 무게는?

5 올빼미는 무엇을 먹나요?

6 이집트는 무엇으로 유명한가요?

7 빅토르 위고는 누구인가요?

8 이스터섬은 어디에 있나요?

레벨 2 간단하지만 무엇이 정답인지 모호할 수 있는 질문

1 전화를 발명한 사람은?

2 세계에서 가장 긴 강은?

3 세계에서 가장 큰 동물은?

④ 세계에서 가장 작은 새는?

⑤ 세계에서 가장 높은 산은?

⑥ 세계에서 가장 작은 나라는?

⑦ 호랑이는 헤엄을 칠 수 있나요?

⑧ 모나리자는 누가 그렸나요?

레벨 3 사실에 관한 질문이지만 생각을 필요로 하며 다른 지식과 결합해야 하는 질문

① 오늘날에는 왜 공룡이 없나요?

② 지구는 왜 태양 주위를 도나요?

③ 북은 무엇으로 만드나요?

④ 뜨거운 물은 왜 식나요?

⑤ 북극곰은 왜 하얀가요?

⑥ 토네이도는 무엇인가요?

⑦ 물고기는 재채기를 할 수 있나요?

⑧ 털실은 무엇으로 만드나요?

레벨 4 여러 가지 답이 있을 수 있는 모호한 질문

① 다른 행성에도 생명체가 있나요?

② 연필은 어떻게 만드나요?

③ 기린의 목은 왜 그렇게 긴가요?

④ 무지개는 무엇으로 만들어지나요?

⑤ 감기에 걸리면 왜 기침이 날까요?

⑥ 머리카락은 왜 자라나요?

⑦ 우리는 왜 먹고 마셔야 하나요?

⑧ 천(옷감)은 어떻게 만들어지나요?

레벨 5 하나 이상의 이론에 근거한 복잡한 답이 요구되는 질문

1 언어는 어디에서 왔나요?

2 세상은 언제 시작됐으며 언제 어떻게 끝날까요?

3 나무도 생각할 수 있나요?

4 물을 가열하면 왜 끓나요?

5 바닷물은 왜 짠가요?

6 우리는 왜 자야 하나요?

7 사람들은 왜 행복할 때 미소를 짓나요?

8 전기란 무엇인가요?

레벨 6 신중한 의견이 요구되는, 복잡하거나 답이 알려져 있지 않은 질문

1 왜 대체로 여자가 남자보다 작은가요?

2 왜 우리 손가락과 발가락은 다섯 개씩인가요?

3 로봇이 인간을 대체하게 될까요?

4 무한성이란 무엇인가요?

5 우리는 어떻게 기억하며, 왜 잊을까요?

6 극장과 연극의 목적은 무엇인가요?

7 휴대전화는 어떻게 우리 목소리를 다른 전화기로 보내나요?

8 왜 어릴 때 이가 빠지고 새로 나나요?

그림 2.5 **평가 데이터 시트: 검색 기술 발달**

평가자는 아래 양식에 따라 3번 항목에 그룹 번호를 적고 각 그룹에 관한 정보를 기록한다.

1 지역/학교/학급: _____

2 날짜: _____

⑧ 그룹 ____번의 아동 이름과 나이:

1 _____ 나이: _____ 남/여

2 _____ 나이: _____ 남/여

3 _____ 나이: _____ 남/여

4 _____ 나이: _____ 남/여

5 _____ 나이: _____ 남/여

질문 1.

답안 1.

[소요 시간]

질문 2.

답안 2.

[소요 시간]

질문 3.

답안 3.

[소요 시간]

질문 4.

답안 4.

[소요 시간]

질문 5.

답안 5.

[소요 시간]

질문 6.

답안 6.

[소요 시간]

검색 기술 테스트는 매우 주관적이다. 각 레벨의 질문은 단지 여러 나라에서 SOLE에 참여했던 아이들이 어떤 질문에 쉽게 답하고 어떤 질문을 어려워하는지에 대한 나의 관찰을 토대로 만들어졌다. 답안 채점도 주관적으로 이루어졌다. 특히 레벨 4 이상의 개념적인 질문에 대해서는 더욱 그렇다. 그러나 다행히도 평가자 간 신뢰도가 90% 확보되는 것으로 나타났다.

이상적인 조건과는 거리가 먼 환경에서 평가가 이루어졌다는 점도 염두에 두어야 한다. 학습당 학생 수, 소음 수준, 진행을 중단시키거나 주의를 분산시키는 일들, 인터넷 속도나 고장, 대상 아동의 사전 지식 수준, 대상 아동이 처음부터 끝까지 참여할 수 없는 상황, 아이들의 그룹 선택, 아이들의 불규칙적인 출석 등 통제할 수 없는 요인들이 있다. 물론 연구원들은 전문가로서 과학적으로 올바른 방법으로 평가하고 세심하게 데이터를 분석하기 위해 최선을 다했지만, 아이들의 실력 향상이 이 프로그램에 참여한 데 기인한다거나 상관관계가 있다는 결론을 내리는 것은 여전히 불확실성의 영역으로 남아 있다.

2부에서 나는 일곱 지역에서 아이들의 자기학습능력을 테스트한 내용을 소개할 것이다. 수니타가 전체를 총괄했으며, 리투와 함께 현장에서 테스트를 수행했다.

구름 속의 학교 연혁

1999년	벽에 난 구멍Hole-in-the-Wall 실험 시작
2003년	벽에 난 구멍 실험 종료
2005년	『벽에 난 구멍』 출간
2006년	원격 연구 시행
2007년	세 개의 '자기조직적 학습환경Self-Organized Learning Environment, SOLE' 프로젝트 시작: 칼리쿠팜, 하이데라바드, 아틀라스 학습 센터
2009년	할머니 구름과 게이츠헤드 실험 시작
2010년	게이츠헤드 실험 종료
2011년	하이데라바드와 아틀라스 학습 센터 프로젝트 종료
2012년	『벽에 난 구멍을 넘어서Beyond the Hole in the Wall』 전자책 출간
2013년	구름 속의 학교The School in the Cloud 프로젝트 시작
2017년	구름 속의 학교 프로젝트 종료
2019년	『구름 속의 학교』 출간

2부

Build a School in the Cloud

구름 속의 학교를 짓다

구름 속의 학교 0호:
인도 서벵골주 고차란

Area Zero: Gocharan, the Baruipur Municipality, Bengal, India

콜카타 남쪽 교외, 바루이푸르와 조이나가르를 잇는 고속도로가 지나가는 준도시 지역에 식자층이 사는 고차란이라는 작은 마을이 있다. 고차란의 땅 대부분은 쌍둥이 자매 말라와 돌라의 사유지다. 말라는 두 연못 사이의 꽤 넓은 부지를 구름 속의 학교를 위해 내주었다. 여기에 최대 규모의 구름 속의 학교가 지어지며, 우리의 TED 프로젝트를 상징하는 장소가 된다.

고차란의 구름 속의 학교는 두 개의 동심 육각형으로 구성된다. 두 육각형의 꼭짓점을 상상의 선으로 연결하면 여섯 개의 공간을 떠올릴 수 있을 것이다. 그중 하나를 관리자가 사용한다고 하면 다섯 개의 공간이 남는데, 여기에 컴퓨터를 각각 두 대씩 놓는다. 컴퓨터가 열 대이고 한 대를 네 명이 사용하므로 40명을 동시에 수용할 수 있게 된다. 안쪽

그림 3.1 **고차란의 구름 속의 학교 부지**

육각형에는 스카이프 세션을 위한 대형 모니터가 설치될 것이다. 뒤편에는 욕실이 딸린 게스트룸을 마련하기로 했다. 컴퓨터실에는 남녀 화장실이 하나씩 있다.

기본적인 구조로 육각형을 선택한 데에는 공학적이라기보다는 상징적인 두 가지 이유가 있었다. 육각형은 유기화합물에서 여섯 개의 탄소 원자가 만들어내는 형태다. 이 형태는 모든 생명체를 이루는 벽돌에 해당한다. 벌집의 한 칸 한 칸도 모두 육각형이다. 육각형은 공간을 가장 경제적으로 활용하게 해준다. 탄소화합물의 육각형과 벌집의 육각형은 모두 혼돈에서 질서가 발생하는 현상이다. 내가 좋아하는!

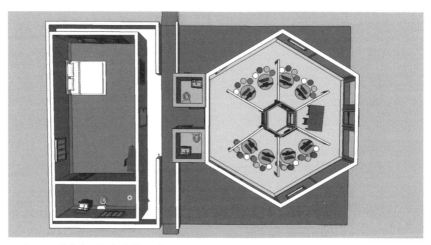

그림 3.2 **고차란의 구름 속의 학교 최초 설계**
출처: 스케치업(SketchUp)으로 작업, ©2019 Trimble Inc.

고차란의 구름 속의 학교 0호는 2014년 1월 9일에 문을 열었다. 멋진 건물이었으며, 다른 어떤 지역의 시설보다 훨씬 컸다. 프로젝트 매니저 아시스 비스와스는 부지 여건과 건축적인 이유로 내 구상을 수정해야 했는데, 결과물은 근사했지만 건축비가 8만 6,000파운드(약 13만 달러)나 들었다. TED상 상금의 10%가 넘는 금액이었다.

나의 첫 구상에서는 지붕이 평평했지만 아시스의 제안에 따라 육각뿔 형태로 바꾸었다. 전기 공급이 원활한 지역이었지만 태양열 발전도 도입했다. 고차란의 구름 속의 학교 개교식은 전 세계 매체에서 취재해 갔다.

그날 나와 대화를 나누었던 이 지역 학부모들은 학교 시설을 보고 호기심과 기쁨을 표현했다. 아이들도 신이 났다. 수니타는 일군의 아이들을 표본으로 뽑아 기준치가 될 읽기 이해력, 자신감, 인터넷 검색 능력을 측정했다. 부모의 전화로 인터넷에 접속해본 아이는 많았지만 읽기 이해력 수준은 형편없었다.

그림 3.3 **고차란의 구름 속의 학교**

학습과 몇 가지 문제

고차란 지역의 1회 참여 아동 규모는 40명이었고 컴퓨터 여덟 대가 사용됐다. 규모가 크다 보니 몇 가지 문제가 생겼다.

- 그룹 수가 너무 많아서 돌아다니는 아이들이 많아졌다. 집중적인 토론이 불가능했다.
- 드물게 자기조직화 효과가 나타날 때도 지속시간이 짧고 다른 아이들에 의해 중단되는 일이 잦았다.
- 구름 할머니 세션은 안쪽의 육각형 방 안에서 열렸는데 공간의 제약 때문에 10명 넘게는 들어갈 수가 없었다. 그래서 20~40명에 이르는 나머지 아이들은 밖에서 놀았기 때문에 소음이 발생했다.
- 유리벽과 뿔 모양 지붕 때문에 소리가 많이 울렸다. 컴퓨터 여덟 대에서 서로 다른 여덟 개의 유튜브 영상이 재생되고 있으면 대화가

아예 불가능할 때가 많았다. 안쪽 육각형 방에서 구름 할머니 세션을 진행할 수도 없었다. 한마디로 아수라장이었다.

아시스는 뿔 모양 지붕의 옆면을 황마포로 덮어 소음을 줄였지만 그래도 몹시 시끄럽기는 마찬가지였다. 육각뿔 지붕은 좋지 않은 생각이었음이 판명 났다. 말라의 남편인 쇼우멘 마이트라는 학부모들에게 월 수업료를 받기 시작했다. 몇 달이 지나자 학부모들이 이곳에 아이들은 바글바글한데 정식 교사도 없으며 구름 할머니 시간에는 4~6명밖에 참여할 수 없다는 사실을 알면서 출석률이 떨어졌다. 고차란은 지나치게 큰 코호트의 사례임이 드러났다. 자기조직화와 창발적인 행동이 나타나기에는 너무 소란스러웠던 것이다.

사례 연구: 고차란

명랑하고 영리하고 건강한 소년 뎁은 2014년 고차란의 구름 속의 학교 랩이 문을 열 때부터 이곳을 이용했다. 그때 뎁은 13세, 8학년으로 랩 이용자 중 고학년에 속했으며 이 지역에 있는 벵갈리 중학교에 다녔다.

뎁의 가족은 매우 가난하다. 부모님, 여동생 티틀리와 함께 살고 있는 뎁의 집은 SOLE 랩에서 몇 분 안 걸리는 곳에 있다. 곰팡이가 필 정도로 낡고 오래된, 조상대대로 살아온 집이다. 어머니는 전업주부인데, 가계에 보탬이 되려고 짬 날 때마다 이런저런 공예품을 만드는 부업을 한다. 뎁의 부모는 아들이 자신들과는 다른 삶을 살기를 바라며 아이에게 필요한 모든 것을 해주려고 무척 애쓴다.

어머니는 그저 애정 어린 보살핌, 즉 잘 먹고 잘 쉴 수 있게 해주는 것 말고는 아들의 미래를 위해 할 수 있는 일이 없다. 그는 뎁이 책을 읽고 공부를 하며 뎁이 빠지지 않고 듣는 과외 수업에 더 비중을 두어야 한다며 걱정한다. 랩에서 '노는' 것이 학업에 도움이 되는 일이라는 사실을 잘 이해하지 못하지만, 그것이 어쨌든 유익할 것이라고 본능적으로 느꼈으므로 뎁이 우리 프로그램에 참여하는 것을 막지는 않는다. 다른 학부모들이 으레 그러듯이 그도 아이가 구름 할머니와 대화할 수 있다는 것은 좋은 기회라고 생각한다. 그는 뎁이 공부하는 시간이 너무 적다고 생각한다. 다른 많은 아이들이 여러 번 읽어야 이해하는 내용을 뎁은 한 번만 읽고도 이해한다는 사실은 모른다. 뎁의 아버지는 아들을 자랑스럽게 여기며, 함께 크리켓 게임 하는 것을 좋아한다. 거실 넓이의 두 배나 되는 베란다에 크리켓 연습장을 설치해둬서 뎁이 배트를 마음껏 휘둘러도 된다며 자랑했다.

접근성

뎁의 집은 랩 바로 옆이어서 랩에 오기 편하다. 뎁은 어디를 가든 랩 앞을 지나가며 랩이 열려 있는지 수시로 들여다본다. 부모가 데려다주지 않아도 되는 나이라는 점도 자발적인 참여에 유리하게 작용했다.

읽기 유창성과 이해력

2015년 1월에 실시한 기준치 측정에서 뎁의 첫 ASER 점수는 벌써 '다음 레벨의 RFC 과제로 넘어갈 만함'의 범주에 들었다. 유창성과 이해력 모두 100점이었다.

2015년 3월에 레벨 2의 RFC 과제로 다시 평가를 실시했다. 뎁은 능숙하게 해냈다. 알맞은 속도로 읽었고 끊어 읽기나 억양, 강세 등의 표현도 적절했다. 이해력은 문장과 단어를 모국어로 번역하는 과제를 통해 평가했다. 부족한 점이 조금은 있었고 특정 단어를 읽을 때 지역 특유의 강세가 나타나기는 했어도 뎁은 중학교(7학년) 수준의 읽기 과제를 수행할 수 있었다.

2016년 7월에 실시한 RFC 최종 평가에서는 두 레벨의 읽기 과제를 사용했다. 첫 번째는 생소한 단어(예를 들면 'marsupial[유대류]')가 많이 나오는 중학교(6학년) 수준의 읽기 지문이었다. 뎁의 읽기 스타일은 처음과 상당히 달라졌다. 목소리가 부드러워졌으며, 첫 평가에서 두드러졌던 '웅변조'가 사라졌다. 지역 특유의 강세는 분명 남아 있었지만 거슬리지 않았다. 자신의 수준에 견주어 어려운 지문이었으므로 뎁은 한 단어 한 단어 손가락으로 짚으며 읽어나갔다. 모르는 단어가 나와도 포기하지 않았다. 요구하는 대로 지문을 요약하기보다는 모든 문장을 해석하려고 했다는 점에서 기존 교육 방식의 영향이 분명히 드러나긴 했지만, 어쨌든 지문의 의미를 모국어(벵골어)로 설명할 수 있었다.

두 번째 평가 과제는 신문 기사 읽기였다. 이번에는 낯선 단어뿐만 아니라 작은 활자 크기도 문제였다. 뎁은 이번에도 손가락으로 한 단어 한 단어 짚어가며 읽었다. 모르는 단어('갈리오네' 같은 고유명사나 '미모사' 등)는 어림짐작으로 발음했고 자기수정의 증거도 보여주었다. 읽기 속도는 일정하지 않았다. 아는 단어들로 이루어진 문장을 만나면 빨라졌고 모르는 단어가 나오면 느려졌다. 뎁은 지문의 내용을 이해했으며, 영어(자기 문장으로)와 벵골어로 설명할 수 있었다. 벵골어로 말할 때 지문의 요지를 더 길게 설명했다. 성별을 헷갈리거나 식물에 성별을 부여하는 데서 모국어의 영향이 나타났다.

목표의식

첫 평가 때 장래 희망을 물었다. 다른 여러 아이들처럼 뎁도 선생님이 되고 싶다고 했다. 수학 선생님이 롤 모델이었다. 2016년 8월의 응답에서 뎁이 더 넓은 세계를 접하게 된 것을 알 수 있었다. 이때 뎁은 컴퓨터 프로그래머나 크리켓 선수가 되고 싶다고 했다. 컴퓨터 프로그래머는 16개월 동안 구름 속의 학교 랩을 경험하면서 뎁이 발전시키고 추구해나간 자신의 관심사와 직접적으로 관련된 직업이며, 아버지의 영향으로 생긴 관심사인 크리켓에 관해서도 그전보다 훨씬 많이 알게 됐다.

전략: SOLE 랩 이용 행태

뎁은 컴퓨터와 프로그래밍, 과학, 크리켓, 레슬링에 이르기까지 다양한 분야에 관심이 있다. 주변의 소음 등 소통을 어렵게 만드는 여러 문제 때문에 구름 할머니 세션은 인기가 없었지만 뎁은 혼자서라도 구름 할머니 세션에 참여하겠다고 했다.

뎁은 주도적이며, 처음부터 매우 높았던 자신감이 프로그램이 진행될수록 더 높아졌다. 참을성 있게 자기 차례를 기다리면서 다른 아이들이 하는 것을 지켜보고, 충동적으로 행동하지 않는다. 다른 아이들을 기꺼이 돕고 책임감이 있으며 학교 공부 말고도 관심사가 다양하다. 뎁은 랩을 공부하러 오기도 하지만 놀러 오기도 한다. 랩이 새로운 기회를 제공한다는 점을 인식하고 있으며 필요하다면 자기보다 어린 아이에게도 도움을 요청할 줄 알고, 거꾸로 다른 아이들, 때로는 랩에서 가장 어린 아이들을 돕기도 한다.

뎁은 랩에서 인터넷으로 정보를 검색하고 활용법을 익히는 것만큼이나 게임을 하거나 동영상을 보면서 노는 때도 많다. 뎁은 코디네이터가 제시한 '큰 질문'의 답을 찾거나 스스로 정한 과제를 수행하는 일을 좋아한다. 때로는 기술을 익히거나 생각에 집중하기 위해 혼자 있고 싶어 한다. 그래서 랩에 아이들이 별로 없어서 혼자 컴퓨터를 쓸 수 있는 시간대를 최대한 활용하곤 한다. 그러지 않을 때는 나이는 달라도 관심사가 같은 특정 그룹에 앉기를 선호한다.

뎁은 마을 도서관 등 마을의 여러 활동에 참여하며 읽을 자료를 모으는 일을 맡아서 하는 등 그전에 하던 다른 일도 꾸준히 하고 있다. 매사에 진지하지만 친구들과도 잘 놀고 장난도 친다. 뎁은 별다른 이유가 없어도 늘 어른들을 공경한다. 탐구 정신이 강하여 랩에서 제공하는 모든 시설을 최대한 활용한다. 부잣집 아이들과 달리 주어진 자원을 최대한 활용해야 한다는 사실을 인식하고 있다.

특별한 성과

구름 속의 학교 랩에서 '성공적인' 아이들이 보이는 전형적인 특징 중 하나는 기회를 최대한 이용하는 능력이다.

뎁의 경우 이 능력은 구름 할머니와의 소통에서 특히 두드러지게 나타났다. 그중에서도 브라질의 파비오는 뎁과 일대일로 대화하면서 프로그래밍의 기초를 가르쳐주었고, 호주의 로저는 많은 격려를 해주었는데, 뎁은 이들의 도움으로 '챗봇'과 테트리스 유형의 게임 하나를 만들어낼 수 있었으며 프로젝트가 끝나고 몇 달이 지난 지금까지도 프로그래밍 기술을 더 발전시키고 있다. 뎁은 고차란 프로그램에 참여했던 거의 모든 구름 할머니와 대화를 이어가고 있다. 구름 할머니들은 프로그램이 끝난 뒤에도 열의 넘치는 일부 아이들과 다양한 문제를 함께 탐색해왔으며 때로는 개별적으로 관계를 이어나가고 있다.

결과

아이들이 매주 정해진 요일에 일관성 있게 출석하지 않은 까닭에, 주된 표본으로 삼은 아이들을 일관적으로 평가하기가 불가능했다. 수니타는 사례 분석에 기대를 걸었다. 그러나 이마저도 일반화할 수 있을 만큼 충분히 일관된 결과가 나오지 않았다. 그래도 1999년의 벽에 난 구멍 실험에서와 마찬가지로 매우 높은 성과가 나온 개별 사례들이 관찰됐다. 다음 사례는 수니타의 사례 연구 중 하나를 발췌한 것으로 할머니 구름 이야기Granny Cloud Tales 블로그에 실렸다.

나는 뎁이 자바스크립트로 개발한 챗봇과 대화해보았다.

봇   이름이 뭐야?

수가타 수가타.

봇   어디에 살아?

수가타 콜카타에 살아. 너는 어디에 사니?

봇   나는 구름 속의 학교에 있는 컴퓨터 안에 살아.

벵골에 사는 시골 소년이 브라질 사람과 호주 사람의 도움을 받아 만든 것치고는 나쁘지 않았다. 이것이 학습의 미래를 보여주는 한 단편이 아닐까.

몇몇 아버지들은 자녀가 구름 속의 학교에서 컴퓨터와 인터넷에 관해 많이 배웠다는 사실을 인정하려 들지 않았다. 어머니들은 자녀가 구름 속의 학교에 가는 것을 좋아한다는 것만으로도 유익하리라고 생각했지만, 거기에서 배운 것이 과연 자녀가 대학에 가고 좋은 직장을 얻는 데 도움이 될지 의심했다.

결론적으로 고차란은 구름 속의 학교를 어떻게 지으면 안 되는지를 알려주는 사례였다. 고차란의 구름 속의 학교는 TED 상금이 모두 소진된 2018년 11월까지 운영됐다. 쇼우멘은 이 시설이 재정적으로 지속가능하지 않다면서 교사가 있는 컴퓨터 학교로 전환하는 것을 고려하고 있다.

벵골은 교육, 학교 그리고 학교교육schooling에 관한 한 철저하게 빅토리아시대의 관점을 고수하고 있다. 벵골은 여전히 20세기 초반을 살고 있는 셈이다. 구름 속의 학교는 이 구시대에서 살아남기 위해 고군분투해야 할 것이다.

4

구름 속의 학교 1호:
인도 서벵골주 코라카티

Area 1: Korakati, the Sundarbans, Bengal, India

다큐멘터리 영화 〈구름 속의 학교〉의 여러 장면에 나오는 니티시 몬돌은 콜카타의 한 공립학교에서 벵골어를 가르친다. 그는 순다르반스에 있는 코라카티 마을 출신이다. 벵골어로 '순다르반'은 '아름다운 숲'을 뜻한다. 순다르반스는 벵골만 연안의 광활한 숲으로 세계 최고의 자연경관 중 하나로 손꼽히며 1997년 유네스코 세계유산으로 지정됐다. 벵골호랑이, 액시스사슴, 악어, 뱀 등 수많은 동물과 조류·파충류가 서식하는 세계 최대의 맹그로브 숲이다.

코라카티에는 전기, 위생설비, 하수처리시설이 없고 깨끗한 물이나 의료시설, 제대로 된 학교도 없다. 2013년 3월 어느 날 아침, 내가 침대에서 일어나지도 않은 이른 시간에 니티시가 콜카타 외곽에 있는 나의 집을 예고 없이 찾아왔다. 그는 구름 속의 학교를 지어달라고 했다. 그는 구름 속의 학교가 어떤 곳인지 잘 알지도 못했다. 그저 벵골 지역신문에서 내가 TED상을 받았다는 기사를 읽었을 뿐이었다.

"교수님이 하는 일이라면 뭐든 좋은 일이겠지요."

그는 확신에 찬 얼굴로 말했다. 호기심이 생긴 나는 아시스를 코라카티로 보냈다. 아시스는 이렇게 보고했다.

"그런 곳에서 무슨 일을 한다는 건 불가능합니다. 거기엔 아무것도 없어요."

나는 대답했다.

"그럼 우리가 거기에 구름 속의 학교를 지어야겠군요."

우리는 코라카티에 가기 위해 자동차로 두 시간을 달려 다마칼리라는 항구 마을로 갔다. 거기서 배를 탔다. 잔디깎이용 모터로 움직이는 작은 보트인데, 100명이 한꺼번에 타는 일도 종종 있으며 가라앉아 승객에게 물벼락을 안기는 일도 잦다. 코라카티까지는 30분쯤 걸린다. 마투라 바자르라는 포구에 도착하면 '밴'을 타야 한다. 밴이란 대개 제2차 세계대전 후 영국인들이 인도에 세운 로열엔필드사社의 모터사이클을 개조해 만든 이동수단이다. 자전거 바퀴 네 개가 달린 목재 플랫폼이 모터사이클의 앞쪽 절반에 연결돼 있다. 사람들은 플랫폼 가장자리에 앉아 다리를 달랑거리며 이동한다. 우리는 이 차량을 '본셰이커bone shaker(진동이 심해서 뼈가 흔들릴 정도라는 뜻-옮긴이)'라고 부른다.

마투라 바자르에서 코라카티까지는 본셰이커로 한 시간이 걸린다. 도로 폭이 좁아서 밴이 겨우 지나갈 수 있다. 승객들은 쫓아오는 염소, 소, 오리 등을 발로 밀어낸다. 양쪽으로 짙푸른 논과 연못이 지나간다. 흔들림이 너무 심하지만 않으면 목가적일 수 있는 풍경이지만 물에 빠지면

그림 4.1 **코라카티의 구름 속의 학교 부지**

죽을 수도 있다. 아름다운 연못이지만 거기에 사는 박테리아와 바이러스 중 다수가 사람에게 치명적이기 때문이다.

　로스웰의 〈구름 속의 학교〉에서 발췌한 동영상 4.1을 보면 코라카티 주민들이 아직 지어지기 전인 구름 속의 학교에 어떤 기대를 하고 있는지 들을 수 있다.

동영상 4.1
코라카티

　코라카티 현장에 지은 건물은 사방에 베란다가 있는 넓은 직사각형 공간이다. 내부 공간에는 배터리 설비를 위한 방 하나, 욕실이 딸린 게스트룸 두 개, 학생용 화장실 두 개가 있다. 주 공간에는 19인치 모니터가 딸린 컴퓨터 여섯 대와 스카이프 이용을 위한 대형 스마트TV 한 대 그리고 에어컨이 있다. 모든 벽면에는 큰 유리창이 있다. 지붕에는 물탱크가 있어서 작은 펌프로 지하 우물에서 끌어 올린 물을 저장한다.

그림 4.2 **코라카티의 구름 속의 학교**

전기는 태양광 패널로 충전한 배터리를 통해 공급된다. 화창한 날에는 약 한 시간이면 배터리가 완전히 충전된다. 코라카티의 날씨는 거의 항상 맑은데, 이는 에어컨을 한 시간 간격으로 45분씩 가동할 수 있다는 뜻이다. 그런데 에어컨을 켜는 일은 거의 없다. 예상하지 못했던 이유 때문이다.

아시스는 코라카티에 단 6개월 만에 구름 속의 학교를 짓는 불가능한 일을 해냈다. 시멘트가 조금 덜 마르기는 했지만 2014년 3월 9일에 공사가 끝났다. 아시스가 대나무 장대로 수신기를 지상 12m 높이까지 들어 올리니 가까스로 무선 인터넷에 접속됐다. 16km 떨어진 산데시칼리 섬에서 전송되는 국영 통신 회사 BSNL의 신호였다.

개교식 날, 기온이 32°C여서 우리는 에어컨을 켰다. 나는 밖에서 유리창으로 아이들을 들여다보고 있었다. 아이들은 컴퓨터를 구경하느라 여넘이 없었다. 30분쯤 지났을 때 민소매 원피스를 입은 여자아이가 뛰쳐나왔다. 내가 물었다.

"왜 그러니?"

"바깥 날씨가 아주 따뜻하고 좋아서요!"

그 아이는 이렇게 말하면서 자기 몸을 감싸 안았다. 이곳의 아이들은 기온 30~40°C, 습도 75% 이상이라야 쾌적하게 느꼈던 것이다. 에어컨은, 뭐, 그렇게 됐다.

개교식 날, 구름 할머니 중 한 명이 화면에 등장하여 아이들의 떠들썩한 환영을 받았다. 할머니는 '버스 바퀴가 빙글빙글 굴러가요'라는 동요를 불러 주었다. 아이들이 어리둥절해하자 할머니가 질문했다.

"버스 바퀴가 어떻게 한다고 했죠?"

"버스 바퀴가 하긴 뭘 해요?"

한 소녀가 뱅골어로 중얼거렸다. 나는 웃음을 참으며 되도록이면 간섭하지 않으려고 애썼다. 문화적 차이가 느껴졌다.

우리는 매일 오전 9시쯤에 문을 열고 해가 지기 전에 문을 닫았다. 부모들이 어둡고 안개 낀 밤에 아이를 보내거나 데리러 오고 싶어 하지 않았기 때문이다. 컴퓨터가 여섯 대 있었고 한 번에 24명의 아이들을 수용할 수 있었다. 우리는 먼저 온 24명의 아이들을 들여보내고 나머지 아이들은 밖에서 기다려달라고 했다. 날씨가 좋고 베란다도 있어서 기다리기 좋았다. 한 시간이 지나면 먼저 들어간 아이들에게 시간이 다 됐음을 알리고 다음 24명을 들여보냈다.

아이들은 게임을 하고, 유튜브 동영상(찰리 채플린이 인기가 좋았다. 그의 영혼에 축복을 빈다)을 보고, 몇 주가 지나자 검색을 하기 시작했다. 구름 할머니들은 일주일에 한 번, 한 시간여 동안 스카이프를 통해 아이들을 만났으며, 아이들에게 숙제로 질문을 남기기도 했다. 아이들은 늘 할머니 구름 세션에 관해 서로 이야기했으며, 그날 오지 않은 아이들도 무슨 일이 있었는지 전해 듣고 정보 검색에 참여했다.

한 달이 채 안 돼 아이들이 영어로 말하기 시작했다. 내가 그곳을 방문했다가 떠날 때 한 여자아이가 영어로 "안녕히 가세요take care"라고 인사한 적도 있다.

"그래, 고마워! 그런데 대체 어떻게 영어로 말하는 법을 배웠지?"

나는 벵골어로 물었다. 그 아이는 활짝 웃으며 벵골어로 대답했다.

"화면에 나오는 구름 할머니 있잖아요, 그 할머니는 영어 말고는 못 알아들어요. 그러니 어쩌겠어요?"

실험을 시작한 지 4개월쯤 됐을 때 인터넷이 끊긴 일이 있었다. 우리가 BSNL의 신호를 받아 쓰는 산데시칼리섬은 전기가 간헐적으로만 공급되는 지역이어서 BSNL은 신호 전송을 위해 배터리에 저장한 전력을 사용했는데 그 배터리가 고장난 것이었다. BSNL에서는 배터리 교체에 몇 달이 걸린다고 했다.

코라카티의 구름 속의 학교는 텅 비어 적막해졌다. 아이들은 인터넷이 돌아왔는지 확인하러 날마다 몇 킬로미터를 걸어와서 아직도 그대로라는 것을 알고도 밖에서 몇 시간씩 기다리거나 단순한 컴퓨터 게임만 하다 가곤 했다. 약 석 달 뒤, 아시스와 엔지니어 라나비르가 사설 서비스 제공업체를 찾아내 믿을 만하고 강한 신호를 수신할 수 있게 됐다. 이전보다 더 좋은 인터넷 환경이 만들어졌고 아이들도 다시 나타났다.

결과

리투 당왈은 2014년부터 2016년까지 2년 동안 매달 며칠씩 코라카티에 가서 게스트룸에 머물렀다. 그에게 그것은 마법 같은 경험이었다. 델리의 삶과는 완전히 달랐다. 갈 때마다 같은 아이들을 만나 ASER 테스트로 읽기 이해력을, 수니타가 만든 도구로 자신감 수준을, 내가 개발한 평가 도구로 인터넷 검색 기술을 측정했다(그림 2.4와 그림 2.5). 그림 4.3, 4.4, 4.5는 코라카티에서 어떤 마법이 일어났는지를 보여준다.

코라카티에서 구름 속의 학교가 처음 문을 열었을 때 측정한 읽기 이해력 평균 점수는 100점 만점에 20점이었다. 아이들은 지문을 이해하지 못했을 뿐만 아니라 소리 내어 읽는 것조차 힘들어 웅얼거리다 마는 정도였다. 석 달 후, 리투는 점수가 거의 60점까지 올랐다고 보고했다. 경이로웠다. 자기조직적 시스템이 자생적 질서를 창출하는 것을 눈앞에서 본 것이다.

그림 4.3에서 120일부터 220일 사이의 평평한 선은 인터넷 중단이 읽기 이해력 발달에 끼친 영향을 보여준다. 인터넷의 부재와 읽기 이해력 증진의 정체 사이에 거의 완벽한 상관관계가 나타났다. 마치 이상한 외계인 교사가 왔다가 갑자기 사라진 듯했다.

2015년 한 해 동안 읽기 이해력 평균 점수는 80점에 육박하는 수준으로 올랐다. 코라카티의 아이들이 영국 게이츠헤드 아이들만큼 잘 읽은 것이다! 벵골어 특유의 악센트와 구름 할머니의 표준적인 영어에 뉴캐슬 방언의 억양도 약간 섞여 있는 아이들의 한 마디 한 마디가 사랑스러웠다.

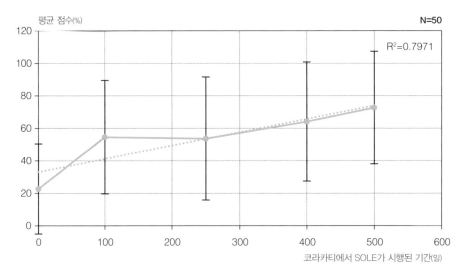

그림 4.3 **코라카티: 읽기 이해력 향상**(2014~2016)

평균 점수(%)   N=50

R^2=0.7971

코라카티에서 SOLE가 시행된 기간(일)

아이들의 인터넷 검색 능력은 TBT4KA(그림 2.4)로 측정했다. 데이터는 명명백백한 상승 곡선을 그렸다(그림 4.4).

1년이 약간 넘는 기간 동안 코라카티 아이들의 검색 능력 평균 점수는 0점에서 60점까지 올라갔다. 이쯤에서 아마 인터넷이 없었던 120일에서 220일 사이에도 평평한 구간이 나타나지 않은 이유가 궁금해질 것이다. 그것은 단순히 측정상의 문제였다. TBT4KA는 읽기 이해력 테스트보다 실행이 어려울 뿐만 아니라 인터넷 없이는 실시 자체가 불가능했다. 리투가 코라카티를 방문할 때마다 표본집단 아이들을 모아 테스트를 실시하기도 힘들었다. 그래서 전체 기간 중 단 네 번밖에 실시하지 못했고, 그림 4.4는 그 네 번의 결과치를 이은 그래프다.

순다르반스 오지 마을 아이들의 자신감에는 어떤 영향이 있었을까? 리투는 수니타가 고안한 테스트로 아이들의 자신감을 측정했는데, 그래프 모양이 이상했다(그림 4.5).

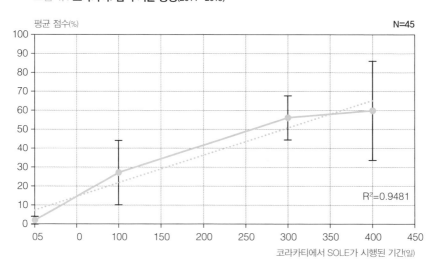

그림 4.4 **코라카티: 검색 기술 향상**(2014~2016)

평균 점수(%)　　　　　　　　　　　　　　　　　　　　　N=45

R^2=0.9481

코라카티에서 SOLE가 시행된 기간(일)

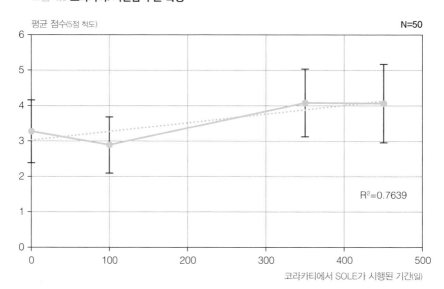

그림 4.5 **코라카티: 자신감 수준 측정**

평균 점수(5점 척도)　　　　　　　　　　　　　　　　　　N=50

R^2=0.7639

코라카티에서 SOLE가 시행된 기간(일)

처음 점수는 5점 척도에서 약 3.3점이었고 1년이 조금 지났을 때 4.0점을 기록했다. 통계적으로 유의미하다고 볼 수 없는 변화였다.

우리가 실험을 시작했을 때도 아이들은 움츠려 있거나 긴장하거나 겁먹은 것 같지 않았다. 오히려 당장이라도 컴퓨터로 달려들 태세였다. 1999년의 벽에 난 구멍 프로젝트 이래 몇 년 동안 실험하는 동안에도 컴퓨터나 인터넷을 대할 때 긴장하거나 불안해하는 아이들은 본 적이 없다. 마치 아이들과 인터넷이 서로를 기다리고 있었던 것 같았다. 코라카티에서도 마찬가지였다.

나는 인터넷을 더 능숙하게 사용할수록 아이들의 자신감도 올라가리라고 생각했다. 코라카티에서의 자신감 평가 결과는 이 가설에 문제가 있음을 가리키는 첫 번째 징후였다.

나는 사실 이 시대의 아동이 디지털 기술에 대해 보이는 자신감을 어떻게 설명해야 할지 모르겠다. 나이 든 사람들은 자판을 잘못 누르면 '폭발'이라도 할까 봐 컴퓨터에 손 대기를 두려워하는 경우가 많다. 우리 세대는 폭발이 없는 세계로 도망쳤지만 우리의 아이들은 ─ 전 세계 어디서나 ─ 디지털 세계를 벌써 알고 있는 듯하다. 이 얼마나 희망찬 이야기인가!

밀란 몬달 이야기를 빼놓고 코라카티 구름 속의 학교 이야기를 마무리할 수는 없다. 실험 기간 중에 코라카티 구름 속의 학교 담당자들이 바뀌는 일이 있었다. 프로젝트가 시작된 2014년 3월에는 현지 교사 아우로빈도가 시설 관리를 맡았는데 얼마 지나지 않아 자기 업무가 가르치는 일이 아님을 알고 떠났다. 후임으로 콜카타에서 온 아니켓이라는 청년은 거의 1년을 버텼지만 순다르반스의 전염병과 곤충에 굴복하고 돌아갔다. 관리인을 보조하던 밀란과 청소를 담당한 헴라타는 거의 처음부터 바뀌지 않고 일했다. 아시스는 2015년에 아니켓이 떠난 뒤 밀란에게 그 자리를 맡겼다.

그리고 지금(2018년 7월), 코라카티는 우리가 지은 구름 속의 학교 중 가장 우수한 곳이 됐다. 컴퓨터와 전기, 인터넷을 포함하여 티끌 하나 없이 깨끗하게 잘 관리되고 있다. 출석률도 높고 할머니 구름 세션도 정기적으로 운영된다. 어머니들은 몇 킬로미터 떨어진 곳에서 아이들을 데리고 온다. 부모들은 이렇게 아이들이 좋아하는 학교는 처음 본다고 말한다. 밀란은 자신감이 넘치는 최소간섭 교사가 됐다. 다른 교수법을 아예 몰랐기 때문일지도 모른다. 그의 영어 실력은 엄청나게 향상됐으며, 블로그와 페이스북에 정기적으로 글도 올리고 있다. 그의 삶이 바뀌었다.

불행히도, 코라카티의 부모들은 이 시설을 유지하는 데 드는 비용을 감당할 수 없다. TED상 상금으로 받은 돈은 모두 소진됐다. 미국의 달리오재단Dalio Foundation에서 지원을 받아 무척 감사히 여기지만, 2018년 가을이면 자금이 동날 것이다. 나는 돈을 낼 여력이 없는 사람들을 위한 경제적 모델을 절실히 찾고 싶다. 기적이 일어나지 않는 한, 코라카티 구름 속의 학교는 문을 닫게 될 것이고 건물은 방치되거나 외양간이 될 것이다. 그렇게 되면 벽에 난 구멍 프로젝트가 자금이 떨어진 후에 그랬던 것처럼 전 세계의 비판론자들이 와서 보고 구름 속의 학교는 실패한 프로젝트라고 단정 지을 것이다.

5

구름 속의 학교 2호:
인도 서벵골주 찬드라코나

Area 2: Chandrakona, West Midnapore, Bengal, India

찬드라코나가 있는 미드나포르의 역사는 혼란과 정략, 약탈의 역사다. 7세기에 이 지역은 풍요롭지만 무법천지였다. 이 시기를 산스크리트어로 맛샤냐야matsyanyaya 시대라고 한다. 이는 '물고기 세계의 정의'라는 뜻으로, 큰 물고기가 작은 물고기를 잡아먹는 약육강식의 혼란스러운 시기라는 의미를 압축하고 있다.

15세기에는 찬드라케투 왕이 지역 최대 도시에 자기 이름을 따서 찬드라코나라는 이름을 붙였다. 찬드라케투는 큰 물고기였지만 훨씬 더 큰 물고기도 있었다. 바로 마지막 힌두 왕국을 제압한 이슬람 통치자들이었다. 당시에 찬드라코나에서는 고급 실크 등을 생산하는 방직산업이 번성했다. 그리고 엄청난 크기의 물고기가 등장했다.

1760년 찬드라코나는 영국 동인도회사 손아귀에 들어갔다. 영국은 이른바 법과 질서를 들여오는 과정에서 찬드라코나의 직조공들이 무엇을 생산하는지도 알게 됐고, 곧 자신들의 새로운 정치권력으로 경쟁자들을 제거하고 찬드라코나의 방직산업을 빼앗을 수 있음을 깨달았다. 맨체스터와 버밍엄이 세계 면직물 시장에서 인도를 몰아내고 그 자리를 차지한 것도 같은 방식이었다. 찬드라코나의 직조공들은 다른 곳으로 떠나거나 감자 농사로 전업했다. 찬드라코나의 베틀이 멈추었다. 몇 세기 동안 미드나포르 주민들이 배운 것은 수단과 방법을 가리지 않고 외국인 통치자들을 속이고 교란하고 사기 치고 훔쳐야 생존할 수 있다는 것이었다. 그들에게는 부당함에 대한 반감이 있다.

2013년에 TED상을 수상한 뒤, 나는 비말 바수Bimal Basu의 연락을 받았다. 그는 찬드라코나에 구름 속의 학교를 세워줄 수 있는지 물었다. 처음 들어보는 지명이었다.

2013년 3월, 아시스가 찬드라코나에 갔다. 바수가 이끄는 사르비크 농촌 복지 센터Sarbik Palli Kalyan Kendra는 찬드라코나 시내에서 몇 킬로미터 떨어진 키아게리아 마을에 있었다. 흙집, 진흙길, 흙과 건초, 소 냄새가 나는 시골이다. 키아게리아는 사방 몇 킬로미터까지 감자 농장으로 둘러싸여 있다. 이 권역은 인도의 감자 주생산지다. 사실 전 세계 어디서든 감자튀김을 주문하면 키아게리아산 감자를 맛보게 될 가능성이 매우 높다.

아시스는 보자마자 그곳을 좋아했다. 코라카티처럼 가기 힘들지도 않았고 전기도 들어왔다. 콜카타에서 세 시간쯤 걸리는데, 키아게리아 근방까지 잘 닦인 고속도로로 갈 수 있다. 처음에는 우리뿐 아니라 바수마저도 키아게리아라는 마을 이름을 몰라 찬드라코나라고만 했다. 이하에

그림 5.1 **구름 속의 학교를 짓기 전의 찬드라코나 현장**

그림 5.2 **찬드라코나 키아게리아의 구름 속의 학교**

서는 두 지명을 모두 사용할 것이다.

코라카티 개교식 나흘 뒤인 2014년 3월 13일에 찬드라코나 구름 속의 학교가 문을 열었고, 나도 그 자리를 함께하는 영광을 얻었다. 구름 속의 학교 중 외관이 가장 멋졌다. 컴퓨터와 스카이프용 모니터가 있는 큰 홀, 아이들을 위한 화장실, 욕실 딸린 게스트룸 두 개, 손님을 위한 작은 로비가 있다. 지역 인터넷 서비스 사업자가 상당히 우수한 인터넷 대역폭을 제공하고 있다. 구름 속의 학교 옆에는 작은 사원이 있다. 한때 이곳을 빛내던 신상神像을 도난당한 뒤 쇠락한 사원이었다. 우리는 건물을 수리하고 크리슈나와 라다 신상을 새로 들였다. 지역의 브라만 계층은 사원을 유지하고, 인터넷은 나머지를 유지한다.

영화 〈구름 속의 학교〉를 짧게 발췌한 동영상 5.1에서 찬드라코나 아이들을 볼 수 있다.

동영상 5.1
찬드라코나

구름 속의 학교가 지어진 곳에 자주 드나들며 카롬(목재 보드에서 하는 게임으로 손가락 당구라고도 한다)을 즐기던 청소년들이 있었는데, 이들이 구름 속의 학교에 가장 열광했다. 그런데 안타깝게도 구름 속의 학교는 이용 연령을 15세 미만으로 제한했다. 큰 아이들이 시설을 점령하는 것을 막기 위한 조치였다. 오지 마을에서는 특히 그럴 필요가 있다고 생각했다. 대신에 바수는 그들 중 두 명 — 프라이버시 보호를 위해 실명 대신에 아마바샤와 칼리다스라고 부르기로 한다 — 을 감독관과 청소 및 유지·관리 담당자로 채용했으며, 아시스는 프로젝트 기금에서 그들의 보수를 지급했다.

학습과 몇 가지 문제

시설 운영이 시작되자 아이들이 구름 속의 학교에 모여들었다. 그런데 지역 인터넷 서비스 사업자로부터의 인터넷 연결이 불안한 것으로 드러났고, 몇 주 후에는 아이들이 컴퓨터가 매우 느려졌다고 했다.

아시스는 당초에 컴퓨터와 네트워크, 인터넷을 설치한 엔지니어 라나비르를 보내 설비를 점검했다. 점검 결과, 하드디스크와 램 같은 컴퓨터 부품들이 더 싼 제품으로 바뀌어 있었다. 하드디스크와 램 모두 본래 것보다 용량이 적었다. 알고 보니 이 마을에 컴퓨터 하드디스크와 램을 아주 저렴한 가격에 더 높은 사양으로 업그레이드해주는 업자가 나타났다는 것이었다. 결과적으로, 구름 속의 학교에 있는 컴퓨터들은 거의 사용할 수 없는 상태였다.

아마바샤와 칼리다스는 아무것도 모른다고 했다. 그들은 믿을 수 없어 했다. 바수는 충격을 받았고, 아시스는 경찰을 부르자고 했다. 결국 컴퓨터를 수리하고 컴퓨터 본체 뒷면을 덕트테이프로 봉인하는 것으로 마무리됐다. 아시스는 아마바샤를 해고하고 조이뎁이라는 새로운 감독관을 채용했다.

라나비르는 방에 웹카메라를 설치하고 그 영상을 스마트폰으로 볼 수 있게 했다. 찬드라코나 구름 속의 학교가 재개됐다. 리투는 무작위 모집한 표본집단 64명을 선정하여 측정을 시작했다.

조이뎁은 칼리다스와 아마바샤의 심한 저항에 부딪혔지만 나름대로 시설을 운영해나갔다. 그런데 다른 문제가 생겼다. 여자아이들이 오지 않는 것이다. 아마바샤가 감독관일 때는 그를 이미 아는 부모들이 안심하고 딸을 구름 속의 학교에 보냈지만 조이뎁이라는 낯선 남자가 운영하는 시설에 딸을 보내기는 꺼린 탓이었다. 나는 여성 감독관을 한 명 더 고용하자고 제안했다. 그렇게 채용한 수미타 몬돌은 최고의 선택이었고, 여자아이들도 돌아왔다.

2014년부터 2018년까지 꼬박꼬박 출석한 프리야도 그중 한 명이었다. 제리 로스웰의 다큐멘터리 〈구름 속의 학교〉가 다룬 3년 사이에 프리야는 확실한 꿈이 있는 젊은 여성으로 성장했다. 프리야는 경찰이 되고 싶어 했다. 인터넷이 그 꿈을 키우는 데 중요한 역할을 했다. 프리야는 구름 속의 학교를 통해 여성 경찰의 역할과 필요성을 알았고 부모의 바람과 달리 경찰공무원이 되기로 결심했다.

아이들은 유튜브로 온갖 것을 배웠다. 한번은 아이들이 나에게 페트병으로 만든 장난감 자동차를 보여주었다. 추진력을 얻기 위해 작은 바람개비를 달았고 바퀴는 마분지로 만들었다. 조이뎁은 최소간섭교육을 잘 이해하고 있었으므로 구름 할머니처럼 아이들을 격려했다.

2014년 6월, 칼리다스가 보안을 강화하려면 누군가 숙직을 해야 한다고 주장했다. 몇 달 뒤, 아시스와 라나비르는 이상한 변화를 눈치챘다. 아침이면 컴퓨터 모니터가 남들이 보지 못하게 하려는 듯 뒷벽 쪽으로 돌려져 있었던 것이다. 웹카메라가 벽을 향해 돌려진 때도 종종 있었다. 어느 날 밤, 아시스가 콜카타의 자기 집에서 웹카메라 영상을 보다가 한 무리의 청소년들이 포르노그래피 사이트를 보고 있는 모습을 발견했다. 해고된 아마바샤도 그 자리에 있었다. 아이들이 웹카메라를 돌려놓는 것을 깜빡한 것이었다.

아시스는 찬드라코나로 달려가 바수에게 그 일을 보고했고, 바수는 그 아이들을 소환했다. 아이들은 전혀 모르는 일이라고 완강하게 부인하며 낮에 시설에 오는 아이들이 범인일 것이라고 주장했다. 그러나 낮에 오는 아이들은 6~13세의 어린아이들이었고 남녀 아이들이 섞여서 이용했다. 영상에 담긴 증거가 있었지만 우리의 경고가 효과를 발휘하기를 기대하며 그 이상으로 압박하지는 않았다.

2017년 7월, 조이뎁이 떠났다. 그는 말이 없어지고 넋이 나가 보였다. 나는 조이뎁이 괴롭힘을 당해 청소년들을 밤에 들여보내게 된 것이 아닌지 의심했다. 찬드라코나 구름 속의 학교는 흔들리기 시작했다. 칼리다스는 온갖 구실로 돈을 더 요구했다.

수미타에게도 문제가 생겼다. 신경과민 증세를 보이거나 종교적인 환각 같은 데 빠진 듯이 보일 때가 많았다. 자기 말로는 어디서 '신녀神女'가 나타나 같이 살게 됐다고 했다. 그러던 어느 날, 한 소년이 컴퓨터를 사용하다가 마우스를 떨어뜨렸다. 그 일은 수미타를 폭발시켰다. 그는 겁에 질린 아이에게 이렇게 쏘아붙였다. "누가 수리비를 대지? 너희 아빠가?" 그러고는 아이에게 심한 체벌을 가했다. 나는 아시스에게 당장 수미타를 해고하고 근처에도 오지 못하게 하라고 했다. 그 뒤 마을에서 수미타가 칼리다스와 이야기를 나누는 모습이 자주 목격됐다.

이런 모든 일을 겪고 나서 아시스는 차라리 학교 문을 닫고 그 운영자금을 다른 현장에 분배할 것을 권유했다. 그리고 2017년, 찬드라코나 구름 속의 학교에 대한 자금 지원을 중단했다.

그러나 이 시끄러운 몇 해 동안에도 리투는 꾸준히 데이터를 수집했으며 모든 마을 사람과 친구가 됐다. 리투는 굉장한 여성이었고, 그에게는 말썽쟁이 청소년들이 문제가 되지 않았다. 읽기 이해력, 인터넷 검색 능력, 자신감 테스트 결과도 매력적이었다(그림 5.3, 5.4, 5.5).

40점 미만이었던 읽기 이해력 점수는 1년이 채 안 된 기간에 80점을 훌쩍 넘었다. 400일에서 500일 사이의 점수 하락은 학교에서 일어난 절도와 비행의 영향으로 보인다.

학교가 안정적으로 운영되던 200일에서 400일 사이에는 0에 가깝던 검색 기술 점수가 50점 이상으로 급격히 올라간 것을 볼 수 있다(그림 5.4). 상황이 좋지 않았던 기간, 이를테면 컴퓨터와 인터넷 연결을 갖추어가고 있던 첫 6개월이나 청소년들의 비행이 시작된 400일 이후에는 그래프가 평탄하다. 나는 여러 실험에서 컴퓨터와 인터넷이 원활하게 작동해야 최소간섭교육이 자생적 질서로 이어질 수 있음을 보았는데, 여기서도 마찬가지였다.

그림 5.3 **찬드라코나: 읽기 이해력 향상**(2014~2017)

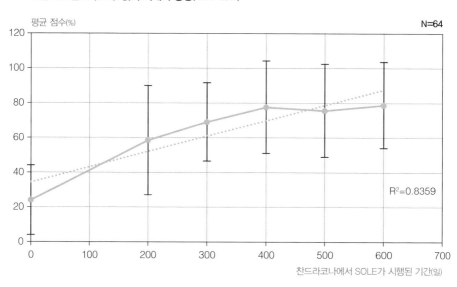

평균 점수(%)   N=64

$R^2=0.8359$

찬드라코나에서 SOLE가 시행된 기간(일)

그림 5.4 **찬드라코나: 검색 기술 향상(2014~2017)**

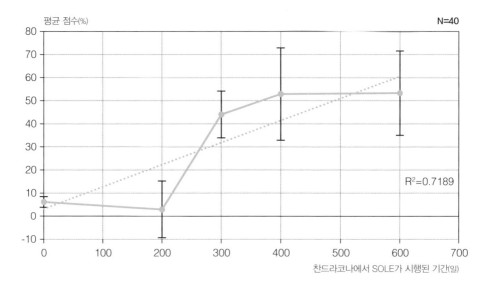

우여곡절에도 불구하고 자신감 테스트 점수는 예상하지 못한 결과를 보여주었다. 그림 5.5에서 볼 수 있듯이, 자신감 점수 그래프는 평탄하며 흔들림이 없다. 찬드라코나의 아이들은 자신의 컴퓨터 활용 능력에 대해 확신에 차 있으며, 삶에서 어떤 일에 부딪히더라도 헤쳐나갈 수 있다고 느낄 것 같았다. 아마도 1,500년에 걸친 혼란스러운 악정의 역사가 주어진 상황에 대처하는 유전자를 단단하게 제련한 듯하다.

2017년에 구름 속의 학교가 문을 닫고 나서 6개월쯤 지났을 때 바수는 운영 재개를 시도했다. 나는 바수 밑에서 일하는 한 청년에게서 시설을 정비하면 다시 운영할 수 있을 것이라며 지원을 요청하는 편지를 받았다. 나는 얼마간의 자금을 보내주었지만 현재 어떤 상태인지는 알지 못한다. 맛샤냐야의 땅은 다음 차례의 큰 물고기를 기다리고 있다.

그림 5.5 **찬드라코나: 자신감 수준 측정**

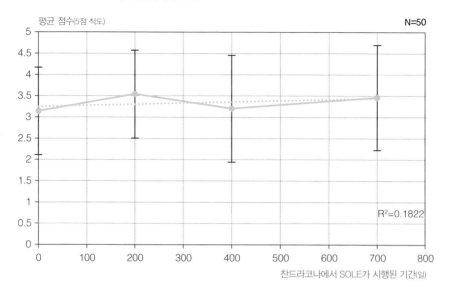

6

구름 속의 학교 3호:
인도 뉴델리 칼카지

Area 3: Kalkaji, New Delhi, India

칼카지는 뉴델리 남부에 있다. 1990년대 중반 NIIT는 이곳으로 본사를 옮겼다. 나는 1962년부터 2006년까지, 중간에 콜카타에서 대학을 다닌 4년만 빼고 줄곧 델리에서 살고 공부하고 일했다. 나는 델리의 역사와 문화를 잘 안다. 델리는 세계에서 가장 오래된 도시 중 하나다. 델리는 여러 제국의 수도였으며, 쇠락한 제국의 건축물 위에 새로운 제국이 세워졌다. 델리의 역사는 음모, 정략, 과도 권력, 거짓말로 뒤덮여 있다. 델리는 무엇을 아는지보다 누구를 아는지가 훨씬 더 중요한 도시다. 나에게 이 도시는 아무리 오래 살았어도 떠날 때 전혀 아쉬워하지 않을 장소 중 하나다.

1999년 초에 만들어진 최초의 벽에 난 구멍은 2006년에 폐쇄됐다. 델리 정부가 그 자리에 주차장을 만들고자 했기 때문이다. 아이들은 분개했고, NIIT도 대놓고 말하지는 않았지만 짜증을 냈다. NIIT는 그 대신 '제3 국립 남녀 중고등학교 Government Girls/Boys Senior Secondary School No. 3'(이하 GGSSS/GBSSS) 인근의 담벼락에 컴퓨터 두 대를 설치했다. 그러나 빈민가 아이들에게 그 장소는 안전하지 않았고 누구에게나 열린 곳도 아니어서 몇 명이 슬쩍 들여다보고 갈 뿐이었다.

초기 SOLE

칼카지의 이 공립학교는 실제로는 두 학교다. 아침에는 여학교였다가 오후에 여학생들이 떠나고 나면 남학교가 되고 교직원도 바뀌었다. 같은 공간을 두 번 사용하는 기발함이라니!

내가 직업교육과 취업 전문 기업 MWS 테크놀로지의 창업자이자 CEO인 리처드 올버그 Richard Alberg를 만난 것은 2010년이었다. 올버그는 어느 행사에서 내 연설을 듣고 자기조직적 학습에 관한 내 생각에 깊은 인상을 받았고, 내가 하는 어떤 프로젝트에든 써달라며 5,000파운드 (2010년 평균 환율 기준 약 900만 원)를 기부하겠다고 했다.

몇 달 후 그 돈이 들어왔고, 나는 리투에게 메일을 보내 GGSSS에 SOLE 교실을 하나 마련할 수 있겠는지 물었다. 교장 기타 데비는 우리가 하려는 일을 바로 이해했다. 그는 이전의 벽에 난 구멍 실험도 인지하고 있었다. 그는 SOLE 교실을 조성하는 데 적극적이었으며, 나에게 도서관 옆의 작은 방을 보여주었다.

나는 데비에게 메일을 보내 2010년 10월에 운영을 시작할 수 있는지 묻고 정부 당국에서 필요한 허가를 받아달라고 요청했다. 데비는 리투에게 곧바로 추진해달라고 했다. 델리 교육부에서 아무런 허가도 받지 못했다는 사실은 한참 뒤에나 들었다. 데비는 허가를 기다렸다면 프로젝트 진행이 요원했을 것이라고 주장했다.

GGSSS의 SOLE 설치는 NIIT에서 나와 함께 일했던 비크람 쿠마르 Vikram Kumar 가 맡았다. 2011년 2월 8일, 여학생들이 처음으로 SOLE 교실에 들어왔다. 열흘 뒤, 나는 올버그에게 그의 기부금이 낳은 즉각적인 성과를 다음과 같이 보고했다.

친애하는 올버그 씨에게

귀하의 기부금으로 마련한 SOLE가 2011년 2월 8일 운영을 시작했습니다. 저는 17명의 아이들을 모아놓고 "로봇이 스스로 방을 청소할 수 있을까?"라는 질문을 던졌습니다. 교장 선생님은 아이들의 영어 실력이 매우 낮아서 컴퓨터 사용법을 따로 지도해야 할 필요가 있다고 말했습니다. 저는 교사나 별다른 지도 없이 아이들 스스로 해보게 내버려두었습니다.

30분 뒤, 한 아이가 이렇게 말했습니다.

"룸바라는 로봇이 청소를 할 수 있어요. 인도에도 곧 들어올 거예요."

또 다른 아이도 말했죠.

"하는 일의 종류는 크게 중요하지 않아요. 로봇의 기본 원리는 거의 똑같으니까요."

이것이 열한 살밖에 안 된 아이들의 답이었답니다. 교장 선생님은 눈물을 흘리며 말했습니다.

"우리 아이들을 과소평가했었네요. 내일부터 모든 것을 바꾸겠어요."

올버그 씨, 이런 기회를 갖게 해주어 감사합니다.

수가타 미트라 드림

학습

내가 청소하는 로봇에 관한 질문을 선택한 이유는 아이들 중 다수가 델리의 부유한 가정에서 일하는 청소부의 딸이었기 때문이다. 나는 아이들이 로봇 때문에 엄마가 일자리를 잃을 것이라고 말할 줄 알았다. 그런데 아니었다. 칼카지의 소녀들은 이렇게 말했다. "청소 로봇이 등장하면 우리 엄마가 더 이상 청소를 안 해도 될 거예요." 나는 부끄럽고 작아지는 느낌이었다.

2013년에 TED상을 받을 무렵, GGSSS의 아이들은 SOLE에 익숙해져 있었고 그곳에 오는 것을 무척 좋아했다. 아이들의 영어 실력은 기대보다 훨씬 더 향상됐다. TED상을 받은 뒤 나는 GGSSS 시설을 개선하여 공식적인 구름 속의 학교 중 하나로 만들기로 결정했다. 나는 리투에

그림 6.1 **GGSSS의 구름 속의 학교**(뉴델리 칼카지)

게 소액의 자금을 주었다. 코라카티·찬드라코나·고차란에 쓴 비용보다 훨씬 적은 금액이었지만 비크람의 도움으로 몇 달 안에 시설을 재정비할 수 있었다.

칼카지의 GGSSS 구름 속의 학교는 2014년 2월 4일에 문을 열었다. 리투는 아이들을 새로 모았다. 전에는 SOLE 교실을 이용하기에 너무 어렸던 아이들이었다. 리투는 이 아이들을 데리고 테스트를 시작했다.

동영상 6.1
미 국무부
공보차관
리처드 스텐겔
인도 방문

2014년 11월, 미 국무부 공보차관 리처드 스텐겔이 칼카지 구름 속의 학교를 방문하여 학생들과 이야기를 나누었다. 당시의 영상에서 그 내용을 간략히 볼 수 있다(동영상 6.1). 이 유튜브 영상은 구름 속의 학교에 대한 지지를 가장 강력하게 보여준 사례 중 하나다. 칼카지의 소녀들은 그의 마음을 빼앗았다.

3년 동안 아이들은 엄청난 변화를 보여주었다. 나는 방문할 때마다 놀라운 장면을 보았는데, 그중 두 가지가 특히 기억에 남는다.

하루는 컴퓨터 한 대의 배경화면이 멋진 안드로메다 은하 사진으로 바뀐 것을 보았다. 열두 살인 디파가 설정한 배경화면이었다. 나는 그 아이에게 별과 우주에 관심이 있는지 물었다. 디파는 고개를 끄덕였다.

"그럼 자라서 천문학자가 될 거니?"

"음……."

디파는 머뭇거렸다.

"우주과학자가 되고 싶겠네?"

"아니요."

나는 조금 의아했다. 다른 아이들도 귀를 기울이고 있었다.

"이 사진이 좋아서 바탕화면에 깔아둔 것 아니니?"

디파는 고민스러운 표정을 지었다. 뭔가 이상해지고 있었다. 그러다 갑자기 또렷하고 큰 목소리로 말했다.

"저는 왜 우주가 거기에 있는지 알고 싶어요."

머리 꼭대기부터 발끝까지 저릿했다. 여기에 우주의 존재 이유를 묻는 소녀가 있다!

"그건 아무도 모른단다."

나는 속삭이듯 말했다. 떠날 시간이 돼 대화가 더 이어지지는 못했다.

또 한번은 리투가 한 소녀의 동영상을 보여주었다. 자야는 열두 살이었다. 구름 속의 학교에서 1년을 보내면서 그 아이는 뚜렷한 자기 생각이 생겼고 그것을 잘 표현할 줄도 알게 됐다. 자야는 변호사가 되고 싶어 했다. 동영상에서 자야는 가난한 사람들이 때때로 가난하다는 이유만으로 처벌받는 일이 있다고 말한다. 그 아이는 엉뚱한 사람이 법의 처벌을 받는 일에 맞서는 사람으로 클 것이다.

젊은 영화감독 윌리엄 슬론과 대니얼 옥센핸들러는 몇 년에 걸쳐 칼카지 소녀들에 관한 다큐멘터리 영화를 찍었다. 〈열린 창The Open Window〉은 이 책을 쓰기 시작한 2019년 4월에 코펜하겐에서 개봉했다(Birkegaard, Oxenhandler & Sloan, 2018).

칼카지 구름 속의 학교는 매우 잘 운영되고 있다. 문제가 없지는 않았지만 대개 교실이 너무 작아서 일정을 조율하는 데 관련된 문제였고, 교장 기타 데비가 모두 해결해주었다. 데비는 학교 리더십의 중요성을 보여주는 주목할 만한 예다.

매력적인 몇 가지 사례만 있는 것이 아니다. 리투는 변화와 성장을 수치로도 보여주었다.

결과

그림 6.2는 연구가 끝날 때 칼카지의 아이들이 각 연령별 목표의 90%에 가까운 읽기 이해력을 갖춘 것을 보여준다. 시작할 때의 점수도 다른 곳보다 높은 약 60점이었는데, 리처드 올버그 덕분에 본격적인 테스트가 시작되기 2년 전부터 SOLE과 구름 할머니 세션이 운영되고 있었기 때문이라고 여겨진다.

그렇다면 구름 속의 학교가 없었다고 해도 같은 결과가 나오지 않았을까? 기타 데비는 이전의 학교 시험 성적을 보면 그렇지 않았을 것 같다고 말한다. 그러나 이전에는 동일한 테스트로 평가한 적이 없다. 효과가 눈에 보인다고 해서 그것이 항상 과학적으로 입증되는 것은 아니다.

그림 6.2 **칼카지: 읽기 이해력 향상**(2014~2017)

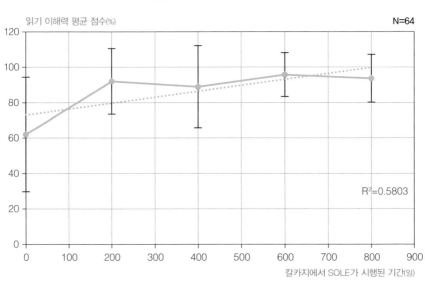

내가 아는 것은 칼카지의 소녀들이 내가 돌아다니면서 본 여러 나라 여러 도시의 또래 아이들보다 잘 읽고, 읽은 것을 잘 이해한다는 것뿐이다.

구름 속의 학교가 문을 열고 일 년도 되지 않은 기간에 0에 가까웠던 인터넷 검색 기술의 평균 점수는 80점 이상으로 높아졌다(그림 6.3). 이것은 구름 속의 학교가 없었어도 일어날 수 있는 일이었을까? 정규 학교 교육과정은 인터넷 검색을 전혀 다루지 않았으므로 그 향상이 오로지 구름 속의 학교에 기인한다고 볼 근거는 충분하다. 그런데 운영상 문제 때문에 평가가 1년 이상 지속되지 못했다. 학교가 변하기 시작했기 때문이다. 이 변화는 곧 다시 설명하겠다.

그림 6.4는 1년 반 동안의 자신감 테스트 점수를 보여준다. 100일에서 400일 사이에는 정도는 약하지만 분명한 하락을 보였다. 중요한 사실은

그림 6.3 **칼카지: 검색 기술 향상(2014~2015)**

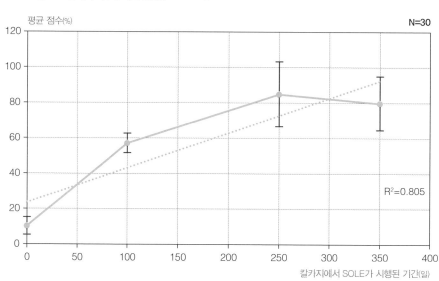

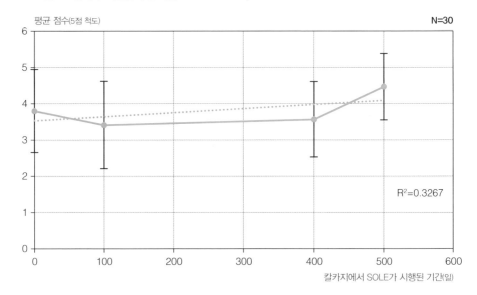

그림 6.4 **칼카지: 자신감 수준 측정**

평균 점수(5점 척도)

N=30

R^2=0.3267

칼카지에서 SOLE가 시행된 기간(일)

아니라고 본다. 아이들이 자신만만하게 시작했고 그 자신감을 잃어버리지 않았다는 것이 중요하다.

기타 데비는 2015년에 교장직에서 물러났다. 칼카지에 구름 속의 학교가 세워진 지 1년 반쯤 됐을 무렵이었다. 리투는 새로 온 교장이 인정머리가 없다고 말했는데, 나는 처음에 그 말을 믿지 않았다. 내가 딱 한번 만나본 새 교장은 대체로 예의 바르고 친절한 여성이었다. 하지만 내가 제대로 보지 못했을까 봐 불안했다. 그래서 결국 이렇게 물었다.

"구름 속의 학교와 관련해서 못마땅하신 점이 있나요?"

그는 댐이 터지기라도 한 듯이 이렇게 쏟아냈다.

"아이들이 문제죠! 무례하고 건방져진 데다 호전적으로 변했어요. 선생님한테 대들고 틀린 점을 지적한다니까요. 가르치는 내용뿐 아니라 발음까지 문제 삼으면서요!"

그리고 이렇게 덧붙였다.

"걔들은 자기 본분이 뭔지 잊은 것 같아요. 자기가 장차 뭐든 될 수 있다고 생각하죠."

그 말을 들으며 나는 그가 정말 하고 싶었던 말은 '얘들이 계속 이렇게 성장하면 우리는 가정부를 어디서 구하지?'라고 생각했다.

나는 GGSSS의 구름 속의 학교를 마지막으로 방문했을 때 아이들에게 알아도 모르는 척 얌전히 굴라고 말해보았다. 그러나 소녀들은 눈을 동그랗게 뜨고 이해할 수 없다는 표정으로 오랜 친구인 나를 바라보았다.

2016년이 몇 달 앞으로 다가온 어느 날, 나는 리투에게서 충격적인 이메일을 받았다.

…… 칼카지는 그다지 좋은 상황이 아닌 듯합니다. 학교 전체가 부지 안의 새 건물로 이전하고 있습니다. SOLE 랩과 교장실을 철거하고 있다는 사실을 지금 막 알았습니다. 새 건물에는 SOLE 랩을 설치할 만한 여유 공간이 없습니다. 교장 선생님과 상의하여 당분간은 장비를 과학실에 보관하기로 했습니다. 교장 선생님이 요청하면 장비를 가지고 나와야 할지도 모릅니다.

결론적으로, 당분간은 구름 속의 학교 교실을 폐쇄합니다. 몹시 걱정이 됩니다. ……

리투 당왈

칼카지 구름 속의 학교는 2016년 6월에 문을 닫았다. 그리고 다시는 열리지 않았다.

7

구름 속의 학교 4호: 인도 마하라슈트라주 사타라 지구 팔탄

Area 4: Phaltan, District Satara, Maharashtra, India

지금까지 구름 속의 학교 네 곳의 사회경제적·지리적 범위는 빈곤한 미개발 지역인 순다르반스에서 농촌 빈민층이 거주하는 찬드라코나로, 인도 동부의 고차란의 중하 계급에서 북부의 델리 도시 빈민으로 확장됐다. 이제 우리는 도시 중산층 지역으로 가볼 필요가 있다. 수니타는 인도 서쪽 끝의 현장을 선정했다. 팔탄이라는 소도시에 있는 한 학교였다.

팔탄은 오랜 역사를 지녔다. 대영제국시대에 이 지역을 지배하던 님발카르가※의 기원은 1300년대 바흐마니 술탄 왕조시대까지 거슬러 올라간다. 흥미롭게도, 님카르Nimbkar라는 비슷한 성을 가진 가족이 이 지역의 현대사와 우리의 이야기에서 중요한 역할을 했다.

1930년대에 미국인 엘리자베스 런디가 엔지니어 비슈누 님카르와 결혼하여 카말라 님카르라는 이름을 얻었다. 그는 인도의 작업치료 분야 선구자가 된다. 빈곤 가정 아이들을 위한 학교 이름이 그의 이름을 따서 지어지기도 했다. 1978년, 또 한 명의 주목할 만한 미국인 맥신 번슨이 프라가트 시크샨 산스타Pragat Shikshan Sanstha, PSS 라는 아동개발기구를 설립했는데, 이 기구 산하의 학교가 바로 카말라 님카르 발바반Kamala Nimbkar Balbhavan, KNB 이다. 우리는 이 학교를 PSS-팔탄 또는 줄여서 PSSP 라고 부른다. 이 학교 교장인 의학박사 만지리 님카르는 카말라 님카르의 손녀이며 학문적으로 저명할 뿐 아니라 사회 공헌 업적을 인정받아 수상한 경력도 있는 농학자 본베하리 님카르의 딸이다.

수니타는 PSSP에 구름 속의 학교를 만들기로 했다. 만지리 님카르는

그림 7.1 **팔탄 구름 속의 학교**

이 프로젝트를 잠깐 설명만 듣고도 열렬히 환영했다.

팔탄 구름 속의 학교는 2014년 12월 3일에 문을 열었다. PSSP는 정부에서 정식으로 인정받았지만 정부 지원금을 받지는 않았다. 수업은 마라티어로 진행된다. 학교 앞 별채의 방 하나에 마련된 구름 속의 학교는 도로에서 바로 보인다. 수니타는 2013년 6월에 낡은 컴퓨터를 이용하여 할머니 구름 활동부터 시작했다. 교장과 대부분의 학부모가 아이들이 영어를 잘 몰라서 불리한 처지에 있다고 느꼈기 때문이다.

우리가 조성한 시설을 수니타는 다음과 같이 묘사했다.

SOLE 교실은 약 20m²(추정치)의 직사각형 방이다. 다섯 대의 컴퓨터와 ㄷ자형 탁자, 알록달록한 의자, 대형 TV에 연결된 노트북 한 대가 들어가기에 충분한 공간이다. 구름 속의 학교의 트레이드마크인 유리창이 있지만, 이곳의 경우 바깥바람이 잘 들어올 수 있는 작은 크기의 프랑스식 미닫이 창문이다. 방범용 셔터를 설치하여 밤에는 닫아놓을 수 있다.

이미 할머니 구름 세션을 몇 달 동안 경험한 아이들도 설계 과정에 참여했다. 처음에는 인터넷 환경이 쾌 좋은 편이었다. 그런데 지난 몇 년 동안 팔탄 전역에서 인터넷 수요가 크게 증가하는 바람에 네트워크의 안정성이 떨어졌다. 카메라의 위치 때문에 스카이프 세션 때 구름 할머니가 웹캠 바로 앞에 앉은 아이들만 볼 수 있다는 한계도 있다. 랩에는 운영 코디네이터와 운영 보조원이 있어서 특히 초등학생들의 이용을 돕는다. 다른 교직원들은 개별적인 이용을 감독하되 너무 눈에 띄지 않게 하라고 했다. 청소와 일반적인 유지·관리는 교사의 도움 아래 아이들이 차례를 정해서 직접 한다.

이 학교의 총 학생 수는 450명으로 유치원부터 10학년까지 있다. 학생의 사회경제적 배경은 매우 다양하며 부모의 직업과 계층도 다양하다. 그러나 빈곤 가정 아이들이 가장 많다. 수업료가 다른 학교보다 저렴하지만 52%만이 수업료를 전액 지불하고 29%는 전액을 면제받으며 나머지 19%는 절반만 낸다. 수업은 지역 공용어인 마라티어로 진행된다. 영어는 하나의 과목으로 가르친다. 학생 중 20%는 인근의 농촌 지역에 살며 학교에서 15km 떨어진 곳에서 오는 아이도 있다.

1학년부터 7학년까지가 구름 속의 학교 랩을 이용하는데, 정해진 세션 외에 자유롭게 이용할 수 있는 시간도 있다. 한 번에 15~18명, 즉 한 학급의 절반 정도 인원이 이용한다. 구름 할머니 세션에는 소규모 상호작용을 위해 5~8명이 한 그룹을 이루어 참여한다. 2016년 6월부터는 유치원 아이들에게까지 이용을 확대하여 일주일에 한 번 원아 340명이 랩에 온다.

랩은 월요일부터 토요일까지 주 6일, 오전 7시 30분부터 오후 5시 30분까지 운영된다. 대개 1~3학년은 오전(7:30~12:30), 4~7학년은 오후(12:30~5:30)에 이용한다. 매일 세 번의 구름 할머니 세션이 있다.

수니타는 팔탄에서 2학년부터 6학년까지 학년별로 하나씩, 다섯 개의 표본 그룹을 선정하여 측정을 시작했다. 7~9학년 학생도 평가하긴 했지만 이 아이들은 이미 구름 할머니 세션에 익숙해져 있었으므로 우리는 이 데이터를 사용하지 않기로 했다. 수니타는 약 2년 동안 모두 170명의 아이들을 평가했다. 지금까지 한 것 중 가장 광범위한 측정이었다. 나는 실현 불가능한 욕심이라고 생각했다. 그러나 내가 틀렸다.

읽기 이해력은 ASER과 앞서 언급한 다른 테스트들을 이용해 세심하게 측정했다. 수니타는 아이들의 목표의식도 측정했지만, 나는 그 데이터가 팔탄 구름 속의 학교가 아이들에게 끼친 영향을 이해하는 데 도움이 되지 않는다고 판단했으므로 결과에서 배제했다. 부모나 교사, 그 밖의 롤 모델 등 아이들이 목표의식을 키워나가는 데는 여러 요인이 작용한다. 구름 속의 학교가 아이들의 포부를 변화시켰다고 볼 만한 일화를 뒤에서 소개하겠지만 그것만으로는 충분한 증거가 되지 못한다. 이것이 우리에게 남은 과제다.

수니타는 팔탄에서 자신감과 인터넷 검색 기술을 측정하지 않기로 했다. 그 이유가 흥미로웠다. 아이들의 자신감 점수가 우리의 측정 일정에 견주어 더 단시간에 상승한다는 것이 이유였다. 수니타는 단 몇 시간만에 점수가 5점 척도에서 3점까지 올라갈 것이라고 했다. 디지털 시대에 태어난 아이들은 기기를 작동하고 파악하는 데 기본적으로 자신감이 있다. 기기의 도움 없이 자기가 알고 있는 것을 입증해야 하는 '시험'에서는 수줍어하고 긴장도 하지만 인터넷에 접속할 때는 수줍어하거나 움츠리지 않는다.

수니타가 팔탄에서 인터넷 검색 기술을 측정하지 않은 것은 내가 고안한 테스트가 검증과 표준화를 거쳐야 한다고 판단했기 때문이다. 이번에는 동의할 수 없었다. 그 이유는 2장에서 설명한 바 있다.

팔탄에서 구름 속의 학교를 운영한 기간(2014~2017) 동안 아이들은 거의 두 학년 수준의 진보를 보여주었다. 읽기 이해력 데이터를 보면 수니타가 그 어려운 측정 작업을 그동안 얼마나 부지런하고 꼼꼼하게 했는지 알 수 있다.

그러나 자연과학에서 말하는 '정제된' 데이터는 아니다. 수니타는 할 수 있을 때마다 최선을 다해 많은 측정치를 모았다. 아이들은 입자가속기 속의 양성자나 전자처럼 측정하고 싶을 때 마음대로 측정할 수 있는 존재가 아니다. 우리가 팔탄에서 수집한 데이터에 관해 잘 알아야 그 분석 결과를 제대로 평가할 수 있을 테니, 먼저 데이터에 관해 알아보자.

팔탄의 데이터 이해하기

팔탄 구름 속의 학교는 SOLE과 할머니 구름 세션이 다양한 연령의 아이들에게 끼치는 영향과 관련해 여러 면에서 통찰력을 주었다. 수니타는 2014년 11월과 12월, 2015년 3월·7월·9월, 2016년 1월·4월·8월에 팔탄을 방문하여 데이터를 수집했다. 방문 횟수는 총 8회였지만 오래 머무르면서 시간을 두고 여러 번 측정한 경우도 있으므로 총 측정 횟수는 13회다. 운영상의 문제나 휴일, 축구경기 등으로 측정할 때마다 표본집단으로 설정한 모든 아이를 만나지는 못했다.

수니타는 첫 번째 방문 때 2학년 36명, 3학년 34명, 4학년 31명, 5학년 32명, 6학년 37명의 아이들을 표본집단으로 정했다. 그때가 2014년 11월이었는데, 새 학년이 8월에 시작하므로 첫 번째 측정 때는 아이들이 그 학년을 3개월 남짓 보낸 후였다. 마지막 측정이 이루어진 2016년 8월에는 처음에 2학년이던 아이들이 4학년이 됐다. 수니타는 이 표본집단을 G234라고 명명했다. 아이들이 몇 학년에서 몇 학년이 됐는지를 가리키는 일종의 암호인 셈이다.

수니타가 2014년 11월부터 2016년 8월까지 평가한 다섯 개 그룹 모두에 동일한 방식을 적용하면 각 표본집단의 명칭은 G234, G345, G456, G567, G678이 된다. 그림 7.1은 각 그룹을 언제 측정했는지를 보여준다.

그림 7.1 **PSS–팔탄에서 실시한 그룹별 측정 개요**(2014년 11월~ 2016년 8월)

학년	1차 학년도 (2014.8~2015.7)								2차 학년도 (2015.8~2016.7)								3차 학년도 (2016.8)
학년 시작 기준 기간	0	50	100	150	200	250	300	350	400	450	500	550	600	650	700	750	800
측정 시작 기준 기간			0	50	100	150	200	250	300	350	400	450	500	550	600	650	700
그룹																	
G234			×			×			×		×		×				×
G345			×		×				×		×				×		
G456			×	×			×		×								
G567			×						×				×		×		
G678			×		×				×								

이 측정치를 바탕으로 2년 남짓한 기간 동안 각 그룹이 보여준 진척을 알 수 있다. 그렇다면 그룹 간 비교도 가능할까? 이를 가능케 할 방법이 한 가지 있다. 예를 들어 측정 시작 기준 50일(학년 시작 기준 150일)의 G345와 G456의 읽기 이해력 점수를 비교하고 싶다고 가정해보자. 우리에게 G456의 측정치는 있지만 G345의 측정치는 없다. 그러면 G345의 0일과 100일(학년 시작 기준 100일과 200일) 측정치를 통해 결측 데이터의 근사치를 추정할 수 있다. 가장 단순한 추정 방법은 두 측정치의 중간값을 취하는 것이다. 이것이 비교를 위한 최선의 방법이라고 할 수는 없지만 합리적인 추정이라고 본다.

이와 같이 근사치를 이용해 서로 다른 학년의 여러 그룹을 비교할 수 있다. 이제 본격적으로 SOLE와 읽기 이해력 이야기를 해보자. 이것은 희망의 이야기다.

팔탄의 데이터가 알려준 것

수니타는 팔탄에서 2014년부터 2016년에 걸쳐 다섯 개 그룹의 학생들을 평가했다. 36명으로 이루어진 첫 번째 그룹은 그 기간 동안 2학년에서 4학년이 됐다. 우리는 이 그룹을 2학년 그룹이라고 부를 것이다. 이들의 읽기 이해력 성장 추이는 그림 7.2에서 볼 수 있듯이 S자 곡선을 그리며, 0점에서 27점까지 향상했다.

다시 말해 처음에 2학년이었던 아이들 36명은 수니타가 처음 측정했을 때 그 학년 수준의 읽기 자료를 전혀 이해하지 못했지만 2년여 후 30% 정도를 이해할 수 있게 됐다. 이 기간 동안 교사에게 배운 것 때문일 수도 있고 구름 속의 학교 덕분에 이루어진 향상일 수도 있다. 우리는 알 수 없다.

그림 7.2 **팔탄: 2학년 그룹**(2~4학년)**의 읽기 이해력 향상**(2014~2016)

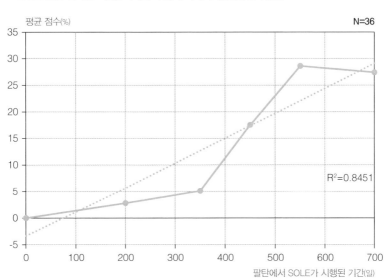

34명으로 이루어진 두 번째 그룹은 3학년으로 시작하여 5학년이 됐다. 우리는 이 그룹을 3학년 그룹이라고 부를 것이다. 이들의 읽기 이해력은 40점에서 83점까지 거의 일직선으로 향상했다.

그림 7.2는 처음에 2학년이었다가 3년을 거치면서 3학년, 4학년으로 올라간 아이들의 평가 데이터를 보여준다. 마찬가지로 그림 7.3은 최초 측정 때 3학년이었다가 4·5학년으로 올라간 아이들을 평가한 결과다. 그림 7.2의 S자 곡선이 그림 7.3에서는 거의 일직선으로 바뀌었다. 무슨 일이 일어난 것일까? 여기서 그림 7.2와 그림 7.3의 표본집단이 같은 아이들이 아님을 상기해야 한다.

31명의 아이들로 이루어진 세 번째 그룹은 4학년 때 측정을 시작했고 그 뒤 5학년·6학년으로 올라갔다. 우리는 이 아이들을 4학년 그룹이라

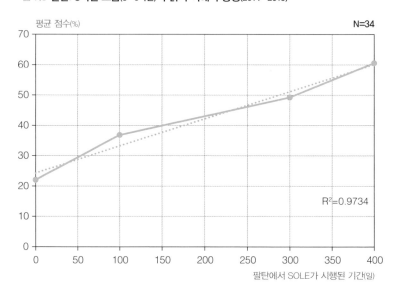

그림 7.3 **팔탄: 3학년 그룹(3~5학년)의 읽기 이해력 향상(2014~2016)**

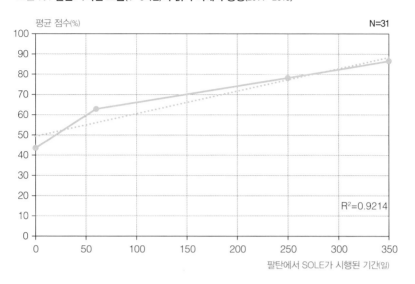

그림 7.4 **팔탄: 4학년 그룹**(4~6학년)**의 읽기 이해력 향상**(2014~2016)

평균 점수(%)

N=31

$R^2=0.9214$

팔탄에서 SOLE가 시행된 기간(일)

고 부를 것이다.

최초 측정 때 4학년이었던 아이들은 2년여의 테스트 기간 동안 읽기 이해력 숙달도가 거의 90점까지 향상했다(그림 7.4). 처음에 4학년 그룹의 평균 점수는 42점이 약간 넘는 정도였다. 그림 7.4에서도 일직선형의 성장을 볼 수 있다. 이러한 향상은 교사에 의해 이루어진 것일까, 아니면 구름 속의 학교의 영향이었을까?

32명으로 구성된 네 번째 그룹은 5학년 때 읽기 이해력 평가를 시작했고 측정 기간 동안 6학년을 거쳐 7학년이 됐다(그림 7.5). 2014년에서 2016년까지 5학년 그룹의 읽기 이해력 점수는 일직선으로 급등하여 50점에서 95점 이상까지 이르렀다. 이와 같은 극적인 향상을 '교수와 학습' 이상의 무엇인가에 의한 것이라고 볼 만한 근거가 있을까?

마지막으로, 37명의 아이들로 구성된 다섯 번째 그룹에 대한 평가는

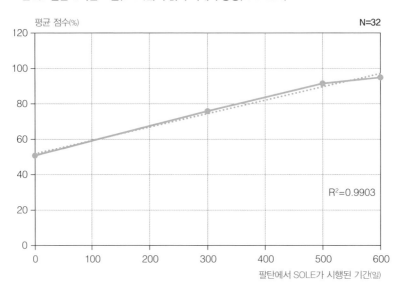

그림 7.5 **팔탄: 5학년 그룹(5~7학년)의 읽기 이해력 향상**(2014~2016)

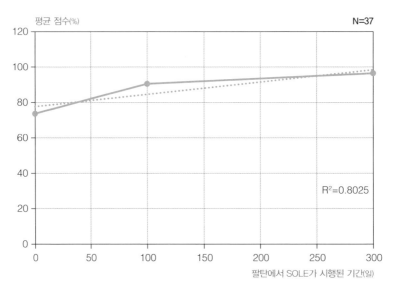

그림 7.6 **팔탄: 6학년 그룹(6~8학년)의 읽기 이해력 향상**(2014~2016)

6학년 때부터 8학년 때까지 이루어졌다. 이 그룹은 6학년 그룹이라고 부르기로 한다. 6학년 그룹의 측정치는 직선형의 추세를 보인다(그림 7.6). 읽기 이해력 점수는 약74점에서 약96점으로 상승했다.

이 그래프들은 읽기 이해력 향상의 양상이 연령에 따라 어떻게 달라지는지를 보여주는 매력적인 단서다. 가장 어린 학생들의 점수는 독특한 S자 곡선을 보이는 반면 더 나이 많은 아이들의 점수는 상승 곡선에 이어 가파르게 올라가는 일직선을 보이며, 가장 나이 많은 아이들에 이르러서는 곡선이 평탄해졌다. 이와 같은 읽기 이해력 향상이 구름 속의 학교와 관련이 있는지 알아낼 방법이 있을까?

수니타는 처음에 다섯 그룹—당시 각각 2, 3, 4, 5, 6학년—의 읽기 이해력 점수 기준치를 측정했다(그림 7.7). 이 기준치는 아이들이 통상적인 학교 교육과정에 따라 배웠을 때, 즉 구름 속의 학교가 없을 때 영어를 얼마

그림 7.7 **팔탄: 읽기 이해력 점수 기준치**

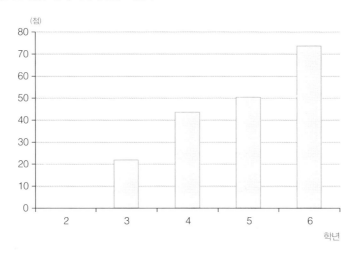

나 잘 읽을 수 있는지를 말해준다. 다음은 수니타가 기록한 내용이다.

예를 들어 읽기 이해력 점수 기준치가 3학년 그룹은 20점, 4학년 그룹은 45점이라고 한다면, 구름 속의 학교가 개입하지 않았을 때 3학년을 다니는 동안 읽기 이해력 점수가 20점에서 45점으로 상승하리라고 가정할 수 있을 것이다. 다시 말해 전통적인 교사, 교육과정, 학생의 발달에 관한 접근 방식을 통해 최소한 이만큼의 읽기 이해력 증진을 달성한다고 기대할 수 있다.

그림 7.8은 실제 읽기 이해력 점수가 기대치보다 훨씬 높이 오른 것을 보여준다. 특히 3학년 그룹과 4학년 그룹이 기대치와 실측치 간의 차이가 가장 컸다. 정말 반가운 소식이다! 분명히 무엇인가가 기대 이상의 성장에 영향을 끼친 것이다. 이 기간 동안 개입은 단 한 가지밖에 없었다. 바로 구름 속의 학교다.

그림 7.8 **팔탄: 읽기 이해력 점수의 기대와 실제**

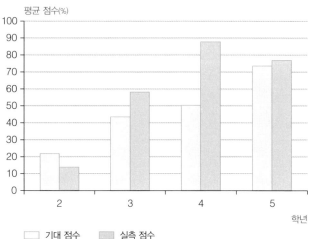

2부 구름 속의 학교를 짓다

더 좋은 소식이 있다! 이 학교는 구름 속의 학교를 여전히 활발하게 이용하고 있다. 이곳 교장과 교사들은 자기조직적 학습이라는 개념을 잘 이해하고 지지한다. 효과가 있음을 입증하는 하나의 모델이 생긴 것이다.

그런데 풀리지 않은 의문이 하나 있다. 구름 속의 학교에는 두 가지 아이디어, 즉 SOLE와 할머니 구름이 결합해 있다. 팔탄의 데이터는 구름 속의 학교가 읽기 이해력의 유의미한 신장을 가져왔음을 보여주지만 SOLE 세션과 구름 할머니 세션이 이 신장에 각각 얼마나 기여했는지는 밝힐 방법이 없다. 이에 대한 답을 찾으려면 SOLE 세션은 있지만 구름 할머니 세션은 지원하지 않는 시설이 필요할 것이다. 아직은 그런 데이터가 없다. 우리는 단지 구름 할머니 세션은 읽기보다 듣기와 말하기를 더 강조하고 SOLE 세션은 거의 읽기만 다루므로 읽기 이해력의 향상에는 SOLE이 더 크게 기여했으리라고 추정할 뿐이다.

수니타가 수집한 이 놀라운 데이터에는 또 하나의 이상한 점이 있다. 2학년 그룹은 왜 기대 점수보다 구름 속의 학교를 이용한 뒤에 나타난 실제 점수가 낮았을까? 우리의 방법을 적용하기에는 너무 어려웠던 것일까? 그 아이들의 읽기 이해력 점수가 나타낸 S자형 그래프는 무엇을 뜻할까?

팔탄에서 북쪽으로 2,000km 떨어진 펀자브 평야의 시두왈 마을에서 흥미로운 답을 얻을 수 있을지도 모른다. 또 다른 이야기가 펼쳐질 시두왈 마을 이야기는 11장에서 다시 다룰 것이다.

8

구름 속의 학교 5호:
영국 노스타인사이드 킬링워스

Area 5: Killingworth, North Tyneside, England

잉글랜드 뉴캐슬 북부의 소도시 킬링워스는 19세기에 탄광으로 유명하던 곳이다. 1814년 조지 스티븐슨George Stephenson이 처음으로 증기기관차 블뤼허Blücher호를 만든 곳이 바로 여기다. 블뤼허호는 그리 오래가지 않았지만 조지와 그의 아들 로버트가 로버트 스티븐슨 앤드 컴퍼니의 4번가 작업장에서 만든 그 유명한 로켓Rocket호 증기기관의 원형이었다. 4번가 작업장이 있던 곳은 지금의 뉴캐슬 중앙역 근처다. 그 조용하고 황량하기까지 했던 킬링워스 인근의 동네에서 산업혁명의 (문자 그대로) 엔진이 시작됐다.

에이미 리 디킨슨Amy-Leigh Dickinson은 킬링워스에 있는 조지 스티븐슨 고등학교GSHS의 디자인/미술 과목 책임자이자 교사다. 에이미는 2012년 4월 18일 교사이자 내 동료인 에마 크롤리를 알게 돼 에마가 근무하는 게이츠헤드의 세인트에이든 초등학교의 SOLE 세션을 참관했다. 에이미는 자기 학교에서 SOLE 진행이 가능할지 가늠하기 위해 나에게 방문을 요청했다. 나는 이 방문을 일종의 실험을 해볼 기회로 삼았다. 나는 에이미에게 내가 만날 학생들에 관해 아무것도 – 연령, 성별, 무슨 과목 시간인지 등 – 미리 말하지 말아달라고 부탁했다. 또한 학생들과 교사에게도 내가 무엇을 하려는지 얘기하지 말라고 했다.

학생들은 열두 살, 7학년 아이들이었고 미술 시간이었다. 나는 미술 교사에게 내가 오지 않았다면 무엇을 하려고 했는지 물었다. 그는 세잔의 정물화에서 명암이 어떤 효과를 주는지 다룰 예정이었다고 했다. 나는 침을 꿀꺽 삼켰다. 교사가 무슨 얘기를 하려던 것인지 전혀 감을 잡을 수 없었다.

그림 8.1 **구름 속의 학교 이전의 킬링워스 현장**

"안녕하세요."

나는 베일에 싸인 교실에 들어섰다.

"'세잔의 정물 수채화에서 명암의 효과'가 무슨 뜻인지 아는 사람?"

아이들은 나를 멍하니 바라보며 고개를 저었다. 미술 교사는 내가 요청한 대로 교실 뒤에 앉아 있었고, 에이미는 손톱을 물어뜯으며 서성거렸다.

"그럼 30분 시간을 줄 테니 뒤편에 있는 컴퓨터로 한번 찾아볼까요?"

"여럿이 같이하는 건가요?"

한 아이가 물었다.

"같이해도 되고 각자 해도 돼요."

SOLE가 시작됐다. 미술 교사가 나에게 다가와 속삭였다.

"우리가 좀 도와줘야 하지 않을까요? 아이들이 세잔의 철자도 몰라서 '수전'이라고 타이핑하고 있는데요."

나는 고개를 저었다. '수전'이라고 타이핑했어도 '정물 수채화'와 함께 입력하자 구글은 그것이 수전이 아니라 세잔임을 인식했다.

30분 뒤, 아이들은 세잔의 생애와 그가 어떻게 명암을 이용하여 오늘날까지 영향을 주는 새로운 양식을 만들었는지를 설명했다. 아이들은 세잔의 기법이 정물화를 입체적으로 보이게 만든다는 점도 알아냈다.

미술 교사는 자기가 다루려고 한 모든 내용을 아이들이 스스로 알아냈다고 뿌듯하게 말했다. 내가 미술을 가르친 것이다!

에이미는 GSHS에서 SOLE 수업을 이어갔고, 다른 몇몇 교사도 실험적으로 도입했다. 교장 이언 윌킨슨도 독려했다. 이언은 나의 프로젝트를 벌써 알고 있었으며 흥미를 느끼고 있었다. 교장의 지지가 없었다면

이 학교에서 SOLE가 성공할 수 없었을 것이다. 뉴캐슬 대학교에서는 에이미에게 SOLE 실행 경험을 서면으로 공유해달라고 요청했다.

에이미는 SOLE에 대해 더없는 찬사를 보내왔다.

저는 에이미 리 디킨슨이며, 조지 스티븐슨 고등학교의 디자인/미술 교육과정 책임자입니다. 수가타 미트라 교수와 그의 연구가 저와 우리 학교에 끼친 영향을 개괄해달라는 요청을 받고 이 글을 씁니다. 먼저 제가 수가타의 작업을 알게 된 배경을 설명하고자 합니다.

어느 날 교직원 전체 회의에서 교장 이언 윌킨슨이 수가타 미트라와 그의 벽에 난 구멍 프로젝트를 소개했습니다. 저는 관심이 생겨 뉴캐슬 대학교와 수가타 미트라 교수에게 연락했습니다. 저는 수가타의 작업을 이곳 영국의 중고등학교에도 적용할 수 있는지 알고 싶었습니다. 그리고 게이츠헤드의 세인트에이든 학교 교사 에마 크롤리에게서 연락이 왔습니다. 저는 세인트에이든을 방문해 SOLE 수업을 참관하고는 완전히 매료됐습니다!!! 수업 결과가 놀라웠기 때문에 저는 얼른 우리 학교로 돌아가 이 방식을 적용해보고 싶었습니다. 다행히 수가타가 흔쾌히 우리 학교를 방문하여 7학년 미술 수업을 진행해주셨습니다. 질문은 "어떻게 눈물방울을 진짜처럼 보이게 그릴 수 있을까?"였습니다.

제가 직접 SOLE를 진행한 첫 번째 학급은 8학년이었고, 질문은 "루비, 다이아몬드, 에메랄드가 모두 같은 성분으로 만들어진 것을 알고 있었나?"였습니다. 저는 수가타의 TED 강연 한 대목을 먼저 보여준 뒤 SOLE 수업이 무엇인지 아이들에게 설명했습니다. 저는 제 교사 생활에서 그 경험을 절대로 잊지 못할 것입니다. '이게 될 리 없어'라고 생각했던 저는 경이로움을 느꼈습니다. 아이들이 SOLE 수업을 통해 제가 직접 가르친 것만큼 많은 것을 배웠기 때문입니다. 가르치는 일이 다시 한 번 흥미진진하고 예측 불가능하게 느껴졌으며, 수업이 아이들을 스스로 생각하고 책임감을 느끼고 자기가 맡은 바를 주체적으로 해나가게끔 고무할 수 있음을 깨달았습니다. 제가 개입하거나 수업의 흐름을 끊지 않아도 아이들끼리 서로 배웠습니다. 저는 흥미가 더 커져서 수가타 미트라의 책 《벽에 난 구멍을 넘어서》를 읽었고, 다른 학년에도 이 수업 방식을 적용했습니다. 환상적인 결과를 보여준 경우도 있고 그렇지 않은 경우도 있었지만 흥미로운 수업 방식이라는 사실에는 변함이 없었습니다. 저는 아이들이 중등과정 졸업자격시험을 통과하고 A 레벨(중등교육 과정 다음 단계의 대학 입학 예비 과정-옮긴이)에 다니는 동안(15~17세) 우리의 교육과정과 시험 문화가 주체적인 학습자를 육성하려는 노력에 소홀하여 그 아이들의 학업에 악영향을 끼쳤다고 믿습니다.

저는 제 수업 결과를 수가타를 비롯한 여러 사람에게 알렸고, 우리 학교에 SOLE가 퍼져 나갔습니다. 많은 교사가 SOLE를 수업에 적용하게 된 것입니다. 저는 수가타와의 인연 덕에 그의 생각과 작업을 지지하는 여러 훌륭하고 헌신적인 사람들을 만나는 행운을 얻었습니다. 또한 저 자신과 제 교육관에도 영향을 받았습니다.

수가타가 하는 일은 주체적인 사고 역량, 협동 등 우리 학교 전체가 최우선으로 여기는 점들에 완벽하게 부합합니다. 수가타는 우리 학교 교사 전원 및 우리와 연계된 학교들을 위해 한 번 더 방문하여 강연했으며, 이것은 SOLE가 무엇인지를 선보이는 플랫폼이 됐습니다. 그리고 이를 계기로 우리는 SOLE를 위한 교사 훈련을 맡기로 했습니다.

SOLE가 가져온 효과와 영향은 다음과 같습니다.

- SOLE는 제가 교사이자 평생학습자로서 학생들을 위해 미래의 학습을 꾸준히 탐구하도록 고무했습니다.
- 조지 스티븐슨 고등학교에서 그 영향은 매우 컸습니다. 전 교사를 대상으로 하는 SOLE 직무 연수를 개발하고 있으며, 우리 학교의 역점 과제에도 포함시켰습니다.
- SOLE를 통해 비슷한 생각을 품은 교사들과 만나 여러 학교의 실행 경험을 공유하는 네트워크를 만들 수 있었습니다.
- 학생들과 SOLE 수업 설계 팀을 만들었습니다. 이 팀에서는 후속 수업이나 주제별 큰 질문들을 개발합니다.
- 다른 교사들도 각자의 수업에서 SOLE를 시험해보았고, 그 데이터가 수집되고 있습니다.
- 수가타는 조지 스티븐슨 고등학교와 계속 협력하여 학교 안에 SOLE 전용공간을 개발할 것을 제안했습니다. 이 공간은 연계된 초등학교 학생들도 주말에 예약하여 이용할

수 있게 하며, SOLE 플랫폼을 제공할 뿐만 아니라 풍부한 데이터와 경험을 모으게 해 줄 것입니다.

• 가장 큰 영향을 받은 것은 SOLE 수업에 참여한 아이들일 것입니다. 괄목할 만한 학습이 이루어졌으며 그 성취도는 전통적인 수업으로 배운 아이들보다 훨씬 높습니다. 저는 8학년 두 그룹을 선정하여 한 그룹에는 SOLE 수업을 실시하고 다른 그룹은 통제집단으로서 기존 방식으로 수업을 진행했습니다. 측정 항목은 성취도, 행동, 즐거움이었습니다. SOLE 그룹에 속한 학생들이 통제집단보다 세 단계 더 높은 수준을 나타낸 경우도 있었습니다.

• 저는 교사 집단을 대상으로 SOLE에 관한 프리젠테이션을 여러 차례 마련했고, 이를 통해 고무받은 다른 교사들도 SOLE를 시도했습니다. 우리는 트위터에서 SOLE 경험을 자주 공유합니다.

• 수가타가 TED상을 받은 뒤 저는 운 좋게도 TED에서 그의 작업에 관한 글을 써달라는 요청을 받았고, 이를 계기로 트위터 콘퍼런스를 열었습니다. 그 결과 SOLE를 실행할 때 연결할 수 있는 전 세계 사람들의 네트워크가 생겼습니다.

• 저는 수가타와 함께 일할 기회를 얻은 것을 무척 영광스럽게 생각하며 앞으로의 프로젝트를 기대하고 있습니다. 수가타의 실험은 큰 영감을 주었으며 그는 저 - 교사로서 또한 한 인간으로서 - 에게 엄청난 영향을 끼쳤습니다. 저는 SOLE를 통해 전 세계 교사들을 만나고 그들과 경험을 공유하며 그것을 다시 우리 학교와 우리 교사들에게 전파할 기회를 얻었습니다.

에이미 리 디킨슨

2013년 11월 22일, 킬링워스의 조지 스티븐슨 고등학교에 구름 속의 학교가 문을 열었다. 동영상 8.1에서 킬링워스 구름 속의 학교가 만들어지기 전에 이에 관해 여러 아이디어를 내는 에이미 리 디킨슨의 목소리를 들을 수 있다(Rothwell, 2018).

동영상 8.1
조지 스티븐슨
고등학교

에이미는 내 설계를 그대로 구현했다. 본래 있던 작은 창문 대신에 커다란 유리창을 달았다. 대부분의 가구가 가변형이어서 자리 배치를 쉽게 바꿀 수 있고, 컴퓨터는 높이를 서로 다르게 설치해 어린아이들도 화면을 쉽게 볼 수 있게 했다. 가천장을 덧댔으며 전선들은 천장부터 이어진 튜브 안에 감추었다. 각 튜브는 컴퓨터가 놓인 원형 탁자에 연결되어 있다. 벽에는 스카이프에 사용할 대형 스크린을 달았다. 벽면의 일부는 화이트보드 구실을 한다.

에이미는 나에게 빈 벽에 뭔가 써달라며 지워지지 않는 매직펜을 내밀었다. 당황한 내 머릿속에는 한 구절밖에 떠오르지 않았다. 이 문구는 아직도 그 벽에 남아 있다.

"보로고브들은 밈지하기 그지없고All mimsy were the borogoves⋯⋯"(루이스 캐럴의《거울 나라의 앨리스》에 나오는 난센스 시의 한 구절 - 옮긴이).

조금 우스꽝스러웠지만, 나로서는 최선을 다한 것이다.

그림 8.2 **킬링워스 구름 속의 학교**

나는 학생들로 이루어진 '위원회'를 구성하여 시설이 어떻게 이용되는지 감독하는 임무를 맡겼다. 위원회가 주시하는 가운데 에이미와 몇몇 다른 교사가 구름 속의 학교(이곳에서는 'SOLE 교실'이라는 명칭으로 불렸다)를 정기적으로 이용하기 시작했다. 몇 주 뒤, 위원회에 속한 어느 아이가 나에게 말했다.

"○○ 선생님이 SOLE에서 다른 것을 가르치고 있어요. 저희가 그러면 안 된다고 말씀드릴까요 아니면 교수님이 말씀하실래요?"

아이들이 뭐라고 말할지 걱정돼서 내가 선생님에게 얘기하겠다고 약속했다. 에이미는 프로젝트가 진행되는 내내 갈등이 생기지 않게끔 조율했다.

SOLE 교실을 처음 열던 날, 우리는 교사와 부모를 위해 두 번의 시연을 했다. 첫 번째 시연은 미국에 있는 한 학교 아이들과 킬링워스 아이들이 함께 참여하는 수업이었다. 주제는 헤밍웨이였는데, 때때로 두 그룹 사이에 이견이 생겨 소란스러워지긴 했지만 훌륭하게 진행됐다.

두 번째 시연은 대수학을 배우기 시작하는 아이들과 함께했다. 나는 (교실에 들어가기 전에 인터넷에서 베껴온) 이차방정식 하나를 벽에 적었다.

$$x^2 + 24x = 180$$

아이들은 어리둥절한 표정이었다.

"왜 문자와 숫자가 섞여 있어요?"

"나도 모르겠는데, 왜 그런 것 같니?"

"대수학이니까요."

한 아이가 말했다.

"그럼 x가 얼마인지 알아낼 수 있니?"

"x가 얼마라는 게 무슨 뜻이에요? x는 숫자가 아니잖아요!"

"그럴까?"

그때부터 열띤 토론에 들어갔다. 왁자지껄한 소음 속에서 '다마스쿠스Damascus'라는 단어가 들렸다. 나는 무슨 얘기가 오가는지 궁금해졌다. 그러고는 소음이 잦아들었다. 중요한 발견이 이루어질 때면 SOLE의 현장은 으레 그랬다.

30분쯤 지났을 때 나는 아이들에게 시간이 다 되어가며, 이제 알아낸 것을 발표해야 한다고 알려주었다.

아이들은 인도에서 중국, 바빌론, 그리스, 페르시아에 이르는 고대 역사 이야기를 들려주었다.

"대수학을 두고 싸움이 일어났어요."

아이들은 만족스러운 표정으로 이렇게 말했다.

아이들은 대수학의 역사에 푹 빠진 것이 틀림없었다. 나는 수학을 한 번도 그런 식으로 생각해본 적이 없었다. 그렇다면 이것이 지루하고 어려워 보이는 과목에서 마법을 부리는 방법일까?

그러나 시간이 다 됐을 때 나는 아이들이 내가 처음에 던진 질문을 잊은 것은 아닌지 궁금했다.

"훌륭하구나. 그런데 x가 얼마인지는 알아냈니?"

"6이요. 그건 아까 알아냈어요."

맨 앞줄에 앉은 작은 남자아이가 대답했다.

아이들은 몇 분 만에 답을 알아냈던 것이다. 물론 방정식을 '푼' 것은 아니고 인터넷에서 답을 찾은 것이었다. 답을 찾고 나서는 대수학의 역사로 관심이 옮아갔다.

"이게 무슨 뜻일까요?"

나는 혼란에 빠진 교사와 학부모들에게 물었다.

참관수업이 끝났다. 나는 멋지게 해낸 아이들에게 고맙다고 했고, 아이들은 박수를 쳤다. 내가 교실을 나설 때 한 아이가 다가왔다.

"그런데 수가타 선생님, 이 방정식에는 답이 두 개 있어요. 이차방정식을 풀 줄 아세요? 아니면 구글에서 검색해보세요. 그러면 답이 또 하나 나올 거예요. −30이요."

나는 깜짝 놀랐다. 그 겨울날, 나는 뇌가 뿌옇게 흐려지는 느낌으로 조지 스티븐슨 고등학교를 나왔다.

인도에서와 달리 영국에서는 아이들의 모국어가 영어이므로 영어 읽기 이해력과 유창성을 평가하지 않았다. 그렇지만 영국 아이들의 경우에도 읽기 이해력 점수가 구름 속의 학교 경험을 통해 시간이 지나면서, 또는 온라인 검색 능력이 향상됨에 따라 높아지는지를 살펴보면 흥미로울 것이다.

불행히도 우리에게는 그런 상관관계를 분석할 수 있는 평가 도구가 없었다. 대신에 나는 조지 스티븐슨 고등학교에서 SOLE 교실의 이용 현황을 추적했다. 시간이 지나면서 점점 이용이 늘었고 인근 초등학교도 이 시설을 이용하기 시작했다. 현재 SOLE는 GSHS에서 매우 중요한 부분이 됐다.

SOLE 시간이 일상화하면 아이들은 − 어쩌면 교사들도 − SOLE을 편하게 노는 시간으로 여기는 경향이 있다. 아이들은 질문을 받은 뒤 검색엔진에서 첫 번째로 얻은 답으로 단 몇 분 만에 발표할 내용을 적어놓고 나머지 시간 내내 게임을 할지도 모른다. 내 생각에는 질문이 아이들의 주의를 끌기에 충분히 흥미롭지 않을 때, 또는 너무 쉽거나 너무 어려울 때 이런 일이 일어난다. SOLE는 질서와 혼돈 사이의 미묘한 균형이어서 깨지기 쉽다.

두 번째 문제는 SOLE 시간이 너무 많아서 일과의 일부가 되는 경우다. 그러면 다른 '협동 학습'이나 '탐구 활동'과 다름없어진다. 실제로 SOLE를 그렇게 부르는 학교도 본 적이 있다. 그렇게 되면 SOLE 수업은 시간 낭비가 될 뿐이다. 바람직한 SOLE 세션 빈도에 관한 내 생각은 10장의 "큰 질문을 만들고 제시하는 방법"에서 볼 수 있다.

현재 조지 스티븐슨 고등학교 구름 속의 학교는 잘 사용되고 있다. 2017년에 나는 다음과 같은 이메일을 받았다.

안녕하세요, 수가타 교수님.

저를 기억하지 못하시겠지만, 저는 조지 스티븐슨 고등학교 SOLE 위원회의 일원이었습니다. 그때는 단지 프로젝트에 관한 호기심 정도만 있었지만 지금은 그 프로젝트에 참여했다는 자부심으로 충만합니다. SOLE는 제 인생에 큰 영향을 주었습니다. 지금도 그때처럼 SOLE가 꾸준히 성장하고 있는지 궁금합니다.

때로는 몇 줄의 글이 삶을 살 만하게 만든다.

9

구름 속의 학교 6호:
영국 더럼 카운티
뉴턴 에이클리프

Area 6: Newton Aycliffe, County Durham, England

킬링워스에서 남쪽으로 한 시간쯤(66km) 가면 뉴턴 에이클리프라는 소
도시가 나온다. 1825년, 에드워드 피스 등이 가설한 스톡턴-달링턴 간
철도가 지나가는 뉴턴 에이클리프 인근에서 수석 엔지니어 조지 스티
븐슨이 만든 최초의 증기기관차 '로코모션 제1호'가 선로에 올랐다. 이
지역은 거의 언제나 습하고 안개가 끼어 있다.

　제2차 세계대전 기간에는 이곳 수풀 속에 거대한 군수공장들이 건설
됐고 여기서 생산된 군수물자가 철도를 통해 수송됐다. 지형적으로도 험
하고 독일군의 폭격을 받을 위험도 있었지만 수천 명의 여성이 이 모든
위험을 무릅쓰고 여기서 일했다. 그들은 '에이클리프 천사'라고 불렸다.

2010년 11월, 나는 이 시대의 에이클리프 천사 한 명을 알게 됐다. 그의 이름은 케이티 밀른Katy Milne이다. 뉴턴 에이클리프에 있는 그린필드 커뮤니티 칼리지에서 예술·창작 부문을 총괄하는 케이티는 내가 하는 프로젝트에 관해 읽고 지역 교사들을 위해 SOLE 활용을 다룬 워크숍을 열었다. 워크숍 진행은 나와 에마 크롤리가 맡았다.

케이티는 워크숍 내용이 학교 현장에서 어떻게 적용됐는지 점검하기 위해 후속 회의를 열고 각 학교를 방문하여 교사들과 만나기도 했다. 이 과정에서 더럼 대학교 전임강사 폴 돌런이 핵심적인 역할을 했다. 폴과 나는 더럼 카운티 전역의 학교를 방문하여 SOLE를 시연했다. 케이티와 폴이 아니었다면 노스이스트잉글랜드에 SOLE가 보급되지 못했을 것이다.

나는 2011년과 2012년 대부분을 미국의 MIT 미디어랩에서 보냈다.

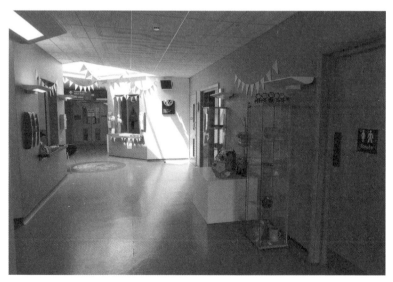

그림 9.1 **구름 속의 학교를 짓기 전의 뉴턴 에이클리프 현장**

그동안 케이티는 SOLE을 전파하는 작업을 꾸준히 진행했으며, 종종 스카이프로 나를 회의에 참여시켰다. 케이티와 폴 덕분에 학교 환경에서 SOLE의 역할과 정당성이 명확해졌다. 다음은 2012년 5월 15일 케이티가 보내온 보고서 중 하나다.

그림 9.2 SOLE의 이점과 남은 과제

SOLE의 이점

- 학생들이 인터넷 검색에 그치지 않고 자발적으로 책을 찾아보게 됐다.
- 프로젝트 매니저와 구름 할머니의 역할이 다른 맥락에서였다면 숨겨져 있었을 학생들의 역량을 드러냈다.
- 학생들이 관심 영역을 놀라울 만큼 넓혔다.
- 지속적인 학습이 이루어졌다.

남은 과제

- 후속 수업에서 어떤 질문을 제시할 것인가?

  학생들에게 도움을 요청하라. 그들은 어떤 질문을 좋은 질문이라고 생각할까?

- 학생들의 발표에서 쟁점을 찾아 후속 세션을 위해 새롭고 개방적이며 자극과 흥미를 일으키는 질문을 끌어내려면 어떻게 해야 할까?

  한 그룹이 발표할 때마다 이전 그룹과 다른 쟁점을 찾아보고 조금이라도 다른 점이 있다면 이전 그룹에서 발견한 쟁점에 추가하라. 학생들을 참여시키라. 기존의 정보를 새로운 내용으로 확장하고 학생들이 진짜 탐구하고 싶어질 만한 주제를 찾아내려면 학생들의 도움이 필요하다. 예를 들어 성과 평등에 관해 조사한 내용을 동물의 왕국에 적용할 수 있을까?

- 10주의 실행 연구 기간 내내 일반적인 주제를 다루면서도 지루해하지 않게 하려면 어떻게 해야 할까?

  하나의 답을 찾는 데 그치지 않고 더 깊이 탐구할 만한 여지를 남기는 질문을 제시하라. 학생들이 후속 질문을 정하는 데 적극적으로 의견을 낼 수 있게 하라.

- 학생들의 학습 성과와 주제에 대한 이해도를 어떻게 측정할까?
  1. 우선 학생들이 기술적으로 SOLE에 익숙해져야 한다. 게이츠헤드의 경우 10세 아동이 SOLE 기술을 습득하는 데 1년이 걸렸다.
  2. 학생들에게 수준을 판단하기 위한 질문을 제시하라. 예를 들면 예전에 GCSE에 나왔던 성과 평등 문제를 사용할 수 있을 것이다.

  SOLE 기술에 익숙해졌다는 전제 아래, SOLE 수업을 정식으로 도입하면 점수를 향상시킬 수 있다는 것은 선행 연구에서 입증됐다.
- 어떻게 하면 여러 그룹이 똑같은 발표를 하지 않게 유도할 수 있을까?

  언제든 다른 그룹으로 자리를 옮기거나 교실 안을 돌아다니며 다른 아이들이 무엇을 찾았는지 볼 수 있게 해야 한다. 그러면 학생들은 어떤 정보가 벌써 얻어졌는지 알고 다른 정보를 찾을 것이며, 이에 따라 같은 수고를 반복하는 일이 줄어들 것이다.
- 그룹에 속하지 않고 혼자 과제를 수행하려는 학생을 설득할 전략이 있을까?

  학생들에게 도움을 청하라. SOLE 세션 이외의 시간에 아이들과 이야기를 나눠보자. 왜 몇몇 학생에게는 이 수업 방식이 제대로 작동하지 않을까? 어떻게 하면 개선할 수 있을까?

케이티가 이러한 노력을 하는 동안 도움과 격려를 준 사람이 있었다. 바로 그린필드 학교의 교장 데이비드 프리슬리다. 멋지고 무척 논리정연한 사람이었다. 그는 SOLE에 대해 호들갑 떨지 않고 그저 지켜보다가 자기만의 결론을 내렸다.

TED상 수상을 계기로 케이티와의 논의는 새로운 국면을 맞았다. 2014년 2월 13일, 뉴턴 에이클리프에 그린필드 구름 속의 학교가 문을 열었다. 케이티는 TED상 상금을 지원받아 학교 리셉션 구역 맞은편 방에 구름 속의 학교를 만들었다.

양쪽 벽에는 커다란 유리문과 창문이 있고 뒷벽은 학교 바깥에 접해

그림 9.3 **뉴턴 에이클리프 구름 속의 학교**

있다. 바닥에는 인조잔디를 깔고 탁자와 컴퓨터 책상도 인조잔디로 덮었다. 방 전체가 마치 컴퓨터, 의자, 벤치가 있는 잔디밭이나 공원처럼 보인다. 벽에는 구름 모양의 플라스틱 조형물이 걸려 있고, 일부 모니터에는 작은 토끼 모형이 앉아 있다. 구름 조형물은 천장에도 매달려 있는데 여러 여기에는 질문이 적혀 있다. 이 멋진 방의 이름은 13호실이다.

13호실은 이용률이 높았다. 근처에 있는 여러 학교에서도 예약제로 이 방을 사용했다. 킬링워스에서처럼 여기서도 학생들을 평가하여 측정하지는 않고 3년 동안 이용 현황만 추적했다. 구름 속의 학교는 주목받기 시작했다. 케이티는 '포커스 스쿨'이라는 학교 네트워크에서 함께하자는 제안을 받았고, 영국 남부의 소도시 리밍턴 스파와 뉴질랜드, 호주에도 초청받았다.

다음은 2018년 8월 15일 케이티가 작성한 13호실에 관한 설명이다.

그린필드 아트센터 SOLE에 관하여

구름 속의 학교 13호실은 어떻게 사용되나요?

지금까지 SOLE에 참여한 학생 수는 1만 710명입니다. 이는 SOLE 세션 180회의 기록에 근거합니다. 그린필드 아트센터(Greenfield Arts: 그린필드 커뮤니티 칼리지 제휴기관)의 디렉터가 다른 장소 또는 온라인에서 진행한 세션이나 교사 연수 세션 횟수는 포함되지 않은 수로, 이에 해당하는 경우는 약 100회로 추정됩니다. 그중 일부는 대규모(약 150명)로 이루어졌으며 이를 포함하여 총 670명이 참여한 것으로 추정됩니다. 그 밖에 프로젝트에 협력해온 교사 약 600명과 학생 약 2,500명이 있습니다. 요컨대 SOLE 참여 인원은 총 1만 4,480명으로 추산됩니다.

  학생 대부분은 그린필드 커뮤니티 칼리지에 다니며 11~16세입니다. 지역의 여러 초등학교와도 협업했습니다. 국내외에서 많은 사람들이 방문하기도 합니다. SOLE 활성화를 위해 대학생들도 참여했습니다. 우리는 학교 밖에서 지역사회 SOLE 등을 운영했습니다. 우리는 교사 연수 프로그램을 개발하여 여러 차례 교사 연수를 운영했습니다. 교사 연수는 13호실뿐 아니라 다른 학교, 다른 지역의 관련 기관에서도 진행됐습니다.

SOLE 프로젝트가 끝난 뒤에는 어떻게 됐나요?

그린필드 아트센터 디렉터가 2016년 5월부터 2017년 9월까지 파견되어 영국 교사 600명, 호주와 뉴질랜드 교사 500명과 SOLE를 운영했습니다. 그린필드 커뮤니티 칼리지에서는 지역 초등학교들이 예약제로 13호실을 사용해 SOLE를 정기적으로 운영하고 있습니다. 대상은 초등학교 5학년과 6학년 아이들입니다. 그린필드 커뮤니티 칼리지도 지속적으로 SOLE를 탐구하고 있습니다. SOLE에서 알게 된 많은 것들이 교실로 옮겨져 교실에서 이루어지는 교수·학습 방식에 영향을 끼쳤습니다. 그린필드 커뮤니티 칼리지는 2017년 영국 교육표준청의 감사를 받았는데, Ofsted는 개선이 요구된다는 평가와 함께 학교의 역점 과제에 주목했습니다.

  저는 인도 노이다의 '구름 할머니'로도 활동하고 있습니다.

아쉬운 점이 있나요?

뉴캐슬 대학교와 협력했다면 우리가 얻은 정보를 더 잘 분석·이해하고 새로운 관심 영역을 더 깊이 탐구할 수 있었을 것입니다.

그린필드 커뮤니티 칼리지가 '개선'이 필요하다는 평가를 받은 이유가 궁금할 것이다. 다행히 SOLE와는 관련 없는 이유였다. 2017년 초, 운영 상태가 좋지 않은 인근의 한 초등학교가 그린필드에 통폐합되면서 프리슬리는 그 통합 학교의 교장이 됐다. 두 학교를 통합하고 전체적인 수준을 높인다는 것은 무척 힘든 일이었다. Ofsted가 감사한 시기는 그가 그 일을 막 시작했을 때였다. Ofsted가 요구한 '개선'은 당시에 이미 '진행 중'이었던 셈이다.

여러 언론 매체에서 뉴턴 에이클리프 구름 속의 학교를 취재했다. 그중 2016년 《가디언》 기사 「구름에 빠진 교수The Professor With His Head in the Cloud」는 내가 새로 시작하고 있던 실험을 다루었다. 그 실험은 12세 아동이 GCSE 문제를 풀 수 있는지 알아보기 위한 것이었다. 그 기사는 SOLE의 효과를 입증하는 증거의 부족을 지적하는 등 내 작업을 우호적으로만 다루지는 않았다. 그러나 나는 개의치 않았다.

나는 런던의 벨빌 초등학교에서 더 많은 실험을 했고, 그 학교의 훌륭한 교장 존 그로브John Grove는 벨빌 초등학교 웹사이트에 멋진 글을 올렸다. 그 글에서 그로브는 구체적인 데이터는 제시하지 않았지만 9년 뒤에나 치르게 될 GCSE 문제에 답한 아이들 이야기를 소개했다. 한편, SOLE를 활용한 수업을 실험하고 있던 교사 세라 레너드Sarah Leonard는 《가디언》 기사를 읽고 분개하여 구름 속의 학교 웹사이트에 강한 반론을 썼다. (《가디언》의 기사, 그로브와 레너드의 글은 http://resources.corwin.com/schoolinthecloud에서 읽을 수 있다. 링크 9.1~9.3).

링크 9.1~9.3
관련 기사와 글들

SOLE의 운영 방식 그리고 그것이 12세 아동이 GCSE 문제를 풀 수 있게 해주는 방식이라는 점은 13호실이 우리에게 알려준 많은 교훈 중 단 하나일 뿐이다. 지금까지의 여러 SOLE 실험이 《가디언》에는 불충분해 보였을지 모르지만 나에게는 충분한 깨달음을 주었다.

10

구름 속의 학교,
어떻게 세울까?

How to Build Your Own School in the Cloud

TED 프로젝트로 조성한 일곱 개의 구름 속의 학교에서 우리는 인터넷이 아동의 학습에 끼치는 영향에 관한 유용한 데이터와 믿기 힘들 만큼 놀라운 이야기들을 얻었다. 지금은 구름 속의 학교가 전 세계 곳곳에 더 많아졌다. 인터넷에서 검색하거나 구름 속의 학교 웹사이트(www.theschoolinthecloud.org)에 가면 구름 속의 학교가 어디에 있는지 찾아보고 그 학교들의 이야기를 읽을 수 있다. 그러다 보면 여러분이 직접 구름 속의 학교를 세우고 싶다는 생각이 들지도 모른다!

2013년 TED 무대에서 나는 시인했다. "저는 구름 속의 학교를 어떻게 만들어야 하는지 모릅니다. 만들어본 적이 없으니까요." 100만 달러가 주어지고 5년이 지난 지금, 이제는 구름 속의 학교를 어떻게 만들어야 하는지 말할 수 있다.

왜 구름 속의 학교를 만들어야 하는가

앞에서 본 사례들이 이 질문에 대한 답을 어느 정도 제공했기를 바란다. 나에게 구름 속의 학교는 불확실한 미래를 위한 일종의 보험이다. 여전히 만연해 있는 낡은 시험 제도에 대한 방어막이기도 하다. 더 실질적으로, 구름 속의 학교는 학교와 지역사회에 인터넷을 가져다준다. 우리 아이들이 매일 24시간 내내 인터넷과 함께 살아가게 될 것이라면 주류 교육에서도 당연히 인터넷을 도입해야 하지 않겠는가?

나는 물리학이나 문학처럼 인터넷도 필수 과목이 돼야 한다고 생각한다. 물론 가르치기 힘든 과목이 될 것이다. 너무 빨리 변화하므로 교과서를 쓰기도 힘들고 교사가 최신 기술을 따라잡기도 힘들 것이다. 따라서 학습 방법과 평가 방법이 근본적으로 달라야 할 것이다.

인터넷은 가르칠 사람이 없어도 배울 수는 있다. 어디서? 인터넷에서! 인터넷에 관한 시험에서 의미 있는 결과를 얻으려면 인터넷을 이용해 시험을 치르게 해야 한다. 그리고 오늘날의 아이들에게 가장 중요한 삶의 기술인 인터넷 활용이 학교 교과목이 된다면 구름 속의 학교와 같은 방식만이 아이들이 그 과목을 배우고 배운 내용을 평가받을 수 있는 유일한 방법이 될 것이다.

학교는 오늘날 인류가 직면한 가장 큰 문제를 다루는 곳, 따라서 우리가 이미 아는 것의 긴 목록이 아니라 아직 모르는 것을 다루는 곳이라야 할 것이다. 그렇다면 구름 속의 학교 같은 환경이 아이들에게 반드시 필요하고 가장 중요한 자원이 될 것이다.

인터넷은 우리에게 인류가 무엇을 알고 있으며 그 지식이 어디에 있

는지 알려주고, 그 지식이 필요할 때 단 몇 초 안에 가져다준다. 스마트
폰만 가지고 있으면 주머니 안에 전 세계의 모든 책을 넣고 다니는 것과
같다. 인터넷은 학습을 '만일을 위한just in case' 것에서 '필요에 의한just in time' 것으로 변화시키고 있다. 인터넷은 수십억 인구가 알고 있는 것 중
무엇을 공개하고 싶어 하는지 알고 있다. 인터넷은 우리가 알고 있기는
하지만 적어도 지금은 공개하고 싶어 하지 않는 것이 무엇인지도 알고
있다. 게다가 우리에 관해 우리가 공개하고 싶지 않을 수도 있는 것 또
는 알지 못하는 것에 대해서도 점점 더 많이 추측하고 있다. 인터넷은
마치 거대한 셜록 홈스 같다. 우리는 이것을 인공'지능'이라고 부르며 때
로 두려워하기까지 한다. 그러나 인터넷이 결국 인간들로 이루어진 네
트워크라는 점을 잊지 말아야 한다.

물론 교사는 여전히 필요하다. 아직 아무도 답을 모르는 질문에 대해
서는 인터넷 역시 아무것도 모르기 때문이다. 교사는 아직 아무도 답을
알지 못하는 큰 질문을 어떻게 해야 하는지 가르치는 사람으로, 앞으로
도 오랫동안 필요할 것이다.

동영상 10.1(Rothwell, 2018)에서 한 교사는 SOLE에서 교사
의 역할이 핵심적이라고 생각하는 이유를 말한다. 그는 학생
들이 큰 질문에 대한 답을 어떻게 찾아야 할지 알아내도록 돕
는 것이 교사의 역할이라고 말한다.

동영상 10.1
교사의 역할

시험을 볼 때 인터넷 사용을 허용하는 날이 올 것인가

나는 이것이 요원하고 불가능한 일 같아서 우울해하곤 했다. 그러다 약

3년 전에 인도에서 기사 한 편을 읽었다. 고등학교 시험장에 군대를 배치하여 아이들이 시험을 보러 들어가기 전에 스마트폰을 찾아 압수한다는 내용이었다. 2년 뒤에 비슷한 기사를 또 읽었다. 이번에는 스마트폰뿐 아니라 스마트워치, 초소형 무선 이어폰까지 찾아낸다고 했다. 나는 이상한 기쁨의 물결이 이는 것을 느꼈다. 한두 해만 지나면 시험장 입구에서 인터넷에 접속할 수 있는 도구를 가지고 있는지 확인하는 MRI 전신 스캐너를 통과해야 할 것이다. 아예 몸에 인터넷 기기를 이식해버린다면 어떻게 찾아낼까?

인터넷이 시험장에 들어가지 못하게 하기는 불가능하다. 시험장에 들어간 인터넷은 기존의 평가 시스템과 그에 맞추어왔던 교수법을 무너뜨릴 것이다. 인터넷이 종이로 된 백과사전이나 전화번호부, 지도 등 종이 기반의 많은 자원을 소멸한 것과 마찬가지다. 몇 세대에 걸쳐 가르치고 숭상해온 종이 기반 자원과 이를 활용하는 기술은 쓸모없어졌다. 오늘날의 세계에서 아이들에게 필요한 가장 중요한 기술은 기기를 사용해 인터넷을 검색하고 검색 결과를 이해하는 기술이다.

구름 속의 학교는 이러한 요구에 부응하는 해법이다. 따라서 여러분이 교육자이거나 부모, 지역사회 지도자 또는 의식 있는 시민이라면 구름 속의 학교를 어떻게 만들고 운영하는지 알 필요가 있다.

공간

우선 공간이 필요하다. 그 공간은 학교 안에 있어도 되고 놀이터나 공원, 동네 도서관 같은 커뮤니티 공간에 있어도 된다. 다만 안전하고 잘 보이는 장소에 있어야 한다. 아이들 24명 정도가 한꺼번에 들어갈 수 있을 만한 넓이라야 한다. 40명을 수용했던 고차란에서 어떤 참사가 벌어졌는지 기억하라. 24명의 아이들을 수용할 수 있는 최소 면적은 약 25m²다. 공간의 형태는 아무래도 좋다. 나중에 다시 설명하겠지만, 놀이터에 작은 육각형 모양의 교실을 만든 적도 있다. 충분한 넓이를 확보할 수 있다면 킬링워스나 뉴턴 에이클리프의 교실 형태가 이상적이다. 그 두 곳의 교실 면적은 약 35m²다. 아동 한 명당 권장 면적은 약 1.5m²다. 솔직히 말하자면, 이 사실은 코라카티에서 거의 우연히 깨달았다.

구름 속의 학교 벽면에는 천장부터 바닥까지 이어지는 큰 유리창을 설치해 안에서 어떤 활동이 이루어지는지 밖에서도 환히 볼 수 있게 해야 한다. 소리의 울림에 주의하라. 흡음재를 사용하면 저렴한 비용으로도 울림을 만드는 '정상파standing wave'를 없애 울림을 줄일 수 있다.

유리가 아닌 벽면도 하나는 있어야 한다. 그 벽은 스카이프 또는 화상 회의나 프로젝션을 위한 대형 스크린이 된다. 여기에 아이들이 무엇을 쓰거나 종이 등을 붙여놓을 수도 있다.

자연광과 신선한 공기가 되도록 많이 들어와야 한다. 그러나 햇빛이 화면에 직접 비치면 글씨를 읽기 힘들 수 있으므로 커튼을 치지 않고 직사광선을 줄이는 방법을 찾아야 한다. 구름 속의 학교 안에서 일어나는 일을 외부에서 볼 수 있어야 하며, 아이들도 그 사실을 알고 있어야 한다.

바닥재로는 마루나 연성 타일, 카펫 또는 뉴턴 에이클리프에서 케이티가 선택했던 인조잔디를 사용할 수 있다. 아이들이 넘어질 수도 있고 컴퓨터가 떨어질 수도 있는데, 둘 다 다치면 안 되니까.

가구

한쪽 벽면을 지워지는 펜으로 글씨를 쓸 수 있는 소재로 마감하여 칠판처럼 사용할 수 있다. 컴퓨터와 썩 잘 어울리지는 않겠지만 고전적인 칠판에 가루가 날리지 않는 분필을 써도 된다.

24명 정원으로 설계한다면 컴퓨터 여섯 대를 둘 자리가 필요하다. 모서리가 둥근 탁자를 사용해야 하며, 아이들이 서로 모니터를 보려고 탁자를 세게 누를 수 있다는 점을 감안해야 한다. 우리는 곳에 따라 반원형 탁자를 사용하기도 하고, 킬링워스에서처럼 전선이 내려오는 기둥이 가운데에 있는 원형 탁자를 사용하기도 했다. 그룹을 형성하기에도 원형 탁자가 훨씬 유리하다. 탁자 표면은 물로 닦을 수 있어야 하며 화이트보드처럼 글씨를 쓸 수 있으면 더 좋다. 탁자 다리가 아이들의 다리를 다치게 하거나 걸리적거리지 않게 하라.

좌석은 일반 의자나 폼블록 등 무엇이든 괜찮다. 단, 아이들이 쉽게 옮길 수 있도록 가벼워야 한다. 이 점은 중요하다. 아이들 스스로 그룹을 만들고, 그룹 안에서 어디에 앉을지 스스로 정할 수 있어야 하기 때문이다. 가벼운 스툴도 좋다. 고차란에서는 다리 세 개짜리 스툴을 사용했는데, 문제는 다리가 쉽게 부러져 아이들을 다치게 할 수 있다는 점이었다.

SOLE나 구름 할머니 세션이 진행되는 동안 교사 또는 감독관이 사용할 작은 책상과 의자도 필요하다. 이 책상에는 잠글 수 있는 서랍이 있으면 좋다. 각종 자료와 종이, 매뉴얼, 예비 부품 등을 보관해둘 수납장도 필요하다. 낮은 공간박스를 의자 겸 수납장으로 사용할 수 있다.

컴퓨터 장비

독자가 이 책을 읽을 때는 이미 낡은 정보가 될 수 있으므로 쉽지 않은 주제다.

테이블마다 적어도 19인치 이상의 큰 모니터가 있어야 한다. 킬링위스에서 에이미는 29인치 모니터를 사용했다. 훌륭하지만 비싸다. 구름 속의 학교가 제대로 기능하려면 알맞은 모니터를 갖추는 것이 매우 중요하다.

인도에서 첫 번째 구름 속의 학교를 만들 때 아시스와 라나비르는 현지에서 조립한 제품을 구입하여 바닥에 세워놓는 본체에 모니터, 키보드, 마우스를 연결했다. 찬드라코나에서 보았듯이, 이런 형태의 본체는 부품을 도난당하기 쉽다. 코라카티에서는 도마뱀과 뱀이 본체 내부에 들어가 합선을 일으켰다. 지금은 모니터 후면에 부착된 하나의 하우징 안에 모든 것이 들어 있는 일체형 모델을 사용한다. 무선 키보드와 마우스는 사용할 수 있지만 권장하지는 않는다. 건전지를 자주 교체해야 하고 누가 마우스를 주머니에 넣어 집에 가져갈 수도 있기 때문이다. 아이들이 서로 자기가 하겠다고 다투다가 탁자 아래로 떨어뜨리기도 쉽다. 연결선이 충분히 긴 유선 기기를 사용하면 떨어뜨리더라도 바닥에 닿지 않고 대롱대롱 매달릴 것이다.

모든 컴퓨터는 무선 인터넷에 연결돼 있어야 한다. 유선 키보드와 마우스를 추천한 이유는 그 케이블이 탁자 위에 있기 때문이다. 인터넷이 유선이라면 긴 이더넷 케이블이 바닥이나 천장을 가로지를 것이다. 쥐 ─ 마우스 말고 진짜 쥐! ─ 는 케이블을 좋아한다. 따라서 벽에 무선 라우터를 달아놓는 것이 가장 안전한 방법이다.

화상 수업(우리는 현재 스카이프를 사용하고 있다)을 위한 대형 벽걸이 TV도 필요하다. TV 위에는 웹카메라가 달려 있어야 한다. 아이들이 쓰는 컴퓨터에서 연결해도 되지만 스카이프 전용으로 소형 노트북 컴퓨터 한 대를 두면 더 편리하다는 사실을 깨달았다. 감독관은 이 노트북으로 수업 현황을 기록하거나 이메일을 사용할 수 있다. 화상 수업을 할 때 상대방이 실물 크기로 보일 수 있는 위치에 TV를 설치하라. 실재감을 구축하는 데 아주 중요한 요인이다. 작은 화면의 우표만 한 얼굴을 보고 이야기하면 진짜처럼 느껴지지 않는다. 반대로, 킹콩처럼 거대한 사람이 아이들을 내려다보게 하는 것도 바람직하지 않다.

전기, 인터넷, 냉난방

구름 속의 학교가 기존 학교 안에 있다면 전기·인터넷·냉난방기기가 이미 갖추어졌겠지만 그렇지 않다면 다음 사항을 고려하라.

태양광 발전은 해마다 점점 저렴해지고 안정성도 높아지고 있다. 아시스는 2014년 코라카티에 태양광 패널을 설치했는데, 이것은 이 책을 쓰고 있는 2018년에도 잘 가동하고 있다. 코라카티의 배터리는 덩치가 크고 몇 달에 한 번 물을 보충해주어야 한다. 2018년 기준으로 보면 매우 원시적이지만 유지·관리가 불필요한 '무보수' 배터리는 훨씬 비싸다. 문제는 태양광 설비가 최소 15년은 돼야 비용을 회수할 수 있는 만큼 초기 투자비용이 높다는 점이다.

나는 가능한 모든 방법으로 인터넷 연결을 시도했다. 코라카티 같은 오지에서는 인공위성에서 직접 정보를 수신하는 VSAT 위성 안테나를 1년 넘게 사용했다. 그것은 믿을 수 없을 만큼 비싸고 몹시 느리다. 가장 좋은 방법은 이동통신회사 같은 서비스 제공업체를 통하는 것이다. 업체에서 제공하는 무선 수신기를 이용하고 데이터를 무제한으로 사용할 수 있는 월정액제에 가입하는 것이 현명하다. 대부분의 나라에서 이 방법은 아직 비싸지만 인도는 그중 가장 싼 편에 속한다. 2018년 기준으로 월 1,000루피(약 15달러) 정도면 컴퓨터 여섯 대에서 무제한으로 데이터를 사용할 수 있다. 아이들은 정보를 찾을 때 구글 같은 검색엔진만큼 또는 그 이상으로 유튜브를 자주 사용하는데, 그러면 데이터가 대량으로 소비된다.

아주 더운 기후에서는 – 그런 지역에 사는 아이들은 대개 뜨거운 날씨에 적응해 있지만 – 전력량만 된다면 에어컨을 가동하는 것이 좋다. 단, 냉방병에 걸리지 않게 주의해야 한다. 지나친 냉방만큼 유해하지는 않지만 추운 지방에서 난방을 가동할 때도 마찬가지로 주의하라. 가장 중요한 것은 시설 안에 충분한 산소와 신선한 공기가 들어가게 해야 한다는 것이다.

구름 속의 학교가 지역사회, 즉 학교 밖에 있다면 관리자나 코디네이터가 필요하다. 앞에서 언급했듯이 부모들은 나이 많은 여성 감독관을 선호한다. 가능하다면 남성 한 명, 여성 한 명이 있는 것이 가장 좋다. 관리자의 업무는 아이들의 건강과 안전을 살피는 일이다. 가르칠 필요는 없다.

지역사회형 구름 속의 학교에서는 일정을 조정하기가 어렵다. 일종의 예약 시스템을 개발해야 할 수도 있다. 물론 가용한 공간이 있는 시간대에 새로운 아이가 왔다면 예약을 하지 않았어도 들여보내야 한다. 부모는 구름 속의 학교에 들어오지 않게 하는 것이 좋다. 바깥에서 유리창을 통해 지켜볼 것을 권유하라.

학교 환경에서는 예약제가 반드시 필요하다. 교사가 미리 시설을 예약할 수 있게 하되, 특정 시간대에 예약이 없다면 사용할 수 있게 해야 한다.

다스가라 모델

서벵골주의 사원 도시 타라케스와르에서 북쪽으로 12km쯤 가면 다스가라는 마을이 나온다. 18세기 초에 구피나트(크리슈나) 사원이 세워지면서 형성된 마을이다('구피나트' 글상자 참조). 테라코타 타일로 외벽을 장식한 이 사원은 가장 훌륭한 테라코타 사원 건축물 중 하나로 꼽힌다. 내 어머니의 조상 중 한 명이 이 사원을 지었다. 그와 함께 웅장한 맨션과 호수도 만들었다. 비스와스 일가는 몇 세기 동안 이 지역을 다스리고 지역 최초의 학교들도 세웠다. 그중에는 지금까지 운영되는 초등학교도 있다. 내 외삼촌 중 한 명인 지반죠티 비스와스는 나에게 왜 전 세계에 구름 속의 학교를 지으면서 이곳 구피나트 마을에는 짓지 않느냐고 물었다.

그래서 다스가라의 초등학교에 구름 속의 학교를 짓게 됐다. 나는 여기에 TED 프로젝트를 통해 얻은 모든 교훈을 반영했다. 이곳이 지금까지 내가 지은 마지막 구름 속의 학교다.

다스가라 구름 속의 학교는 운동장 한편에 육각형 건물로 지어졌으며 다섯 면은 유리, 한 면은 벽돌이다. 지붕은 뿔 모양으로 하되 낮게 만

구피나트

크리슈나는 힌두교에서 사랑과 연민을 상징하는 신의 이름이자 검은색이나 아주 짙은 파란색을 가리키는 색깔 이름이다. 이 이름은 기원전 1세기의 산스크리트어 문헌에 처음 등장하며, 기원전 2500년 이전부터 구전돼왔다. 젊은 시절의 크리슈나는 목동 라다를 향한 사랑으로 유명하다. 성인이 된 크리슈나는 세상에서 가장 긴 책이라고 주장되기도 하는 서사시 「마하바라타」에 전사 아르준의 마부로 등장한다. 아르준과 그의 형제들은 크리슈나의 지략과 정치적 통찰력 덕분에 전쟁에서 승리했으며, 크리슈나는 그 대가로 인도 극동 지방에 있는 드와르카의 왕이 됐다.

산스크리트어로 '고피gopi'는 '목동'을 뜻한다. 청년 크리슈나는 신 같은 외모에 전설적인 피리 연주자이기도 했다. 그는 자연스럽게 그를 숭앙하는 여성 목동들에게 둘러싸였고, 그래서 생긴 고피나트(Gopinath: 목동들의 주님)라는 별명은 인도 북부 전역에서 그를 부르는 이름이 됐다.

인도 동부의 서벵골주 다스가라에 있는 어느 테라코타 사원에는 피리를 부는 크리슈나와 라다의 조각상이 있다. 내가 알기로 이 조각상은 18세기 초에 만들어진 것이다.

다스가라의 사원과 마을을 소유하고 있던 비스와스 가문은 그들의 신을 구피나트라고 불렀으며, 이 이름은 후대에까지 이어졌다. 이 지역에서는 누구나 다스가라의 구피나트를 안다. 다스가라 모델이 만들어진 학교 이름도 '구피나트'다.

들어 감지할 만한 공명이 생기지 않게 했다. 바닥은 물청소가 가능하며, 모든 가구는 현지에서 만든 것으로 구비했다. 건물의 면적은 5m×5m다. 건물 중앙에는 지붕을 지지하기 위한 원형 기둥이 있다. 컴퓨터 세 대는 이 기둥을 둘러싸고 있으며 다른 세 대는 측면 벽 옆에 있다. 벽돌로 된 벽면에는 스카이프를 위한 대형 TV와 와이파이 수신기를 설치했다. 기초공사부터 건축, 컴퓨터, 가구, 인터넷까지 다스가라 구름 속의 학교를 짓는 데 2017년 당시 기준으로 총 5,000파운드(약 50만 인도 루피,

그림 10.1 **다스가라 구름 속의 학교**

미화 약 7,500달러)가 들었다.

　다스가라 구름 속의 학교는 조금 빠듯하기는 해도 한 번에 24명까지 수용할 수 있다. 내 생각에는 이곳이 제한된 재원으로 세울 수 있는 최적의 구름 속의 학교다. 이것이 '다스가라 모델'이다.

이용

교사는 구름 속의 학교가 무엇이며 여기서 무엇을 해야 하는지를 잘 알아야 한다. 세 시간짜리 오리엔테이션 프로그램이 도움이 될 것이다. 우

SOLE 세션 진행 방법

① 아이들에게 앉고 싶은 자리에 마음대로 앉으라고 한다. SOLE를 처음 해보는 아이들이라면 어리둥절해할 것이다.

② 아이들에게 이렇게 말한다.

"이제부터 새로운 방법으로 배워볼 거예요. 이 방법이 효과가 있는지 한번 해봐요." 아이들은 대개 '이 방법이 효과가 있는지 보자'는 말을 좋아한다. 이 새로운 방법이 이미 정해진 것이 아니라는 점을 느낄 수 있기 때문이다. SOLE 세션에 익숙한 아이들에게는 많은 설명이나 독려가 필요하지 않다. 제대로만 진행한다면 거의 모든 아이들이 SOLE 시간을 좋아한다.

③ 아이들이 자리를 잡으면 질문을 준비한다. 이것은 세션을 통틀어 가장 중요한 부분으로, 그 뒤의 시간이 얼마나 잘 진행될지를 결정할 때가 많다. 질문을 어떻게 만들지는 이 책에서 소개한 사례들을 참고하라.

선 모든 교사가 함께 자기조직적 학습환경, 즉 SOLE에 관한 동영상을 보게 하라. 인터넷에서 내가 만든 여러 자료를 찾을 수 있다. 한 시간짜리 긴 동영상은 사용하지 않기를 바란다. 그렇게 오래 보고 있기는 누구나 힘들다.

내가 만든 영상 외에도 스타트SOLE(https://startsole.org)의 SOLE 소개 동영상 등 훌륭한 자료를 인터넷에서 찾을 수 있다. TED 웹사이트 (http://media.ted.com/storage/prize/SOLEToolkit.pdf)에서 SOLE 툴킷을 다운로드 받을 수도 있다. 조금 오래된 자료지만 핵심 내용은 대부분 들어 있다.

동영상을 본 후에는 토론과 질의 시간을 마련하라. 당장 답을 할 수 없더라도 질문을 기록해두면 교사들이 스스로 답을 찾아나갈 수 있을 것이다.

다음 순서는 SOLE을 시연하는 것이다. 내 경험에 따르면 10세 아동 24명을 데리고 진행하는 것이 가장 쉽다. 시연이 진행되는 동안 교사들은 아이들에게 말을 걸지 말고 멀찍이서 지켜보게 하라.

시연 후에는 토론 시간을 마련한다. 교사들에게서 여러 질문과 의견·제안이 나올 것이다. 그들에게 SOLE를 직접 시험해볼 것을 권하라.

동영상 10.2
큰 질문

다음의 사례들은 내가 SOLE 세션을 진행하는 방법이다. 큰 질문을 만드는 방법을 좀 더 알아보려면 큰 질문을 만들기 위해 내가 어떤 단계를 거치는지 설명한 동영상 10.2(Roth well, 2018)를 보라.

사례 ❶ "나무는 생각할 수 있을까"—2011년 홍콩

나는 2010년에 옥스퍼드에서 열린 TED 글로벌 행사 때 스테파노 만쿠소Stefano Mancuso를 처음 알게 됐다. 그의 강연은 내 세계관을 단번에 완전히 바꾸어놓은 드문 경험 중 하나였다. 강연 주제는 나무였다. 그는 자신이 수행한 실험을 이야기했다. 그는 숲에서 나무 한 그루를 베었다. 그러자 그 나무는 감염을 막기 위해 항생 물질을 만들기 시작했다. 이것도 놀라운 자연의 섭리였지만 만쿠소가 그다음에 한 이야기는 객석을 완전히 조용하게 만들었다. 그 숲의 다른 나무들도 항생 물질을 생산하기 시작한 것이다. 상처 입은 나무는 뿌리와 균류의 네트워크를 통해 다른 나무들에게 경고를 보냈다. 만쿠소는 이를 '흙 속의 인터넷'이라고 일컫는다(Mancuso, 2010). 만쿠소의 강연 「식물 지능의 뿌리」는 동영상 10.3에서 볼 수 있다.

동영상 10.3
식물 지능의 뿌리

2011년, 나는 홍콩의 몇몇 국제학교에서 초청을 받았다. 그중 한 학교에서 아이들에게 나무가 생각할 수 있는지 물어보기로 했다. SOLE 세션이 열린 곳은 학교 도서관이었다. 컴퓨터가 놓인 탁자 몇 개가 흩어져 있었고 아이들은 기대에 찬 얼굴을 하고 있었다.

"여러분, 나무 좋아해요?"

아이들이 힘차게 고개를 끄덕였다.

"나도 나무를 좋아해요. 좋은 냄새가 나거든요. 그런데 얼마 전 나무에 정말 이상한 점이 있다는 얘기를 들었어요."

아이들이 나를 쳐다보았다.

"이탈리아의 어느 과학자가 말하기를, 나무도 생각을 할 수 있다는 거예요."

아이들이 웅성거렸다.

"나는 잘 모르겠어요. 나무에 관해 별로 아는 게 없거든요. 나무가 정말 생각할 수 있는지 같이 알아볼까요?"

나는 조금 머뭇거리며 물었다.

"네!"

아이들은 우렁차게 대답했다.

"그럼 이렇게 해볼까요? 인터넷으로 찾아보고 여러분끼리 의논해보세요. 그러고 나서 40분 뒤에 각자의 생각을 함께 이야기해보는 거예요. 어때요?"

아이들은 서로를 보며 다 함께 고개를 끄덕였다. 아이들은 큰 소리로 대답하는 데 익숙하지 않은 듯했다.

"자유롭게 몇 명씩 모여서 찾아보고, 언제든 원할 때 다른 그룹으로 옮겨도 됩니다. 돌아다니면서 다른 그룹이 하는 걸 봐도 되고요."

아이들은 조금 놀란 것 같았다.

"아, 한 가지 더……. 40분 동안은 나한테 말을 걸면 안 돼요. 나도 여러분에게 말할 수 없으니까 아무것도 물어보지 마세요."

아이들이 웃었다.

"내가 여러분에게 말할 수 없으니까, 여러분 중에서 나를 도와줄 도우미 한 명이 필요해요. 문제가 생기면 도우미에게 말하세요. 그러면 도우미가 나에게 전달할 거예요. 내가 도우미에게 말하면 도우미가 여러분에게 전달할 거고요."

소란스러워졌다. 몇 분 동안 시끄럽다가 아이들이 그 역할을 제일 잘할 것 같은 아이를 도우미로 뽑았다며 알려주었다.

SOLE가 시작됐다. 10분쯤 지나자 아이들은 SOLE에 완전히 몰입했다. 그러자 벽에 난 구멍 실험 때 여러 번 들었던 예의 그 웅웅거리는 소리가 들렸다. 아이들은 컴퓨터 사이를 빠르게 오가며 격렬한 토론을 벌였다. 도우미를 맡은 아이는 컴퓨터상의 문제를 해결하고 말다툼을 말리느라 바빴다.

"화장실에 가도 돼요?"

한 아이가 나를 보며 물었다.

"30초 안에 다녀와."

도우미가 끼어들어 손목시계를 보며 말했다.

40분이 거의 다 됐을 무렵 남자아이 두 명이 도우미를 제압하고 신발을 빼앗았다는 것을 언급하지 않을 수 없다. 나는 생각했다.

'내가 아니어서 다행이군.'

참관하던 교사들은 끼어들고 싶어 안달이었지만 내가 손짓으로 말렸다.

40분이 지났다.

"시간이 다 됐어요. 이제 여러분이 알게 된 것을 말해주세요."

아이들의 의견은 나무는 생각할 수 없다는 것이었다.

"화학물질을 주고받는 것은 똑똑한 일이지만 생각하거나 대화하는 것과는 달라요."

실제로 당시 학계의 전반적인 견해가 바로 그것이었는데, 열두 살짜리 아이들이 40분 만에 그 점을 파악했다.

나중에 교사들은 아이들이 어떻게 학술지에 실린 연구 논문을 이해할 수 있었는지 나에게 물었다. 확실히 그 아이들의 독해 능력으로는 학술 논문을 이해할 수 없다. 그러나 지금쯤이면 독자들은 무슨 일이 일어난 것인지 눈치챘으리라.

사례 ❷ "나무는 생각할 수 있을까"−2018년 브리스틀

2018년 7월, 나는 7년 전에 홍콩에서 했던 질문을 브리스틀의 한 초등학교에서 11세 아동 20명에게 다시 했다.

영국에는 길고 무더운 여름이 이어지고 있었다. 그 학교에는 SOLE를 위해 특별히 마련된 교실이 있었다. 정말 기뻤다.

"저는 북부 게이츠헤드에서 왔어요. 그곳은 너무 더워서 땅이 마르고 나무는 빛을 잃고 시들시들해졌답니다."

내 소개를 하자 아이들이 안타까운 듯이 고개를 끄덕였다.

"그런데 한 가지 알게 된 것이 있어요. 큰 나무에서 떨어진 씨앗이 싹을 틔운 어린 나무들은 부모보다 더 푸르고 싱싱해 보이더군요.”

아이들이 나를 쳐다보았다. 나무의 부모라는 말을 처음 들어본 것 같았다.

“하지만 땅에 있는 물은 어디나 비슷할 텐데 어린 나무들이 어떻게 더 많은 물을 먹을 수 있을까요?”

침묵이 흘렀다.

“나이 든 나무가 자기 몫의 물을 쓰지 않고 어린 나무에게 보내주는 일이 가능할까요?”

나지막한 목소리로 묻자 아이들이 웅성댔다.

“나무가 생각을 하거나 서로 대화를 나누거나 무슨 일을 해야겠다고 결심할 수 있을까요?”

또다시 침묵.

“나는 정말 답을 모르겠어요. 같이 알아볼까요?”

아이들이 힘차게 고개를 끄덕였다.

나는 아이들에게 그룹을 만들고 토론하고 돌아다니는 데 아무런 제한이 없다는, 말하자면 규칙 아닌 규칙을 설명했다. 나에게 말을 걸 수 없다는 점도 주지시켰다. 이 아이들은 전에 SOLE를 해본 적이 있어서 벌써 잘 알고 있었다.

“도우미가 한 명 필요한데, 누가 할래요?”

여러 명이 손을 들었다.

“잠깐만! 내가 아닌 다른 친구 중에 누가 도우미를 하면 가장 잘할지 말해주세요.”

소란에서 논쟁으로 바뀌더니 건강한 민주주의가 나타났다. 자그마한 여자아이가 도우미로 뽑혔다. 나중에 교사들에게 들은 얘기로는 그 소녀는 선생님의 말을 잘 이해하지 못한 친구들에게 늘 대신 설명해주는 아이였다. 그리고 설명도 아주 잘했다. 우리는 미래의 위대한 지도자를 보고 있었는지도 모른다.

SOLE가 시작됐다. 그날 브리스틀에서 아이들은 식물 뿌리의 섬유조직 말단에 있는 세포가 마치 뉴런처럼 행동하고 생김새도 비슷하다는 점을 알아냈다. 식물의 뿌리는 일종의 신경망, 즉 뇌와 비슷하다. 이 식물의 뇌는 눈에 보이지 않을 만큼 작고 가는 균류를 통해 화학적으로 서로 소통한다. 나무들이 의사소통을 하는 것이다. 나무는 인간보다 더 오랫동안 진화해왔다. 부모 나무는 물과 영양분을 자식 나무에게 준다. 때로는 자신을 희생하면서까지 그렇게 한다.

홍콩에서 같은 질문을 한 지 7년이 지났는데, 아이들은 학자들이 그 7년 동안 연구한 내용을 요약하고 있었다. 옥스퍼드에서 TED 강연을 통해 나에게 깊은 감동을 주었던 스테파노 만쿠소가 이 아이들의 발표를 들었다면 뿌듯해했을 것이다. SOLE는 '공식적인' 교육과정보다 먼저 최신 연구 결과를 아이들에게 알려줄 수 있다.

남자아이 하나가 교실 창문으로 운동장 뒤편의 숲을 돌아보며 이렇게 속삭였다.

"저 나무들은 생각할 수 있어요."

사례 ❸ "일본의 재건"

싱가포르의 한 국제학교에서 교사들을 대상으로 SOLE에 관한 강연을 마치고 SOLE를 통해 어떤 흥미로운 실험이 가능할지 이야기를 나누고 있을 때였다. 그 무렵 나는 영국에서 에마와 함께 여덟 살짜리가 GCSE A레벨 문제를 풀 수 있는지 실험하고 있었다. 싱가포르의 교사들이 관심을 보였다. 그중 한 명이 SOLE에서 졸업반(약 17세) 아이들과 함께 제2차 세계대전 후 미국의 일본 재건을 다루고 있다고 했다. 우리는 이 질문을 열두 살짜리에게 해보기로 했다. 일곱 살짜리 아이들에게도 같은 질문을 해보자고 했던 것을 보면 당시에 내가 무척 고무돼 있었던 듯하다. 교사들은 조금 놀란 것 같았고, 고백하자면 나도 내 입에서 튀어나온 말을 듣고 놀랐다.

우리는 두 그룹을 만들었다. 하나는 14세 24명, 다른 하나는 7세 16명이었다. 두 그룹은 각각 다른 교실에 배치됐다. 나는 먼저 7세 아이들이 있는 교실로 갔다.

"오래전에 아주 큰 전쟁이 일어나서 전 세계 사람들이 싸웠답니다."

아이들은 열심히 들었다.

"미국 사람들이 원자폭탄이라는 거대한 무기를 발명해서 일본에 떨어뜨렸어요. 그 폭탄 때문에 전쟁은 끝났지만 모든 것이 망가져서 다 고쳐야 했죠."

아이들은 심각한 표정으로 열심히 고개를 끄덕거렸다. 마치 자기가 망가뜨린 물건을 늘 잘 고쳐냈다는 듯이.

"그러면 제2차 세계대전 후에 미국인들이 일본을 어떻게 다시 세웠는지 알아볼까요?"

"네!"

"그 사람들이 뭘 했는지 잘 모르겠는데, 여러분이 인터넷으로 찾아줄래요?"

SOLE에 관한 일반적인 설명을 들은 뒤 아이들은 탐구를 시작했다. 나는 그 교실을 나와 14세 아이들이 있는 교실로 갔다.

"제2차 세계대전에 관해 알고 있죠?"

아이들이 그렇다고 대답했다.

"제2차 세계대전이 어떻게 끝났나요?"

"독일이 졌어요."

"전쟁을 하는 동안 일본에 무슨 일이 일어났는지도 아세요?"

아이들은 진주만 공습과 히로시마 원폭 투하를 알고 있었지만 그 사이에 무슨 일이 일어났는지는 잘 몰랐다. 몇몇은 센토사섬에 있는 전쟁 박물관에 가본 적이 있지만 기억나는 게 거의 없다고 했다.

"여기 제2차 세계대전 뒤 일본의 재건에 관해 한 단락을 쓰라는 문제가 있어요. A레벨 학력평가 시험문제입니다. 즉 17세를 위한 문제라는 거죠. 그렇지만 여러분이 같이 토론하고 인터넷으로 찾아보면 답을 쓸 수 있지 않을까요?"

아이들은 의심스러운 표정으로 나를 보았지만 주저 없이 대답했다.

"네!"

진행 방법을 설명하고 도우미를 뽑은 뒤 SOLE를 시작했다.

30분 후 14세 아이들은 맥아더 장군의 일본 재건 정책, 그가 만든 법, 최종적인 주권 반환과 군정 종식에 관해 정확하게 설명했다. 교사는 A레벨 시험에서 높은 등급을 받을 수 있는 좋은 답안이라며 무척 기뻐했다.

"훌륭합니다! 열일곱 살 학생들이 치른 시험문제였는데, 정말 대단한 일을 해냈네요."

나는 아이들에게 말했다.

"그 열일곱 살 학생들이 정말 멍청했나 봐요."

한 여자아이의 말에 모두 깔깔 웃었다.

7세 아이들은 벌써 탐구를 끝내고 밖에 나가 놀고 있었다. 나는 아이들을 다시 불러모았다.

"일본의 재건에 관해 뭘 알아냈어요?"

안경을 내려 쓰고 매우 진지한 목소리로 묻자 아이들이 웃었다.

"미국이 이기고 일본이 졌어요. 그래서 미국 사람들이 일본 사람들한테 그 사람들[일본인]이 얼마나 나빴는지 말했어요. 그리고 일본 사람들한테 망가진 것들을 다 고치려면 어떻게 해야 하는지 이야기해주었어요. 다 고친 다음에 일본 사람들은 미국 사람들한테 이제 일본 사람들이 얼마나 훌륭해졌는지 이야기했어요."

한 아이가 말했다.

"음······."

나는 당황했다. 일곱 살짜리의 답이라기에는 놀랄 만큼 정확해 보였다. 모두들 박수를 쳤다.

사례 ❹ "호주의 지형과 기후 조건은 우리가 사는 방식에 어떻게 영향을 끼칠까"

에마는 게이츠헤드의 세인트에이든 학교에서 4·5학년(9~10세) 아이들과 SOLE를 진행한 적이 있다. 그는 조금 흥미가 떨어지는 지리 문제를 다루기 위해 약간의 기교를 사용했다. 멜버른에 사는 우리의 친구 브렛 밀럿에게 질문을 영상으로 찍어달라고 부탁한 것이다. 에마는 브렛이 보내온 동영상을 아이들에게 보여주었다. 아이들은 호주 억양으로 말하는 브렛의 말을 전혀 알아듣지 못했다. 그러나 이 상황을 예상한 브렛은 뒤에 있는 칠판에 질문을 써놓았다.

"호주의 지형과 기후 조건은 우리가 사는 방식에 어떻게 영향을 끼칠까?"

"이 질문을 잘 읽어보세요."

에마는 천천히 질문을 다시 읽어주었다.

그러고는 SOLE를 정석대로 진행했다. 한동안 아이들은 이 질문에서 말하는 기후가 어떤 것인지 전혀 알 수 없었다. 아이들 대부분은 지구 반대편은커녕 타인강을 건너가본 적도 없었다. 이 질문은 4학년과 5학년 두 그룹에서 동시에 다루어졌다.

아이들은 호주 중앙에 있는 사막 때문에 사람들이 대륙 가장자리에 살게 됐다고 발표했다. 또한 쿠버 페디라는 호주 중부 도시에서는 극도로 높은 기온 때문에 사람들이 지하에 산다는 사실도 알아냈다. 아이들은 확실하게 이해했음을 보여주었다. 동영상 10.4에서 이 SOLE를 직접 볼 수 있다.

동영상 10.4
호주의 기후

이 영상에서 아이들이 '도우미'를 경찰관이라고 부르는 것을 볼 수 있을 것이다. 영국에서 경찰관은 친절하고 든든하지만 절대 거역해서는 안 되는 사람으로 각인돼 있으므로 이 방법이 효과적이다.

호주에서는 그렇지 않다. 브렛과 폴은 SOLE에서 경찰관 역할을 없앴다. 학생 한두 명에게 경찰관 역할을 부여하는 것은 자기조직화의 철학에 위배되며 전통적인 교실 권력을 교사에게서 학생으로 옮겨놓는 데 불과하다는 것이 그 이유였다. 그래서 나는 경찰관이라는 명칭을 '도우미'로 바꾸었다.

큰 질문을 만들고 제시하는 방법

이러한 사례를 통해 질문이 어떻게 만들어지고 제시되는지 감을 잡았을 것이다. 사실 질문을 만드는 특별한 기법은 없다. 스타트SOLE에 있는 질문 목록을 참고해도 된다.

그러나 결국 질문은 자신에게서 나와야 하고 자신의 언어로 질문해야 한다. '좋은' 질문을 만드는 방법 중 하나는 해당 주제에 관해 자신에게 일련의 질문을 해보는 것이다. 예를 들어 주제가 '로마제국'이라면 다음과 같이 생각을 전개할 수 있을 것이다.

1. 아이들이 왜 로마제국에 관해 알아야 할까? 인류 역사에서 중요하기 때문이야.
2. 그러면 아이들이 왜 인류 역사를 알아야 하지? 인류의 역사는 오늘날의 우리 모습에 관해 많은 것을 설명해주니까.
3. 아이들이 왜 현재의 우리 모습을 알아야 할까? 아이들이 인간으로 산다는 게 무슨 뜻인지 알아야 하기 때문이야.
4. 인간으로 산다는 게 무슨 뜻인지는 왜 알아야 하지? 자신의 현실을 알아야 하니까.
5. 왜 현실을 알아야 하지? 음······.

나는 다섯 살짜리 아이에게 들은 이 질문을 가장 좋아한다.
"우리는 진짜real 인가요?"
다시 로마제국을 생각해보자. 로마의 콜로세움 사진을 보여주면서 이렇게 질문할 수 있을 것이다.

"이 건축물이 무엇일까요? 왜 부서졌을까요?"

어쩌면 이 질문은 아이들이 현실을 이해하게 해줄 것이다.

질문이 마련되면 SOLE를 시작할 수 있다. 한발 물러나 지켜보자. 지금은 아이들의 시간이다. 조력이 필요할 때는 도우미를 활용하면 된다. 도우미는 의견 충돌을 해소하는 것부터 외따로 떨어져 있는 아이를 그룹에 합류시키거나 아이들이 적극적으로 참여하게 독려하는 일 등 세션 중에 발생할 만한 어떤 일에서든 도움을 줄 수 있다.

세션 진행 시간은 달성하고자 하는 것이 무엇인지에 따라 달라질 수 있다. 8세 미만의 어린아이들이라면 탐구 시간을 30분 이하로 정하는 것이 현명하다. 그렇지 않더라도 대개의 경우 45분을 넘기지 말아야 한다. 아이들이 들썩거리거나 지나치게 조용해지거나 잡담을 하면 세션을 끝낼 시간이 된 것이다.

그때는 아이들을 '수업' 모드로 전환시키고 아이들이 결과를 발표하게 하자. 모든 아이의 발표를 듣는 것은 권장하지 않는다. 그러면 시간이 너무 오래 걸리고 지루해지므로 그룹별로 발표하게 한다. 그렇다면 모든 아이가 이해했는지 어떻게 확인할 수 있을까? 사실 그것은 불가능하다. 그러나 전통적인 수업이었다고 해도 마찬가지다. 어떤 학습 상황에서든 소수는 모두 잘 이해하고 소수는 전혀 이해하지 못하며 나머지 대부분은 그 중간이다. 이것이 이른바 가우스 분포(정규 분포)이며, 시험 성적이 언제나 종 모양의 곡선 그래프를 그리는 이유다.

그룹 발표에는 또 한 가지 문제가 있다. 그룹이 유동적이고 일시적인 것이었음을 상기하자. 교사가 정해주지 않고 아이들이 직접 그룹을 정하며 언제든지 원하는 대로 그룹을 바꿀 수 있다.

내가 제시하는 해법은 아이들에게 컴퓨터 한 대당 하나의 발표를 할 것임을 미리 알려주는 것이다. 그렇게 하면 대략 4명이 한 그룹으로 발표하게 된다. 각 그룹에는 발표 시간이 몇 분씩밖에 주어지지 않는다. 같은 내용이 반복되면 시간 낭비이므로 나중에 발표하는 그룹은 앞서 다른 그룹이 말한 내용을 되풀이할 수 없다. 마지막 그룹의 학생들이 발표하려던 내용을 이미 다른 그룹이 다 발표했을 수도 있지만 그래도 아무 문제가 없음을 알려준다. 그런 경우에는 우연히 같은 내용을 찾았다고만 말하면 된다.

한 그룹이 발표할 때 다른 그룹들은 경청해야 한다. 다른 사람이 발표할 때 잘 듣지 않으면 자신이 발표할 때 다른 아이들도 똑같이 할 수 있다는 점을 알려준다. 발표할 때는 천천히 또박또박 말하라는 점도 주의시킨다. 이것은 다른 사람들 앞에서 말하는 법을 연습하는 좋은 기회다. 다른 사람이 한 일을 인정하도록 독려하라. 누가 "다른 그룹의 발표에서 이걸 알게 됐어요"라고 말한다면 멋진 성과다. 학술회의에서 하듯이 각각의 발표가 끝나면 박수를 치게 한다.

이제 교사에게 가장 어려운 과제가 남았다. 아이들의 발표를 종합하는 일이다.

첫 번째 발표가 끝나면 그것을 요약한다. 예를 들면 이렇게 말할 수 있을 것이다. "아주 잘했어요. 첫 번째 그룹은 콜로세움이 경기장 비슷한 건축물이라는 점을 알아냈군요. 그런데 그 경기가 매우 폭력적일 수 있다고 했어요. 사람들끼리 죽이거나 동물을 죽이는 일도 있었다고 했죠? 세상에!"

그러고 나서 다음 그룹의 발표를 들을 때는 앞 그룹의 발표와 연결되는 지점을 찾는다. 이를테면 "두 번째 그룹은 첫 번째 그룹이 말한 내용에 아주 중요한 점을 추가했네요. 검투사들이 대개 노예였으며, 진짜 싸우고 싶어 하진 않았다고 했어요. 힘센 로마가 자기 나라를 정복했기 때문에 선택의 여지가 없었던 거죠."

이 과정을 반복한 뒤 마지막에는 모든 내용을 요약한다. 교사는 어떠한 의견도 덧붙이지 않는다. 교사는 단지 학생들이 찾아낸 내용이 무엇인지 말하고, 짧은 시간에 이루어낸 대단히 인상적인 성과였다든가 이와 비슷한 긍정적인 논평을 덧붙인다. 아이들의 발표에 이제까지 교사 자신도 모르던 내용이 많았다는 언급도 좋다. 대부분의 SOLE에서 실제로 경험하는 일이다. 아이들이 빠뜨린 내용이 있더라도 교사가 보완하는 일은 삼가고, 그것을 다음번 SOLE의 질문으로 만들면 된다. 그러면 아이들이 지난번에 빠뜨린 내용이 있었음을 깨달을 것이다.

SOLE를 매일 실시할 필요는 없다. 주 1회면 충분하다고 말하는 교사도 있다. 어떤 교사는 한 주제를 시작할 때 SOLE를 실시한 뒤에 통상적인 수업을 진행하며, 수업에서 "여러분이 SOLE에서 알아냈듯이……"와 같이 학생들이 SOLE을 통해 배운 내용을 자주 언급한다고 말한다. 또 어떤 교사는 한 주제를 마무리하면서 그 주제의 더 심화한 측면이나 난해한 측면을 탐구하기 위해 SOLE를 실시하기도 한다.

어떤 학교에서는 교사가 특정한 날에 다루고자 하는 주제를 미리 알려주고 아이들과 수업 방식을 논의한다고 한다. 어떤 날에는 아이들이 "SOLE로 해요"라고 말하기도 하고, 어떤 날은 "선생님이 설명해주세요. 찾는 데 너무 오래 걸릴 것 같아요"라고 하기도 한다. 나는 이것이 학습자와 교사가 함께 교수법을 결정한다는 점에서 매우 건강한 방식이라고 생각한다.

교사가 없어도 다른 교사(교장도 좋다)가 대신 SOLE를 진행할 수 있다. 아이들에게 "오늘은 담당 선생님이 안 계세요. 나는 이 과목에 관해 아는 게 없는데, 담당 선생님이 이런 질문을 해보라고 하셨어요"라고 말하면서 수업을 시작한다. 나는 내가 전혀 모르는 언어(스페인어)로 SOLE를 진행한 적도 있었다. 아이들의 지성과 구글 번역만으로!

여러 교사에게 들은 이야기와 몇 가지 데이터에 따르면 아이들은 SOLE에서 배운 것을 몇 해가 지나도 모두 기억한다. 왜 그럴까? 자기가 직접 알아냈고, 그 점을 칭찬받았기 때문이다.

SOLE에서 일어날 수 있는 문제

자기조직적 학습환경을 만드는 데는 섬세함이 요구된다. 그것은 온갖 이유로 잘못될 수 있다. 여기 두 가지 사례가 있다.

사례 ❶ 혼자 있는 학생이 생길 가능성을 차단하자

영국의 한 학교에서 10세 아동들이 "물고기는 어떻게 그렇게 빠르게 헤엄칠 수 있을까"를 탐구하고 있었다.

발표가 시작되기 전까지는 모든 것이 순조로워 보였다. 아이들은 몇 개 그룹으로 나뉘어 물고기의 생김새가 물속을 쉽게 미끄러져 나아가도록 돕는지, 물고기의 꼬리가 어떻게 추진에 이용되며 어떻게 방향을 바꾸는 방향타 구실을 하는지, 지느러미는 어떻게 균형을 유지하는지 따위를 이야기했다.

어느 여자아이가 흥분한 목소리로 발표할 때 나는 깊은 인상을 받고 행복감을 느꼈다. 그 아이는 상어들이 가죽을 얻으려는 사람들에 의해 죽임을 당하고 있으며, 그 가죽이 수영복을 만드는 데 쓰인다고 했다. 그 아이는 우연히 '샤크스킨 수영복'이라는 용어를 봤는데, '샤크스킨'이 인공 직물이며 진짜 상어나 그 가죽과 아무 관계도 없다는 사실을 몰랐다. 다른 아이들은 겁에 질린 표정이었다. 나는 놀랐지만 모든 발표 내용을 요약하고 한마디만 덧붙이며 세션을 끝냈다.

"가죽 때문에 상어를 죽인다면 그건 정말 나쁜 일이니까, 이에 관해 꼭 더 알아봐야겠네요."

뭐가 잘못됐을까? 이 소녀는 과제를 친구들과 함께 수행하지 않았다. 교실 안에 컴퓨터가 너무 많아서 그 아이는 컴퓨터 한 대를 혼자 썼다. SOLE를 위해서는 모니터는 크되 컴퓨터 수는 제한해 아이들이 스스로 유동적으로 무리를 짓게 만들어야 한다. 절대 잊지 말아야 할 점이다!

사례 ❷ 충분한 시간을 배정하자

싱가포르의 한 학교에서 일어난 일이다. 그 학교 교사들의 말로는 아이들이 영문학에 관심이 없다고 했다. 나는 셰익스피어에 관해 가볍게 이야기를 시작했다. 아이들이 얼굴을 찌푸렸다.

"셰익스피어가 정말 웃긴 말을 한 적이 있대요. 야한 농담도 했다던데요."

나는 아이들에게 20분 동안 셰익스피어가 어떤 재밌는 말을 했는지 찾아보자고 제안했다.

아이들이 마지못해 시작하고 얼마 지나지 않아 여자아이들이 야한 농담을 읽고는 키득거렸다. 분위기가 풀리고 남자아이들도 웃기 시작했다. 곧 아이들은 친구들이 찾은 것을 보려고 돌아다녔다.

20분 뒤, 아이들은 푹 빠져 있었지만 나는 마무리를 해야 했다.

"누가 가장 재밌는 문장을 말해줄래요?"

"위트로 당신에게 도전하고 싶지만 당신은 무장이 안 돼 있군요."

한 아이가 이 문장을 읽자 참관하던 교사들을 포함하여 모두가 웃었다.

"셰익스피어가 글 쓰는 방식이 마음에 들어요."

몇몇 아이들은 이렇게 말해서 영어 교사를 놀라게 했다.

그러나 마냥 좋지만은 않았다. 호텔로 돌아가 찾아보니 그 문장은 셰익스피어가 쓴 것이 아니었다.

무엇이 문제였을까? 내 생각에는 SOLE 진행 시간이 잘못 배정됐던 것 같다. 아이들에게 충분한 시간을 줄 필요가 있다. 아이들이 몰두해서 무엇을 하고 있다면 그것은 아직 SOLE을 끝낼 때가 아니라는 뜻이다. 이 경우에 20분은 너무 짧았다. 아이들이 스스로 오류를 수정할 시간이 없었고, 그래서 잘못된 결론에 도달했다.

이런 오류가 발생했을 때는 다음번 SOLE에서 수정하면 된다. 그 자리에서 아이들의 실수를 지적하는 것은 전혀 도움이 안 된다. 아이들 스스로 실수를 발견하고 고쳐야 한다. 실수를 지적하면 나쁜 기억만 남는다. 그것은 학교가 할 일이 아니다.

여러분은 실수를 깨닫게 해줄 다른 질문을 제시함으로써 아이들을 도울 수 있다. 그것이 아무도 실수를 '지적'하는 일 없이 과학적 탐구에서 오류를 찾아내는 방법이다.

구름 속의 학교는 인터넷 공간을 항해하는 우주선과 같다. 그 우주선의 조종사는 아이들이다. 여기서 교사는 안내자가 아니라 친구다. 교사도 아이들이 어디로 갈지 알 수 없을 때가 많기 때문이다. 교사들은 나에게 자기조직적 학습에서 자신의 역할이 무엇인지 묻곤 한다. 나는 단한 줄로 요약할 수 있다.

"네가 그리로 간다면, 나도 너와 함께 갈게."

3부

Glimpses of the Future of Learning

학습의 미래를 엿보다

11

구름 속의 학교가 준
교훈

What Did We Learn From the Schools in the Cloud?

연구를 하고 이론을 세운 뒤 새로운 모델을 만드는 것만이 올바른 순서일까? 그렇게 할 수도 있지만 그저 문제를 탐구하다가 해법이 발견될 수도 있다. 문제가 있다면 해결해야 한다는 데에는 이론의 여지가 없을 것이다.

오래전, 탄광에서는 석탄을 광산 꼭대기의 입구까지 운반하는 일이 문제였다. 조지 스티븐슨은 그 무렵 탄광에서 이미 쓰고 있던 증기기관과 기관차를 개선해 이 문제를 해결했다. 처음에 스티븐슨은 거대한 기계를 탄광 꼭대기에 세워놓고 밧줄로 끌어 석탄 화차가 선로를 따라 올라오게 했다. 그다음에는 엔진을 화차 한 대에 탑재할 수 있을 만큼 작게 만들어서 기관차와 석탄을 실은 화차가 한꺼번에 선로를 따라 이동할 수 있게 했다. 아무도 작동 원리를 이해하지 못했지만 석탄은 정확히

경사를 타고 올라왔다. 스티븐슨이 이를 처음 시연할 때 "출발하지도 못할 것"이라며 무시하던 사람들은 그 엔진 이름인 '로켓'처럼 화차가 굴러가자 "결코 멈추지 않을 것"이라고 말했다. 과학자들은 몹시 흥분하여 증기기관의 작동 원리를 탐구하기 시작했다. 열역학이라는 새로운 물리학 분야가 부상하여 우주 전체를 바라보는 우리의 시각을 바꾸었다! 스티븐슨은 먼저 문제를 해결했고, 연구는 나중에 이루어졌다.

당신이 요리를 하다가 훌륭한 맛을 내는 새로운 조리법을 창안하여 요리책을 썼다고 하자. 그러면 사람들이 그러면 안 된다고, 각 재료의 양을 여러 가지로 달리하여 기존의 방법(말하자면 실험할 때의 '대조군')보다 그 조리법이 효과가 있음을 먼저 증명해야 한다고 말할까? 푸딩이 '입증'해야 하는 것일까? 사회과학이 바로 그런 식일 때가 있다.

릭 워멜리Rick Wormeli는 「'연구 결과를 보여달라Show Me the Research'는 사고방식의 문제점」(2018)이라는 글에서 월트 가드너Walt Gardner의 다음과 같은 말을 인용했다.

[관찰연구를 수행하는] 연구자들은 다른 사람들이 이전에 수집한 데이터를 면밀히 살펴본다. 그들은 변수들 사이의 상관관계를 찾아내려고 한다. ……문제는 편향 때문에 관찰연구가 신뢰할 수 없는 결과를 낳는 경우가 종종 있다는 점이다. 다른 사람들이 같은 연구를 수행했을 때 같은 결과를 얻을 수 없다면 그 결론은 믿을 수 없다(Wormeli, 2008).

워멜리는 이렇게 결론을 내린다. "매번 정확한 결과를 내는 도구가 없을 수도 있지만, 연구자는 자신의 연구뿐 아니라 다른 사람들의 연구에도 주의를 기울여야 한다. 우리는 우리의 전문지식과 주어진 순간의 맥락에 비추어 최선을 다해 가장 양심적으로 결정한다. 대개의 경우 그 정도면 충분하다(글 전체를 읽으려면 링크 11.1을 참조).”

링크 11.1
'연구 결과를
보여달라'는
사고방식의
문제점

존 해티John Hattie는 『가시적 학습을 위한 교사 지침서Visible Learning for Teachers』(2012)에서 '교사의 집단적 능력'을 학생의 성취에 영향을 주는 가장 중요한 요인으로 꼽는다. '교사의 집단적 능력'이란 교사들이 어떤 집단적 행위를 통해 학생의 성과에 긍정적인 영향을 끼칠 수 있다고 믿는 공통된 신념이다. 어떤 교육 방법이 효과를 발휘하려면 교사들이 그 방법을 믿어야 한다. 교사의 집단적 능력은 학문적인 연구에 앞서 문제를 해결할 수 있다. 교사들은 서로의 성과를 집단적으로 복제할 수 있다. 그들은 자기도 모르게 매우 과학적인 방법을 적용하고 있다.

이 책에 인용한 논문 중에는 동료 평가를 거쳐 세계 최고의 학술지에 실리고 상을 받은 것도 있지만 잘 알려지지 않은 학술지에 발표한 소규모 표본 연구도 있다. 전 세계 교사들이 보내준 사례나 아이들 이야기, 발표하지 않은 연구 결과도 근거 자료로 삼았다. 결국 내 푸딩의 맛은 먹어봐야만 알 수 있다. 여러분이 싫어하지 않았으면 좋겠다.

우리는 구름 속의 학교에서 무엇을 배웠나

1999년부터 벽에 난 구멍과 SOLE 실험, 구름 속의 학교 프로젝트는 우리에게 풍부한 데이터, 관찰, 사례, 논쟁거리의 원천을 제공했다. 이 몇 년 동안의 흥분 속에 뚜렷한 핵심 메시지가 있을까? 우리의 경험에서 교육자들에게 의미 있는 교훈을 뽑아낼 수 있을까?

이 장을 쓰기 시작할 때 길고 무더운 여름을 지난 게이츠헤드에 뇌우가 내렸다. 다시 고요함이 찾아오자 공기가 상쾌하고 투명해졌다.

기술 활용

아이들은 자기들끼리 기기 사용법을 배울 수 있다. 감독하는 사람이 없을 때 오히려 더 빨리 배운다. 따라서 아이들에게 새로운 테크놀로지를 알려주는 데 시간을 낭비할 필요가 없다. 그저 아이들끼리 알아내도록 내버려두어라. 가끔 아이들이 무언가를 망가뜨릴 수 있다. 그것은 유지·관리 비용에 반영하라. 아이들에게 새로운 테크놀로지를 익혀 어른들에게 가르치라고 하면 무척 즐거워하며 더 몰두할 것이다. 교사의 개입 없이도 아이들의 디지털 리터러시가 시간이 지남에 따라 꾸준히 성장했던 사실을 상기하라(그림 1.2 참조).

이렇게 가르치는 사람 없이 디지털 리터러시를 습득할 수 있다는 사실이 우리에게 말해주는 바는 무엇일까? 나에게 그것은 디지털 테크놀로지를 활용하여 문제를 해결하는 새로운 세대의 등장을 뜻했다. 그들은 컴퓨터가 가능한 자원으로써 해법을 도출하듯이 문제의 답을 산출해낼 줄 알았다. 해법을 만들어내는 것이 아니라 컴퓨팅한다. 컴퓨팅이 새로운 산수가 됐다.

읽기 이해력

구름 속의 학교를 이용할 때 아이들의 읽기 이해력이 향상된다. 우리의 데이터는 아이들이 자기들끼리 인터넷으로 탐구할 때 내용을 더 빠른 속도로 읽고 이해할 줄 알게 됨을 보여준다. 단, '읽기 이해력'이 내용을 이해하는 데 관여하는 여러 요인 중 하나일 뿐이라는 점을 잊으면 안 된다. 아이들은 인쇄된 텍스트뿐 아니라 사진이나 그림, 오디오, 비디오 등 여러 다른 유형의 매체를 참조한다. 이 책에서 말하는 '읽기 이해력'은 사실상 '멀티미디어 이해력'을 뜻한다. 모든 구름 속의 학교에서 아이들은 일반적인 수업 때보다 더 높은 수준의 이해력을 일관되게 보여주었다. 그림 11.1은 네 곳 현장(코라카티, 찬드라코나, 칼카지, 팔탄)에서 읽기 이해력 점수의 변화 추이로, 읽기 이해력 수준이 꾸준히 높아지는 것을 볼 수 있다.

　팔탄의 연구를 통해 우리는 구름 속의 학교에서 아이들이 보여준 읽기 이해력 향상이 같은 기간 동안 전통적인 학교 수업을 받게 했을 때

그림 11.1 **코라카티·찬드라코나·칼카지·팔탄 현장의 읽기 이해력 향상**

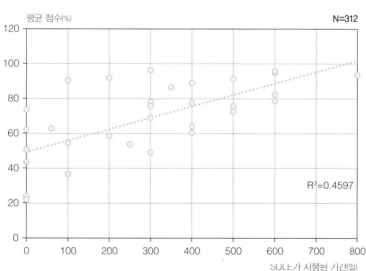

기대할 수 있는 수준을 넘어서는 것을 알 수 있었다(7장 참조).

팔탄 현장은 여섯 살짜리 아이들이 구름 속의 학교에 참여할 수 있다는 점도 보여주었다. 여섯 살짜리 아이들은 글을 잘 읽지 못하지만 알고자 하는 것에 관한 그림과 영상을 찾아냈다. 그리고 그 과정에서 어떻게든 글을 읽기 시작했다. 아주 어린 아이들이 SOLE에서 글을 배울 수 있다는 사실은 시두왈에서 더 확실해졌다.

2018년 리투는 펀자브주의 시두왈이라는 시골 마을에 구름 속의 학교를 세웠다. 리투는 이곳에 5세 아동을 들여보냈다. 아이들은 영어를 전혀 몰랐고 영어와 펀자브어를 간신히 구별했다. 안타깝지만 교사들도 크게 다르지 않았다.

리투는 두 달 동안 대략 열흘에 한 번씩 아이들의 읽기 이해력을 측정했다. 두 달이 거의 다 됐을 때 아이들은 몇몇 영어 문장을 읽고 말했다(그림 11.2). 이 작은 실험만으로 결론을 낼 수는 없다. 이것은 감질나는 징후

그림 11.2 **시두왈 구름 속의 학교 6세 아동의 읽기 이해력 향상**(2018)

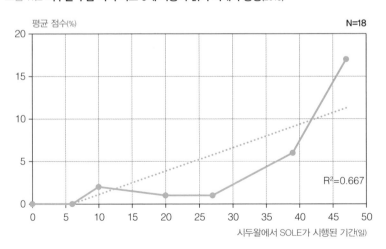

3부 학습의 미래를 엿보다

일 뿐이다. 그러나 나머지 데이터는 더 뚜렷했다. 아이들은 구름 속의 학교에서 읽는 법을 더 빨리, 더 잘 배울 수 있다. 그리고 아마 다섯 살 정도부터 이 방법을 적용할 수 있는 듯하다.

우리의 아이들 세대는 그들을 둘러싼 방대한 데이터의 구름을 통해 세계를 이해할 줄 안다. **이해**란 곧 새로운 읽기 방법이다.

인터넷 검색 기술

아이들은 여럿이 함께 탐구할 때 인터넷 검색을 더 잘하며 인터넷에서 얻은 정보나 자기들의 이해에 오류가 있을 때도 스스로 찾아낼 수 있다. 측정이 가능했던 모든 현장의 인터넷 검색 기술 점수를 하나의 그래프로 그리면 향상 추이를 시각적으로 볼 수 있다(그림 11.3).

그림 11.3 **찬드라코나·칼카지·코라카티 아이들의 인터넷 검색 기술**

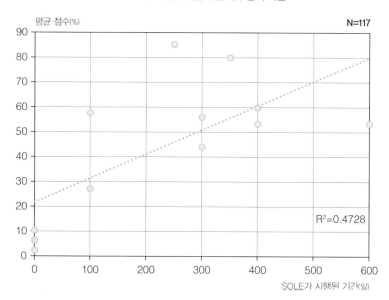

그림 11.3에서 칼카지 아이들의 데이터(점선보다 훨씬 위에 있는 점 세 개)가 다른 두 현장에서 얻은 결과를 크게 웃도는 것을 분명히 볼 수 있다. 이는 칼카지의 경우 데이터를 모으기 전에 이미 6개월간 SOLE를 경험한 데 기인한 것으로 보인다.

따라서 더 실질적인 그래프를 위해 나는 수니타가 팔탄에서 데이터를 다룬 추론 방법을 사용했다. 칼카지의 소녀들은 다른 지역 아이들보다 앞서 있었으므로 칼카지의 점수를 찬드라코나·코라카티에서 6개월 뒤에 수집한 점수와 비교해야 한다. 그렇게 하려면 칼카지의 측정치 날짜에 약 6개월을 더하면(나는 200일을 더했다) 될 것이다. 그리고 나서 구름 속의 학교 이용 기간이 비슷한 시점의 세 지역 점수를 한꺼번에 비교할 수 있다. 그렇게 조정한 그래프가 그림 11.4다.

그림 11.4 **찬드라코나·칼카지·코라카티 아이들의 인터넷 검색 기술(칼카지 점수 보정)**

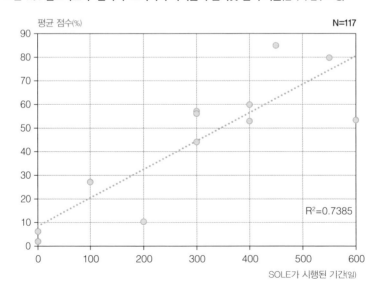

그림 11.4에서 회귀선이 매우 드라마틱하게 개선된 것 - 데이터가 회귀선에 훨씬 가까워졌다 - 을 볼 수 있다. 달리 말하면, 칼카지 소녀들의 점수는 다른 두 구름 속의 학교의 6개월 후 점수를 예측하고 있었다!

구름 속의 학교를 이용하는 아이들은 약 6개월 안에 더 나은 인터넷 검색 기술을 익힌다. 온라인 검색은 대개 학교, 특히 초등학교에서 다루는 주제가 아니기 때문에 이러한 성과가 더 뚜렷하게 나타났을 것이다. 전통적인 학교에서와 달리 구름 속의 학교에서 아이들은 여럿이 함께 조사하고 서로 오류를 수정해주며 찾아낸 정보 중에 무엇이 더 정확한지 토론하는 법을 배운다. 또한 그 과정에서 네트워크로 소통하는 법, 올바른 질문을 (올바른 방법으로) 던지는 법, 찾아낸 정보를 서로에게 설명해주고 함께 의논하는 법을 배운다. **커뮤니케이션**은 곧 새로운 쓰기 방법이다.

자신감

아이들이 인터넷으로 조사하고 성취를 칭찬받을 때 자신감이 높아지리라는 것은 자연스럽게 기대할 수 있는 일이다. 나는 우리가 측정한 자신감 점수가 이러한 기대에 부응하리라고 생각했다.

그런데 자신감 측정 결과는 나를 놀라게 했다. 그림 11.5는 자신감 점수에 그렇게 큰 향상이 없었음을 보여준다. 수니타는 나와 달리 이런 결과를 예상했다. 아이들의 자신감 점수는 처음부터 꽤 높아서 5점 척도 중 3에서 4.5 사이였다. 측정 기간 내내 자신감 점수는 큰 상승이나 하락 없이 꾸준히 높은 수준을 유지했다. 여기서 우리가 측정한 자신감이 인터넷에 접속해 조사하는 과제와 관련됐다는 점을 기억해야 한다. 산스

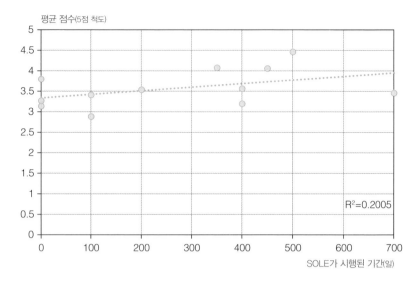

그림 11.5 **찬드라코나·칼카지·코라카티 아이들의 자신감 점수**

평균 점수(5점 척도)

$R^2=0.2005$

SOLE가 시행된 기간(일)

크리트어나 라틴어로 시를 낭송하는 과제였다면 이런 결과를 볼 수 없었을 것이다.

이 아이들은 디지털 기술에 관한 한 확신에 차 있는 세대이기 때문이다. 그들은 현대 테크놀로지를 두려워하지 않는다. 그들에게는 접근성만 주어지면 된다. 1999년 벽에 난 구멍 실험 결과는 마치 풍향계처럼 이것을 가리키고 있었다. 위대한 희망의 선언을!

결론적으로, 벽에 난 구멍과 구름 속의 학교는 아이들이 이 시대에 성장하면서 필요로 하는 기술에 근본적인 변화가 있음을 보여주었다. 읽기·쓰기·산수는 이해·커뮤니케이션·컴퓨팅으로 바뀌었다.

12

교수법이 없어야
좋은 교수법인가:
최소간섭교육

Is No Pedagogy Good Pedagogy? Minimally Invasive Education

고백하건대, 나는 교육학을 정식으로 공부하지 않았다. 대학에서는 물리학을 전공했으며 유기반도체에 관한 이론물리학으로 박사학위를 받았다. 그렇지만 아직은 이 책을 쓰레기통에 던져버리지 말기를 바란다.

내가 교육 분야에 발을 들이게 된 데에는 몇 가지 이유가 있다. 1970년대에 나는 《타깃Target》이라는 아동 잡지에 글을 기고하기 시작했다. 돈이 필요해서였다. 나는 최신의 과학적 발견에 관한 글을 썼는데, 편집자였던 로절린드 윌슨은 내가 글솜씨가 있고 아이들이 배우는 방식을 잘 이해한다고 생각했다. 나는 그의 칭찬에 고무받아 동시까지 썼다. 나는 아이들이 내 시를 통해 스스로 질문하고 답을 찾아나가게 되기를 바랐다. 그 시들을 발표하지는 못했다. 로절린드가 세상을 떠났기 때문이다. 나는 그 충격으로 글쓰기를 중단했다. 다음은 로절린드와 내가 함께 웃으며 읽은 마지막 시다.

데라둔으로 가는 길
우리는 드디어 평원을 건넜지.
시발릭산맥을 오르니
과거로 거슬러 올라가.
그리고 만일 버스에서 내다보이는
황토빛 언덕과 푸른 언덕이 무섭다면……
기억해, 이곳은 라마피테쿠스의 땅이야.
(지금은 시바피테쿠스Sivapithecus로 알려진 라마피테쿠스 펀자비쿠스Ramapithecus punjabicus는 1400만 년 전 히말라야의 시발릭산맥 기슭을 누볐다. 데라둔은 히말라야 고원 인근에 위치한 우타라칸드주의 주도다.)

수십 년이 지난 1999년, 벽에 난 구멍 프로젝트는 내가 다시 아동교육 분야에 확실히 매진하게 만들었다.

교육

교육이 무엇인지는 누구나 아는 듯하지만 명료하게 설명할 수 있는 사람은 아무도 없는 것 같다. 교육은 말로 표현할 수 없을 만큼 추상적인 것일까?

나는 교육이 무엇인지 알아내고 싶다. 문헌을 읽기만 해서는 얻을 것이 없으므로 처음으로 돌아가서 생각해보자. 물리학에서는 이것을 제1원리$^{Ab\ initio}$ 계산법이라고 한다. 그 길에 아리스토텔레스, 타고르, 피아제가 함께하기를 기원한다.

막 태어난 아기는 유전자 안에 교육이라는 것이 들어 있지 않은 한 교육을 받은 적이 없다. 유전자에 과거의 기억과 학습된 내용이 들어 있을 수 있다고 주장하는 연구도 있지만, 현재로서는 그에 관한 충분한 데이터를 확보할 수 없다. 아기가 어떻게 숨을 쉬고 어떻게 소리 내는지를 아는 것은 먼 옛날부터 유전자에 연결돼 있는 '본능'이라는 프로그램 덕분이라고 보는 편이 나을 것이다.

아기의 행위는 과거를 기억하거나 미래를 예측해서 하는 것이 아니다. 아기가 숨을 쉬는 것은 이전에 숨을 쉬었기 때문도 아니고 앞으로 숨을 쉴 것이기 때문도 아니다. 아기는 단지 '지금' 숨을 쉴 뿐이다. 아기가 우는 것은 이전에 울었기 때문도, 울면 어떤 결과가 따라올지 예상하기 때문도 아니다. 아기는 단지 '지금' 운다.

그런데 그 행위를 하면 무슨 일이 일어난다. 숨을 쉬면 숨을 쉬지 않을 때보다 기분이 좋다. 아기는 이제 숨을 쉰 기억, 숨을 쉬면 기분이 좋아질 것이라는 예상으로 숨을 쉬게 된다. 울면 무슨 일이 일어난다. 먹을 것이 생길 때도 있고, 달래는 말이 들릴 때도 있다. 이제 아기는 과거에 만족했던 기억, 앞으로 일어날 즐거운 일에 대한 기대를 품고 운다.

아기는 팔다리를 휘적거린다. 팔과 다리가 안 보였다가 보인다. 제법 예측 가능하다. 다시 팔다리를 휘적거리면서 과거의 기억에 비추어 예측이 맞는지 확인한다. 자꾸자꾸 되풀이해본다

교육이 시작된 것이다.

우리의 연쇄적인 사고과정은 교육이라는 우발적이고 상황 의존적인 행위를 '알고 하는' 행위, 즉 과거의 기억과 미래에 대한 예측을 고려한 행위로 변화시키는 것이라는 관점을 취하게 한다. 이러한 관점에서 보면, 교육과정은 다음과 같은 일을 수행해야 한다.

- **1** 과거에 관한 지식 그리고 그 지식을 활용하는 방법을 더 낫게 만들어야 한다.
- **2** 미래 예측 능력을 향상해야 한다.

이게 전부일까? 아주 간단해 보이지만, 자연은 단순한 쪽을 선호할 때가 종종 있다. 다음의 몇 가지 사례를 통해 제1원리 계산법에 의한 추론을 이어가보자.

- **1** 한 번도 가본 적 없는 나라에 갔다고 상상해보자. 버스에서 어떤 할머니가 미소를 지으며 당신에게 자리를 양보해달라고 한다. 자리를 내주어야 할까? 거절해야 할까? 주변 사람에게 어떻게 해야 할지 물어볼까? 이 할머니는 왜 당신에게 양보해달라고 했을까? 자리를 양보하면 또는 양보하지 않으면 무슨 일이 일어날까? 이 질문들에 답하려면 그 나라, 그 나라 사람과 문화에 관한 지식이 필요하다. 과거에 관한 이러한 지식이 있다면 미래에 소기의 결과를 얻는 데 도움이 될 것이다.
- **2** 학교를 세우고 싶은데 마침 매각 예정인 훌륭한 건물을 발견했다

고 하자. 당신에게는 당장 그 건물을 살 만한 자금이 없다. 그런데 어느 공익신탁기관에서 지분 출자를 제안한다. 아니면 은행에 담보대출을 신청할 수도 있다. 어떻게 해야 할까? 이 문제를 결정하려면 그 공익신탁기관의 역사와 나라 전체의 공익신탁 역사를 알아야 한다. 또한 지분을 나누어 갖는 것이 당신의 프로젝트에 어떤 영향을 줄지도 알아야 한다. 출자를 제안한 사람의 개인사나 배경을 아는 것도 도움이 될 것이다. 은행 대출을 받고자 한다면 대출 금리와 지금까지의 금리 변화 추이, 국가 경제 동향, 그 은행의 과거 평판 등을 알아야 한다. 이 모든 정보는 당신의 결정이 어떤 결과를 낳을지 예측하는 데 도움이 될 것이다.

③ 욕실의 전동 샤워기 스위치를 교체해야 한다고 하자. 스위치는 천장에 달아 당김줄로 작동한다. 어떻게 해야 할까? 내가 직접 할까? 우리 동네 사람들은 이런 상황에서 어떻게 하지? 수리기사를 불러야 하나? 수리기사는 믿을 만할까? 직접 해야 한다면 스위치는 어디서 사야 하나? 활선·중성선·접지선은 각각 무슨 색이지? 주전원을 꺼야 하나? 이 모든 질문에 답하려면, 그리하여 당신의 결정이 어떤 결과를 가져올지 알려면 지역 전기기술자의 신뢰도부터 전기의 작동에 이르기까지 과거에 관한 지식이 있어야 한다.

④ 당신의 직장 동료가 몸이 안 좋다고 한다. 어떻게 해야 할까? 이때 당신은 그 동료에 관해 알고 있는 것 중에서 평소 습관, 건강, 나이 등 그가 몸이 안 좋다는 것이 무슨 일을 야기할 수 있는지를 판단하는 데 도움이 되는 여러 정보를 동원해 의사결정을 해야 한다. 즉 당신이 어떤 행위를 할 것인지에서 과거에 관한 정확한 지식, 미래

의 가능성을 올바르게 상상할 수 있는 능력이 필수적이다.

다른 가설적인 사례들을 생각해보라. 어떤 경우든 과거에서 얻은 지식 또는 과거에 관한 지식이 필요하고, 그 지식을 토대로 미래의 경우의 수를 따져볼 수 있는 능력이 필요하다는 점을 알게 될 것이다.

이것이 교육에 맡겨진 일이라면 학교는 이를 위해 설계돼야 한다. 그리고 실제로 학교는 그렇게 설계됐다. 현재의 교과과정을 들여다보면 만일의 경우에 쓸모가 있을 만한 온갖 것을 학생들에게 소개하려 한다는 것을 알 수 있다. 앞의 여러 장에서 보았듯이 이제 이 방법은 그리 실용적이거나 유용하지 않다. 오늘날의 – 그리고 아마도 미래의 – 세계에서는 필요한 순간에 문제를 해결할 수 있어야 한다. 앞의 네 사례를 생각해보자. 각각의 경우에 인터넷을 통해 그 질문들을 탐구할 수 있다면 정보에 근거하여 건전한 결정을 내리는 데 매우 큰 도움이 될 것이다.

교육과 인지

만일 어떤 아이를 아무런 공식적인 교육도 받지 않고 성장하게 내버려둔다고 해도 그 아이는 자신의 경험과 환경에서 끊임없이 무엇인가를 학습할 것이다. 그 과정 또한 과거에 관한 지식을 확장하고 그 지식으로 미래를 더 잘 예측하는 것을 목표로 한다. 그렇다면 형태는 여러 가지일 수 있지만 교육이란 어쨌든 '뇌의 인지 능력을 향상하는 과정'이라고 말할 수 있다.

여기에 인지 능력이 과거의 지식을 활용하고 그것을 바탕으로 하여 미래를 보는 능력이라는 점을 덧붙인다면 우리는 교육을 이렇게 정의할 수 있을 것이다. 교육이란 과거에 관한 또는 과거에서 얻은 지식을 하나 이상의 상상된 미래와 결합하고 그러한 미래로 나아가게끔 행위할 수 있는 역량을 향상하는 과정이다.

과거가 미래보다 행위에 더 큰 영향을 끼칠 때도 있지만, 미래에 대한 예측이 과거와 동일한 강도로 영향을 주는 경우도 있다. 예컨대 당신은 술집에서 붐비는 사람들 사이로 술잔을 들고 이동하면서도 술을 한 방울도 흘리지 않을 수 있다. 그때 당신의 뇌는 한편으로 유체역학과 중력에 관한 – 정식으로 배웠든 아니든 간에 – 지식을 활용하고, 또 한편으로는 술을 흘림으로써 야기될 수 있는 경제적·사회적 여파를 예측한다. 그리고 행동을 취한다.

미래 예측이 과거보다 더 중요하게 작용할 때도 있다. 실적이 몹시 나쁜데도 무인자동차 제조업체의 주식을 사는 것이 바로 이런 경우다. 교육은 우리 아이들이 한편으로는 과거를 이해하고 그 지식을 이용할 줄 알고, 또 한편으로는 미래를 내다보고 그 예측을 활용할 줄 알게 하는 일이다.

과거 활용하기

학교의 교육과정 대부분은 과거를 다룬다. 즉 우리 인류가 지금까지 알아낸 온갖 것을 가르친다. 우리는 이 모든 지식을 과목이라는 상자에 담아 아이들의 머릿속에 쏟아붓는다. 인도의 한 교사는 이러한 접근방식을 '항아리-컵Jug-Mug' 모델이라고 표현한다. 아동의 머리라는 빈 컵에 교사가 가득 찬 항아리의 지식을 부어 넣는 것이다. 이 방법은 효과가 있다. 내 컵도 그렇게 채워졌다.

그렇지만 지식이 항아리만큼이 아니라 드넓은 호수와 같으며, 아이들이 스스로 호수의 물로 컵을 채울 수 있다면?

항아리-컵 모델은 호수가 존재하지 않던 시대의 방식이다. 지금은 호수가 있으며, 인터넷만 있으면 누구나 호수에 다가갈 수 있다. 호수에 깊이 들어갈 수 없을 때는 친구가 도와줄 수 있다.

줄리 스턴Julie Stern도『중고등학생을 위한 개념 이해 수업 도구: 수업 설계와 심층학습 평가Tools for Teaching Conceptual Understanding, Secondary: Designing Lessons and Assessments for Deep Learning』에서 학습을 설명하면서 이와 비슷한 비유를 사용했다.

전통적인 학습 모델에서 학생의 역할은 몹시 수동적이다. 아이들은 자신이 항아리에 '쏟아 담아야' 할 사실과 사상을 교사가 말해주기를 기다린다. 이러한 학습 유형의 목표는 학생들이 그해가 끝날 때까지 (또는 시험 보는 날까지) 배운 내용을 모두 머릿속에 담아두게 하는 것이다. 그날이 오면 아직 그 지식을 보유하고 있음을 증명하기 위해 한꺼번에 쏟아낸다. 이 학습 유형에서는 학생들 스스로 자신의 생각을 형성하고 의미를 구축할 기회를 주지 않는다. 학생들의 머릿속은 다른 사람들의 생각으로 채워지기를 기다리는 빈 항아리처럼 보인다(Stern, Ferraro & Mohnkern, 2017: 35).

스턴의 책은 이 학습 모델을 그림으로 보여준다(그림 12.1).
몇 가지 예를 들어보자.

그림 12.1 **빈 항아리 학습 모델**

출처: 그래픽 아티스트 지미 콘데의 그림. Stern, Ferraro & Mohnkern, 2017.

10cm쯤 위에서 손등 위로 작은 쇠공이 떨어진다면 1m 위에서 고무 공이 떨어졌을 때보다 덜 아플 것이다. 그러나 그 쇠공이 1m 위에서 떨 어진다면 같은 위치에서 떨어진 고무공보다 훨씬 큰 고통을 줄 것이다. 이에 관한 물리학은 300년도 더 전에 알려졌지만 여전히 유용한 지식 이다. 당신은 이 지식을 이용해 어떤 높이에서 누구에게 무엇을 던질지 정할 수 있다.

당신이 이 사실을 알고 있는지 알아보려면 이렇게 질문하면 된다. "같 은 크기의 쇠공과 고무공이 매우 높은 곳에서 손에 떨어진다면 쇠공이 떨어질 때 훨씬 더 아플 것이다. 왜 그럴까?"

불행히도 대부분의 시험에서는 이렇게 질문하지 않는다. 시험문제는 이런 식이다. "질량 200g짜리 쇠공을 1m 높이에서 떨어뜨리면 바닥에 도달할 때의 속도는?"

계산 방법만 안다면 휴대전화의 계산기 앱만으로도 쉽게 계산할 수 있을 것이다. 속도를 계산하는 방법보다는 왜 공이 떨어진 높이에 따라 속도가 달라지는지, 왜 속도가 빨라질수록 충격이 큰지를 아는 것이 더 중요하지만 시험은 그렇게 묻지 않는다.

또 한 가지 예를 보자. 인더스문명 유적지에서 세계에서 가장 오래된 도시 중 하나인 모헨조다로의 잔해를 발굴하다가 조각상 하나를 발견했다(그림 12.2). 약 5천 년 전에 만들어진 이 조각은 자신감 넘치는 모습의 젊은 여성이 춤추는 자세를 하고 있었다. 누가 왜 이것을 만들었을까?

이 질문에 답하려면 예술이 무엇인지, 사회가 예술에 투자하는 까닭이 무엇인지, 돈과 시간은 예술과 어떤 관계가 있는지 등 과거에 관한 지식이 필요하다. 어쩌면 풍요로운 사회란 무엇인지 고민해야 할 수도 있다. 이 질문에 답하는 과정은 현대 사회의 예술을 이해하고 미래의 예술이 어떻게 전개될지를 예측하는 데 도움이 될 수 있다.

그러나 대부분의 시험은 이런 질문을 하지 않는다. 그 대신 조각상의 연대나 언제 누가 발견했는지만 묻는다. 시험이 따분하고 사실만을 다루는 데에는 이유가 있다.

그림 12.2 **모헨조다로의 춤추는 소녀**

평가

동영상 12.1(Rothwell, 2018)은 시험의 가치에 관한 내 생각을 보여준다. 시험문제는 사실만 다룬다. 채점하기에 쉽고 일관성이 있으며 능률적이기 때문이다. 수백만 명의 학생이 같은 시험을 본다면 수천 명이 채점을 해야 한다. 문제의 정답이 오직 하나뿐이라면 한결같은 채점이 가능하다. 그러나 한 문제의 정답이 여러 개일 수 있다면 정성적인 평가가 필요하며 누가 채점을 했는지에 따라 점수가 달라질 수 있다. 공정하고 편향이 없으며 쉬운 채점을 원한다면 이러한 비일관성은 문제가 된다.

동영상 12.1
평가

　살면서 우리는 항상 인터넷을 검색한다. 아이들에게도 시험을 볼 때 인터넷을 사용하게 해주면 어떻게 될까? 콘퍼런스에서 이러한 제안을 들은 어느 교사는 겁에 질린 목소리로 이렇게 말했다. "그럼 답을 다 찾아낼 텐데요!"

　나는 시험에서 인터넷 사용을 허용하면 교육 시스템 전체가 변화하리라고 생각한다. 어디에선가는 정책적으로 시험 중 인터넷 사용을 허용하는 결단을 내려야 한다. 이 간단한 하나의 결정이 교육과정 설계 방식, 교수법, 평가 체계를 바꿀 것이다. 그런데 누가 할 것인가?

　이 질문이 나를 많이 괴롭힌 적도 있지만 이제는 괜찮다. 그렇게 되리라는 것을 알기 때문이다. 테크놀로지 기기가 빠른 속도로 발전하고 있는 만큼, 인공위성을 멈추거나 이식된 장치를 수술로 제거하지 않는 한 교실에서 인터넷을 몰아낼 수 없는 날이 곧 올 것이다. 인터넷은 시험장에 들어올 것이고, 그렇게 되면 기존의 교육 시스템은 파괴될 것이다.

1990년대에 나는 인도 잡지《데이터퀘스트Dataquest》에「소리 내어 생각하기」라는 글을 기고했다. 글의 주제는 턱뼈에서 '소리 없는' 말을 처리할 수 있는 골전도 장치였다. 다시 말해 이 장치는 전극이 하위 발성 신호를 감지해 속으로 말한 것을 다른 사람들이 '들을' 수 있게 한다. 2003년에 나올 것이라는 내 예상보다는 늦었지만 2018년에 이 장치가 등장했다.

동영상 12.2
당신의 머릿속에
인터넷 전체를
담을 수 있다.

2018년 MIT 미디어랩 연구진이 소리 없는 말(하위 발성)에 반응하는 기기를 시연했다. 사용자는 이 장치로 다른 사람 모르게 온라인 검색을 할 수 있으며 검색 결과는 다시 사용자의 귀로 송신된다(Hardesty, 2018). 동영상 12.2에서 이 시연 장면을 볼 수 있다.

이 장치를 사용하면 누구나 모든 것 – 그것이 '기능skill'이 아닌 '내용content'인 한 – 을 '알' 수 있다. 이러한 시대를 맞이하면서 여러 국가의 교육자와 정책입안자들은 교육과정 전반에 걸쳐 기존의 '지식 중심' 교육 모델을 탐구와 기능 기반 학습으로 대체하기 위해 분투하고 있다.

그렇긴 하지만 아무도, 인터넷조차도 답을 모르는 질문은 남아 있다. 그런 질문이 바로 미래의 시험문제가 될 것이다. 내가 상상하는 미래에는 무엇이든 조금이라도 인터넷에서 찾은 것에 근거하되 자신의 머리로 해석하여 답을 해야 하는 문제가 시험에 나올 것이다.

악기 연주, 무용, 논술 등 정성 평가는 언제나 존재했다. 즉 우리는 이미 정성 평가 방법을 갖추고 있다. 이 방법을 학교와 국가시험에도 적용해야 한다. 비용은 늘어나겠지만 불가피한 일이다.

시험관에 따라 결과가 달라지는 가장 좋은 예는 박사학위 논문 최종

심사일 것이다. 박사란 대학교가 부여하는 최고 학위다. 다른 학위는 정답이 존재하는 시험에 근거하여 수여하기도 하지만 박사는 다르다. SOLE와 비슷한 점이 있기 때문이다!

박사학위 과정 학생은 연구 주제를 지도교수에게 부과받거나 스스로 개발한다. 그 답은 아무도 모른다. 사실 그렇기 때문에 연구 주제가 되는 것이기도 하다. 학생이 그 답을 찾아내야 한다. 교수의 지도를 받기는 하지만 결국 스스로 미지의 영역을 탐구해야 한다. 그 답을 쓴 논문이 바로 평가의 대상이다. 교육 시스템의 가장 꼭대기에 SOLE가 있는 것이다.

박사학위 논문 심사는 디펜스라고 불린다. 학생이 논문을 발표하면 심사위원들이 반론을 제기한다. 인도공과대학교 델리 캠퍼스 등 일부 대학에서는 누구든지 심사장에 들어가 질문할 수 있다. 학생은 질문에 답하고 최선을 다해 자신의 논문을 방어해야 한다. 약 한 시간 뒤 심사위원끼리 상의하여 박사학위를 수여할지 말지를 결정한다.

이런 방법을 수백만 명의 아이들이 치르는 국가시험에 적용할 수 있을까? 최소 세 명의 시험관이 독립적으로 답을 평가한 다음 일치 여부를 점검한다면 가능할 것이다. 다만 비용과 시간이 무척 많이 들 것이다. 나는 인공지능을 활용한 다중 평가 시스템이 궁극적인 해법이 될 수 있으리라고 본다.

시험 자체를 없애려는 국가도 있다. 이것은 실효성이 너무 떨어진다. 대학에 가고 싶어 하는 아이들 1만 명이 있는데 입학 정원은 5,000명이라면 누구를 들여보낼지 평가할 방법이 필요할 것이다. 20개의 일자리에 200명이 지원하는 상황에서도 비슷한 시스템이 필요하다.

일부 국가에서는 장기간에 걸친 '포트폴리오' 평가를 실험했다. 단 한 번의 시험 대신에 학생이 일정 기간, 예를 들면 1년 동안 만든 학업 포트폴리오를 평가하는 방식이다. 더 나은 방법임에는 틀림없지만 이것도 시간과 비용이 많이 들고 주관적이다.

몇몇 학교에서는 또래 평가를 실험했다. 또래 평가란 학습자들이 서로를 평가하는 방식을 말한다. 그런 평가가 얼마나 정확할 수 있는지 확신하기는 어렵지만, 가능성은 보여주었다. 나 역시 흥미로운 또래 평가 방법 한 가지를 실험했다. 존 해티가 1.20의 효과 - 1년 동안 3년 과정을 학습할 수 있다는 뜻 - 를 나타낸다고 본 직소 협동학습(Corwin, 2018)과 비슷한 방식이다(존 해티는 학업 성취도에 영향을 끼치는 요인 250여 개에 관한 연구를 종합하여 각 요인의 효과를 표준화했는데, 직소협동학습은 전체 요인 중 여섯 번째로 높은 효과가 있는 것으로 나타났다 - 옮긴이).

이 실험은 몇 년에 걸쳐 이루어졌다.

새로운 유형의 시험

1. 약 24명의 학습자 그룹에게 각자 배우고 있는 내용과 관련된 문제를 하나씩 만들게 한다. 이때 자신이 답을 알고 있다고 확신하는 문제를 내야 한다. 즉 각 문제의 작성자는 답을 정확하게 채점할 수 있다.
2. 학습자들이 제출한 문제 중 중복되는 것을 제외하면 보통 20개 정도의 문제가 남는다. 이 문제들이 '시험지'가 된다.
3. 그룹 전체에 20개의 문제가 담긴 시험지를 나눠준다.
4. 학습자는 자기가 만든 한 문제를 제외하고 나머지 문제를 푼다. 각

문제의 답은 별도 답안지에 작성해야 한다. 답안지마다 상단에 학습자의 이름과 문제 번호를 쓴다. 시험이 끝나면 모든 학습자는 친구들이 낸 문제에 답을 적은 19장의 답안지를 갖게 된다.

5 평가: 각각의 답안지를 문제 작성자에게 준다. 이를테면 1번 문제 작성자는 친구들이 작성한 23개의 답안지를 받게 된다.

6 학습자들은 각자 자기가 낸 문제를 푼 친구들의 답안지를 채점한다.

7 모든 과정이 끝나면 19개 문제를 채점한 답안지를 이름별로 한데 모은다. 이것을 '답안지 묶음answer booklet'이라고 부른다.

8 학습자는 답안지 묶음의 점수를 합산하여 총점을 낸다.

9 나는 가만히 앉아 있다가 점수만 모으면 된다. 시험 문제가 만들어지고 시험이 치러지고 채점이 이루어질 때까지 내가 한 일은 별로 없다.

나는 3년 동안 이 방법을 실험했다. 이 시험에서 나온 점수와 '공식' 시험 점수는 상관관계가 매우 높았다. 그렇지만 데이터가 너무 제한적이어서 정식으로 발표하지는 못했다. 내 실험 결과가 옳다면, 이것은 학습자 그룹을 평가하는 가장 쉬운 방법 중 하나다. 여러분도 시도해보기 바란다. 재미있다.

낸시 프레이Nancy Frey, 존 해티, 더글러스 피셔Douglas Fisher는 『평가 역량을 갖춘 가시적 학습자 키우기Developing Assessment-Capable Visible Learners』(2018)에서 학습 방법을 아는 아이들의 특징을 다음과 같이 기술한다.

• 나는 내가 어디로 가고 있는지 안다.

- 나는 그 여정을 위한 도구를 가지고 있다.
- 나는 내 진척 상황을 모니터링한다.
- 나는 다음으로 넘어갈 준비가 돼 있음을 스스로 인식한다.
- 나는 다음에 할 일을 알고 있다.

이러한 특징은 내가 구름 속의 학교에서 본 아이들의 모습과 정확히 일치한다.

아이들은 교사와 교과서를 통해 과거의 것을 배운다. 아이들은 미술·과학·공학 분야에서 그리고 세계에서 어떤 일이 일어났는지를, 다시 말해 과거에 일어난 모든 일을 배운다. 이러한 시스템은 아이들이 학교를 마칠 때쯤이면 교사가 알고 있는 모든 것을 맛보고 언제든 필요하면 꺼내어 쓸 수 있게끔 두뇌의 주름 속에 잘 정리해두었기를 바란다.

그런데 미래는 거의 다루지 않는다.

교육과정

전통적인 교육과정 설계에서는 우리가 아는 모든 지식 가운데 무엇이 학교와 아이들에게 적절한지, 즉 무엇이 삶을 위해 준비시켜야 할 내용인지 결정한다. 우리가 아는 지식의 목록은 당연히 시간이 갈수록 길어지고, 따라서 교육과정도 점점 길어진다. 우리는 학교 교육과정에 되도록이면 많은 것을 집어넣으려고 한다. 내용을 덜어내기도 하지만 그럴 때는 매우 신중하고 느려진다. 계속 불어나는 교육과정에서 벗어나려면 어떻게 해야 할까?

한 가지 방법은 우리가 아직 모르는 큰 문제, 즉 '우리 시대의 큰 질문' 목록을 만드는 것이다. 그 목록은 우리가 아는 것의 목록과 달리 시간이 갈수록 짧아지리라고 기대한다.

SOLE에서처럼 큰 질문을 탐구하는 과정에서 아이들은 우리가 알고 있는 것들과 마주치게 된다. 예를 들어 아이들에게 삼체 문제와 그것이 왜 아직 풀리지 않았는지 조사해보라고 하면 아이들은 중력이나 전자기력처럼 우리가 이미 푼 문제들을 만나게 될 것이다. 답이 아니라 질문으로 이루어진 교육과정은 학교를 더 재미있는 곳으로 만들 것이다. 박사학위 논문을 쓰는 학생이 하듯이 아직 아무도 모르는 큰 문제를 탐구하는 과정에서 아이들이 마주치는 기존의 지식에는 다음과 같은 세 부류가 있을 것이다.

A 앞으로 살아가는 데 도움이 되고 유용한 지식
B 아마도 사용할 일이 없겠지만 무척 흥미롭고 알고 싶어지는 지식
C 사용할 일이 결코 없고 몹시 지루하지만 시험에 나올 것 같은 지식

A는 필수적인 지식으로, 학교는 아이들이 그것을 잘 이해하고 기억하게 해야 한다. B는 삶을 더 가치 있게 만드는 지식이다. 학교는 아이들이 그러한 지식을 접하고 향유할 수 있게 해야 한다. C는 시험에 나오지 않으면 알 필요가 없는 지식이다.

A와 B 유형의 지식에 기초한 교육과정이라야 미래에 맞닥뜨릴 그 어떤 문제도 균형 잡힌 시각으로 해결할 수 있는 사람을 키워낼 것이다.

13

지금 구름 속의 학교는
어디쯤 왔을까

Where Are the Schools in the Cloud Now?

이 책에 쓴 모든 프로젝트와 실험의 현 상태를 생각하면 실망, 실패감, 숱한 착각에 대한 깨달음 등이 머릿속을 가득 채운다. 그러나 이 프로젝트들은 나에게 엄청난 희망과 성취감, 나와 내 동료들의 성공에 대한 감사함도 안겨주었다. 이 장은 그 모든 것에 관한 성찰이다.

벽에 난 구멍, 그 후 어떤 일이 벌어졌나? 우리는 벽에 난 구멍 덕분에 학습의 미래와 자생적 질서를 엿볼 수 있었다. 처음에 실험한 장소들은 대부분 사라졌지만, 아직 남아 있는 곳은 훨씬 흥미롭다.

NIIT 담장에 설치한 최초의 벽에 난 구멍은 델리 정부가 주차장을 만들면서 철거됐다. 컴퓨터가 철거될 때 라진데르라는 소년(나에게 그는 자기조직적 학습의 닐 암스트롱이다)은 이렇게 말했다.

"저는 그럼 어떻게 엔지니어가 되죠?"

26세가 된 라진데르는 지금 그 근처에서 노천 찻집을 운영하고 있다. 그는 형편이 어려워 대학교에 가지 못했지만 사람들은 휴대전화가 고장 나면 라진데르를 찾는다.

NIIT는 벽에 난 구멍을 통합하는 기반을 조성하고자 HiWEL^{Hole in the Wall Education Limited}이라는 회사를 설립하기에 이르렀다. 내 오랜 동료인 푸르넨두 호타^{Purnendu Hota}가 수장을 맡았다. 그는 나를 멘토로 여긴다. 내가 그렇게 불릴 만한 자격이 있기를 바랄 뿐이다. HiWEL은 오지나 취약 지역에 계속 벽에 난 구멍을 설치하고 있다. 푸르넨두는 다음과 같이 경과를 전했다.

우리는 지금까지 약 1,100개의 학습 스테이션을 설치했습니다. 스테이션마다 대개 두 개의 사용자 창구가 있습니다. 출입 기록으로 아이들을 추적하지는 않으므로 우리가 얼마나 많은 아이들에게 다가갔는지는 다음과 같은 방법으로 추정합니다.

1 학습 스테이션이 있는 마을이나 학교에는 평균 500명의 아동이 있음을 확인했습니다. 이는 보수적으로 잡은 추정치로, 일부 지역에는 1,000~1,500명의 아동이 있습니다.

2 우리는 1년 동안 약 50%의 아이들이 창구 하나를 이용하며, 따라서 스테이션 하나가 있으면 1년 동안 그 구역 아이들 100%가 이용한다는 사실을 관찰했습니다. 즉 학습 스테이션 하나당 평균 약 500명의 아동이 이용합니다.

3 통상적인 프로젝트 기간은 약 4년이며, 그 후에는 스테이션을 지역사회나 학교에 양도합니다. 따라서 4년간 이용한 아동 수는 2,000명이 됩니다(이 역시 매우 보수적인 추정치입니다).

4 전체적인 효과, 즉 지금까지 학습 스테이션을 이용한 아동의 수는 1,100개소×2,000명=2,200,000명, 어림잡아 220만~250만 명으로 추산됩니다.

250만 명의 아이들이라니! 푸르넨두는 이 숫자를 너무 덤덤하게 말했다.

다른 사람들도 벽에 난 구멍을 만들었다. 내가 가장 잘 아는 예로, 내 친구 카트린 맥밀런Katrin McMillan이 이끄는 단체는 '헬로 허브Hello Hub'를 만들었다. 그 설계는 최신 테크놀로지를 이용해 누구나 어디에나 벽에 난 구멍을 만들 수 있는 키트로 진화했다. 웹사이트(http://hellohub.org)에서 이에 관한 정보를 볼 수 있다.

어떤 사람들은 나에게 1999년에 벽에 난 구멍을 접한 아이들이 어떻게 됐는지 아느냐고 물어보곤 한다. 나에게는 그 실험에 참여한 아이들 수천 명을 추적할 방법이 없었다. 따라서 총괄적인 답변은 할 수 없다. 그렇지만 몇몇 사례는 있다. 그중 가장 멋진 사례들을 소개하자면 다음과 같다.

- 인도 시르가온 마을의 한 아이는 미국 예일 대학교에 장학생으로 입학했으며 진화생물학 박사학위를 취득했다.
- 하이데라바드 빈민가 학교에 다니던 한 아이는 말레이시아의 대학에 진학하여 의사가 됐다.
- 마하라슈트라의 한 소녀는 스타트업에서 컴퓨터 엔지니어로 일하고 있다.

그 아이들은 모두 벽에 난 구멍에서 원동력을 얻었다고 말한다.

기분 좋은 사연이 방법론을 정립해주는 것은 아니므로 이 정도로 하자. 그러나 벽에 난 구멍의 장기적인 효과를 보여주는 통계적 증거가 없더라도 이러한 사례 하나하나가 내 실험 전체를 가치 있게 만들어준다는 느낌은 지울 수 없다. 결정은 각자의 몫이다.

구름 속의 학교, 그 후

- **구름 속의 학교 0호** 고차란 구름 속의 학교는 이용률이 낮다. 생기 없는 텅 빈 시설이 돼버렸다. 자금 지원은 2018년 10월 31일에 끝났다. 그러나 뎁은 엔지니어가 됐다. 그의 성공은 고차란 프로젝트에 시간과 자금을 투자한 보람이 될 것이다.

- **구름 속의 학교 1호** 코라카티 구름 속의 학교는 멋진 외관을 자랑한다. 지금도 아이들이 가득하다. SOLE와 할머니 구름은 아이들의 읽기 이해력과 인터넷 활용 기술을 빠르게 향상시키고 있다. 밀론이라는 아이는 구름 속의 학교 덕분에 인생이 바뀌었다. 그러나 자체적인 자금 조달은 불가능하다. 가장 긴급한 도움이 필요한 곳이 있다면 바로 여기다.

- **구름 속의 학교 2호** 찬드라코나 구름 속의 학교는 조금씩 정상화하고 있다고 한다. 누가 이곳을 자생력 있는 학교로 변모시킬 수 있을까? 오직 시간만이 이곳의 복잡한 문제를 해결해줄 것이다. 경찰관이 되고 싶다던 소녀 프리야가 꿈을 이루는 날이 오면 이 학교에 어떤 조치를 취해주기를 희망한다.

- **구름 속의 학교 3호** 칼카지 구름 속의 학교는 이제 존재하지 않는다. 그러나 자야와 디파 같은 소녀들의 마음속에 여전히 살아 있다. 이 소녀들과 그들의 자녀는 결코 가정부가 되지 않을 것이다. 그들이

곧 칼카지의 성공이다.

•구름 속의 학교 4·5·6호 팔탄, 킬링워스, 뉴턴 에이클리프 그리고 다
스가라 구름 속의 학교는 완벽하게 가동하고 있다. 이곳들의 구름
속의 학교는 정규 학교에 속해 있다. 이들은 학습의 미래를 실현하
고 있으며, 전 세계에 또 다른 구름 속의 학교들을 만드는 데 도움
을 준다.

객관적으로 말하자면, 일곱 개의 구름 속의 학교는 임무를 수행하는
우주선과 같다고 말할 수 있다. 그렇지만 나는 그렇게 말하지 않을 것이
다. 그 우주선들은 여전히, 일부는 물리적으로, 일부는 그것을 조종하는
아이들의 마음속에서 항해하고 있다. 나는 그 아이들에게서 내가 나아
갈 방향을 찾을 것이다.

전 세계로 퍼져 나가는 구름 속의 학교

매섬에서 상하이로

매섬은 영국의 작고 아름다운 상업 도시로 노샐러턴 인근에 있다. 매섬
에는 동화 속에서 튀어나온 듯한 초등학교가 하나 있다. 우리는 몇 년간
이곳에서 멋진 SOLE를 진행했다. 4학년과 6학년 각각 한 학급씩이었
고, 사랑스러운 유머 감각을 지닌 선생님이 함께했다. 이 학교의 교사 두
명과 교장 선생님은 인도에서 열린 할머니 구름 콘퍼런스에도 참석했
다. 그들은 본셰이커를 타고 코라카티를 방문했는데, (좋은 쪽으로) 완전
히 다른 사람이 돼 돌아갔다. 그 교사 중 한 명은 대단한 SOLE 전도사가

됐다. 여전히 그렇기를 바란다.

　나는 그 교사들에게 4학년과 6학년 학생들이 SOLE 방식으로 GCSE A레벨 문제를 풀게 한 실험에 관해 들려주었다. 두 교사는 이 실험을 재현하고 똑같은 결과를 얻었다. 그들은 어디를 가든 사람들에게 이 이야기를 하기 시작했다. 특히 그중 한 명은 SOLE 경험이 자신의 태도를 바꿔놓았다고 했다.

　2017년, 두 교사 중 한 명이 상하이에 있는 국제학교에 초빙받았다. 그가 그 학교로 자리를 옮겨 처음 한 일은 나를 초청한 것이었다. 마침 내가 콜카타에 있던 때라 쉽게 성사됐다. 나는 거기서 몇 차례 SOLE를 시연했다. 1년이 채 안 되어 그는 교감으로 승진했으며 세 곳의 학교에 구름 속의 학교를 설치할 수 있는 자금을 지원받았다. 나는 개소 선언을 하는 영광을 얻었다!

그림 13.1 **중국 쑤저우시에 완벽하게 구현된 구름 속의 학교**

내가 마치 차나키야(카우틸랴라고도 한다. 찬드라굽타를 가르친 현인 – 옮긴이)가 된 것 같았다.

인도 고아주

인도에서 SOLE는 언제나 도전이었다. 인도의 교육 시스템은 완전히 빅토리아시대 방식으로 19세기에 갇혀 있다. 인도의 학교는 규율, 암기, 엄숙하고 엄격한 관점 위에 서 있다.

그래서 2015년 11월에 다음의 이메일을 읽은 나는 무척 흥분했다.

 수가타 선생님께

선생님의 눈부신 업적에 감사합니다. 선생님의 작업을 찾아보는 일은 저에게 즐거움입니다. 저는 지난해에 사우스고아에 초등학교를 설립했으며, 2016년 9월 노스고아의 중등학교 개교를 앞두고 있습니다.

저는 개교 예정인 학교를 '구글 그린 스쿨Google Green School'로 제안하고 있습니다. 구글 그린 스쿨이란 다음 세대에게 가장 중요한 두 가지, 즉 테크놀로지와 환경을 중심에 두는 학교를 말합니다. 제 취지는 학교를 일종의 쇼케이스로 만들어 인터넷과 컴퓨터가 어떻게 교육의 패러다임을 긍정적으로 바꾸어나가고 상상력과 진정한 목적이 부족한 현 상태를 개선할 수 있는지, 그 가능성을 보여주는 것입니다.

우리 학교가 SOLE 실험에 포함될 수 있을까요? 우리는 개교 첫날부터 SOLE를 적용하게끔 준비할 수 있습니다. 이러한 구상이 학부모들의 요구 – 예를 들어 자녀를 대학에 합격시키는 것 – 와 조화되게 하려면 어떻게 해야 할지에 관해서는 우려되는 점도 분명히 있지만 저는 대학에 입학하는 '비전통적인 경로'가 있다는 점에 주목합니다. ……

실파 메타 드림

실파는 어마어마하게 유능한 여성이었다. 그는 단 몇 달 만에 고아에 포르투갈풍 대저택을 임대하여 학교를 세웠다. 학교 이름은 파라다이스 스쿨이었다. 2016년 그곳을 방문한 나는 그가 이룬 성과에 깜짝 놀랐다.

SOLE의 아이디어가 바로 그 학교의 동력이었으며, 개교식 날 나는 이곳의 첫 SOLE를 실시했다. 질문은 "휴대전화는 어떻게 자기 위치를 알까?"였다. SOLE 특유의 웅성거림이 있었다. 그 속에서 열두 살짜리 아이들의 입에서 나올 것 같지 않은 말들이 들렸다. "위성" "삼각형" "왜 3이라는 숫자가 자꾸 나오지?" 등등. 나는 한 단어가 나오기를 기다렸다. 그리고 30분쯤 지났을 때 드디어 그 단어가 등장했다. 그것은 '삼각법Trigonometry'이었다. 나는 자생적 질서가 나타났음을 알았다.

실파는 SOLE를 인도 주류 학교에 진입시켰다. 그의 학교는 어느새 고아주에서 가장 크고 가장 인정받는 학교가 되고 있다.

영국 맨섬

헬렌 모이어는 맨섬에 있는 아름다운 학교에서 아이들을 가르친다. 월러스턴이라는 이름의 이 학교는 매우 유능한 교장 로즈 버턴이 이끌고 있다.

안녕하세요. 저는 지금 귀하의 책 『벽에 난 구멍을 넘어서』를 읽고 있습니다. 가까운 시일 안에 이와 관련된 연수 프로그램이 계획되어 있는지 궁금합니다. 또한 아동과 성인을 위한 SOLE를 더 보고 싶은데 방문할 만한 곳을 추천해주신다면 매우 기쁘겠습니다. 제 메일을 읽어주셔서 감사합니다.

헬렌 모이어 드림

시간이 나자마자 맨섬으로 가는 비행기를 탔다. 그리고 월러스턴에서 몇 차례 SOLE를 진행했다. 한번은 평소와 다른 질문을 시도했다. 교과목과 관계없는 질문이었다.

"여러분이 아홉 살짜리 어린이이며 예순여섯 살인 이모와 함께 두바이에 살고 있다고 상상해보십시오. 일 년 동안 집을 비운 아버지가 200파운드(약 270달러)를 보내면서 이모와 함께 주말을 보내라고 합니다. 어떻게 하면 최고의 주말을 보낼 수 있을까요?"

아이들은 이리저리 돌아다니면서 다른 그룹이 뭘 하고 있는지 들여다보고 격렬하게 논쟁을 벌이기도 했다. 그러다 보니 SOLE 특유의 웅웅거리는 소음이 귀청이 터질 듯 커졌다.

"호텔에서 콜라가 얼마나 비싼지 알아?"

"몇 계단 못 오르고 쓰러지실걸? 이모는 예순여섯 살이라고!"

이런 식이었다. 이 질문은 아이들을 인터넷 계정, 광고, 온라인 예약, 스팸메일 마케팅, 건강 정보, 환전을 비롯해 교육과정의 어딘가에 있으리라고 여겨지는 여러 영역으로 데려다줄 수 있다.

약 40분 뒤, 두 개의 놀라운 답이 나왔다. 우선 한 무리의 남자아이들이 두 사람이 이틀 동안 휴가를 보낼 방법을 제안했는데, 무려 두바이에서 맨체스터까지 가는 항공요금이 포함되어 있었다. 아이들은 어떻게 그것이 가능한지 꼼꼼하게 보여주었다.

두 번째 답은 여자아이 셋이 모인 그룹에서 나왔다. 그 아이들은 아까운 돈을 이동하는 데 써버리고 싶지 않다고 했다.

"우리는 부자가 아니라서 진짜 큰 호텔 안에 들어가볼 수 없어요."

그래서 그들은 두바이에 있는 7성급 호텔인 버즈 알 아랍 주메이라에서 할인가로 이틀 밤을 보내겠다고 했다.

SOLE에서 다루는 질문에는 오직 하나의 정답만 있지 않다. 삶이 본래 그렇지 않은가?

나는 그때 SOLE을 참관하러 와 있던 정부 관계자들에게서 맨섬의 모든 교사를 위해 SOLE에 관한 연수 프로그램을 열어달라는 요청을 받았다. 맨섬에는 자치정부가 있어서 교육에 관해 독자적인 의사결정이 가능하다. 나는 쭈뼛거리며 요청을 받아들였고, 그것은 몇 달 후 신나는 경험으로 이어졌다.

헬렌 모이어는 학교를 떠나 맨섬 전역의 SOLE 시행 책임자가 됐다. 그가 아니면 누가 하겠는가?

미국 뉴욕시 할렘

나탈리아 베가는 2013년부터 할머니 구름에 참여했다. 콜롬비아 출신으로 뉴욕에 정착해 살고 있는 그는 그 무렵 할렘 지역의 가난한 흑인과 히스패닉 아이들을 가르치고 있었다. 그는 훌륭한 구름 할머니였으며 아이들을 데리고 SOLE를 진행하는 데 천부적인 재능이 있었다. 나탈리아는 2013년 7월에 뉴캐슬 대학교의 박사과정 학생으로 들어와 박사학위 과정을 단 4년 만에 마치고 2018년에 학위를 취득했는데, 그가 제출한 논문은 거의 수정 없이 통과됐다.

나는 내가 받은 강연료 중 얼마 안 되는 돈으로 나탈리아를 지원했고, 그는 자신이 일하는 할렘의 학교(학교 이름은 John B. Russwurm P.S. 197M 이다) 안에 구름 속의 학교를 만들었다. 비용은 5,000달러도 안 들었다. 우리는 점점 더 저렴한 설계 방식을 개발하고 있었다. 2015년 10월 14

일, 나는 개소식에 참석하기 위해 그곳에 갔다.

나는 아이들에게 질문을 만들어보라고 했다.

"왜 개는 고양이를 보면 쫓아가나요?"

아이들이 제안한 질문이었다. 놀랍게도 아이들은 폭력에 관해 조사하기 시작했다. 개는 고양이를 해치려는 게 아니지만 고양이는 그렇게 여긴다. 고양이는 공격하려고 발톱을 세우는데 개는 그게 무슨 뜻인지 모른다. 아이들은 여기서 더 나아가 의도를 오해해서 일어나는 폭력에 관해 설명했다.

미국 오하이오주

2014년, 제프리 매클렐런Jeffrey McClellan 박사는 미국을 비롯해 여러 나라에 SOLE를 도입하는 활동을 시작했다. 그가 가장 먼저 한 일은 스타트 SOLESTARTSOLE이라는 앱을 개발한 것이었다. 제프는 교사가 따로 훈련받지 않고도 SOLE를 실시할 수 있게 하는 것이 SOLE 확산의 열쇠라는 전제에서 출발했다. 내가 생각하지 못한 점이었다. 제프에게 어떻게 돼가는지 물어보자 그는 다음과 같이 답장을 보내왔다.

이 도구를 개발하여 교육종사자들에게 보급한 지 4년 후에 나타난 결과는 매우 인상적입니다. 우리는 STARTSOLE™이 교사의 사전교육이나 학교의 비용 지출 없이 매끄러운 탐구학습 진행 역량을 쉽게 확보할 수 있게 한다는 증거를 얻었습니다. 2014년부터 2018년까지 STARTSOLE™은 90개국의 교육종사자 1만 명 이상(대부분 초·중·고교)을 수용할 수 있는 기술적인 기반을 구축했습니다. 교사들은 2,500개 이상의 학교에 근무하며 STARTSOLE™을 경험한 초·중·고교 학생은 40만 명에 달할 것으로 추정됩니다. STARTSOLE™ 시범운영의 일환으로 모바일 애플리케이션을 전송·사용할 때 데이터 수집이 이루어지게끔 시스템을 통합했습니다. STARTSOLE™에는 학생 중심의 탐구학습을 모든 교실, 모든 교사의 손에 가져다줄 수 있는 잠재력이 있습니다.

그는 2021년까지 미국 학생 천만 명이 이 도구를 이용할 수 있게 하고 싶다고 말한다. 나는 그에게 점심이라도 사주고 싶다.

그리스 라리사

라리사는 그리스 테살리아주의 최대 도시이자 주도다. 전사 아킬레우스가 이 지역에서 태어나고 살았다(아킬레우스의 취약점이었던 발뒤꿈치를 기억하는가). 라리사는 호메로스의 『일리아스』에도 나오며 서양 의학의 아버지 히포크라테스가 의술을 펼치고 사망한 곳이기도 하다.

바실리키 만달루는 라리사에 사는 철학과 언어 교사다. 나는 바실리키를 이스탄불에서 열린 어느 콘퍼런스에서 처음 만났는데, 이후 또 다른 콘퍼런스 때문에 라리사에 갔을 때 다시 만났다. 바실리키는 나에게 작은 사립학교에서 SOLE를 진행해달라고 부탁했다. 아이들은 영어를 꽤 잘했으며, 나는 의사소통을 SOLE의 주제로 정했다. 아이들은 12세에서 15세 사이였다.

나는 아이들에게 이렇게 물었다.

"다른 사람에게 어떤 말을 했는데 그 사람이 다르게 이해할 때가 있죠?"

아이들이 고개를 끄덕였다. 우리는 사람들이 서로를 오해하는 경우가 왜 생기는지 토론했다. 나는 화이트보드에 집 하나를 그렸다. 정사각형 하나와 삼각형 하나로 그린 단순한 집이었다. 그러고는 곧바로 그림을 지웠다.

"내가 뭘 그렸는지 기억해요?"

아이들이 고개를 끄덕였다.

"내가 컴퓨터라고 생각해보세요. 그럼 나한테, 즉 컴퓨터한테 그림을 그려달라고 할 수 있겠죠? 아까 그 그림을 다시 그리라고 하려면 뭐라고 해야 할까요?"

"집을 그리라고 해요."

한 아이가 말했다.

"나는 집이 뭔지 모르는데?"

"정사각형을 그리라고 해요."

나는 화이트보드에 꽉 차게 거대한 정사각형을 그렸다.

"아니, 아니. 작은 정사각형이요!"

아이들이 웃으며 말했다. 나는 화이트보드 한구석에 아주 조그마한 정사각형을 그렸다. 잠시 침묵이 흐른 뒤에 한 아이가 말했다.

"화이트보드 중앙에 한 변의 길이가 20cm인 정사각형을 그려요."

나는 시키는 대로 했다.

"이제 사각형 위에 삼각형을 그려요."

나는 정사각형 위에 거대한 역삼각형을 그렸다. 아이들이 더 크게 웃었다. 아이들은 여러 차례 실망하고 깔깔거린 끝에 드디어 올바른 그림을 그렸다.

"화이트보드 중앙에 한 변의 길이가 20cm인 정사각형을 그려요. 그다음, 정사각형의 왼쪽 위 모서리에서 시작하여 꼭대기가 사각형 윗변 중앙에서 10cm 떨어지게 삼각형을 그려요."

나는 정사각형의 네 모서리에 각각 A, B, C, D라는 이름을 붙이면 훨씬 더 쉬울 수 있겠다고 말해주었다. 30분쯤 지나자 아이들의 지시에 기하학 용어가 등장했다.

"아주 오래전 그리스에서 유클리드라는 사람이 만든 새로운 언어예요. 이 언어는 오해할 일이 거의 없답니다. 그럼 최초의 언어는 어디서 왔을까요? 동물도 언어가 있을까요?"

SOLE가 이어졌다. 아이들은 동물이 울거나 짖는 소리에서 언어가 기원한다고 설명했다. '기침cough'이라는 단어가 기침 소리를 닮은 것이 그 때문이라고도 했다. 아이들은 단어가 어떻게 만들어지며 어떻게 서로 다른 의미를 지닐 수 있는지 설명하면서, 이 때문에 오해의 여지가 생긴다는 결론에 이르렀다. 유클리드가 들었다면 행복했을 것이다.

내가 교실을 나설 때 한 소년이 다가와서 이렇게 물었다.

"교생 선생님이세요?"

"뭐, 비슷해."

"꼭 선생님이 되세요. 아주 훌륭한 선생님이 되실 거예요."

"고마워."

나는 뿌듯해하며 대답했다. 아킬레스와 히포크라테스의 도시에서 인정받았군.

인도 펀자브

2016년 여름, 리투와 나탈리아는 캘리포니아의 한 스타트업에 채용되어 찬디가르(펀자브주의 주도) 외곽 모할리의 외딴 마을에 작은 구름 속의 학교 두 개를 만드는 일을 맡았다. 나는 원격으로 그 프로젝트 관리를 돕기로 했다.

나탈리아는 알루나 톨라, 리투는 시두왈이라는 마을을 택했다. 두 마을 모두 모할리에서 차로 한 시간 정도 거리에 있었다. 나는 두 시설을 조용히 빠른 속도로 짓게 했다. 한 달도 안 되어 2018년 1월에 문을 열었고 곧바로 열흘마다 읽기 이해력을 측정했다. TED 프로젝트의 데이터를 입수한 후였으므로 그다음에 내가 할 일은 명확했다.

그림 13.2에 나타나듯이, 나탈리아의 데이터는 읽기 이해력이 일정하게 향상됐음을 보여준다. 이 상승 곡선은 팔탄에서 수니타가 비슷한 연령대의 아이들에게서 얻은 그래프(그림 7.6)와 비슷하다. 리투의 데이터(그림 11.2)는 수니타가 아주 어린 아이들에게서 얻은 그래프(그림 7.2)와 똑같이 비선형적인 모양을 보여주었다.

그림 13.2 **알루나 톨라 구름 속의 학교의 읽기 이해력 향상**(2018년 2월)

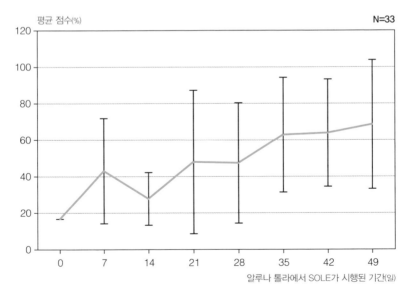

3부 학습의 미래를 엿보다

수니타·리투·나탈리아의 데이터와 정성적 관찰에서 나는 '유창성'을 믿으면 안 된다는 사실을 배웠다. 주어진 지문을 유창하고 빠르게 읽지만 내용은 한 마디도 이해하지 못하는 아이들이 어디에나 있었다.

리투와 나탈리아의 데이터 분석 결과를 기다릴 필요는 없었다. 프로젝트가 시작되고 두 달 후, 펀자브 정부 관료들이 이 외딴 마을 아이들이 어떻게 영어를 읽고 말하는 것인지 알아보러 왔다. 사실 아이들은 알아듣기 힘든 악센트로 몇 단어를 읽고 말하는 정도였지만 현지 사람들은 믿기 힘들어했다. 알다시피 교사는 없었다.

몇 주 뒤, 리투는 펀자브 정부가 관내의 56개 주립 초등학교에 구름 속의 학교를 만들기로 했다는 이메일을 보내왔다. 지금껏 어디서도 보지 못한 규모의 영향력이었다. 나중에 알고 보니 청장과 부청장이 내가 해온 일을 아주 잘 알고 있었다. 단지 SOLE의 성과가 그렇게 단기간에 가시화하리라고 생각하지 않았을 뿐이었다.

리투의 조력으로 만들어진 56개의 구름 속의 학교는 2018년 11월부터 운영됐다. 그 후 부청장은 25개소를 더 만들 자금을 확보했다. 이는 정부 차원에서 SOLE를 추진한 가장 큰 규모의 사례다.

영국 브리스틀

뉴캐슬 대학교의 오랜 동료이자 연구 센터 SOLE 센트럴에서 중심적인 역할을 하는 제임스 스탠필드는 뜻밖의 이메일을 한 통 받았다. 브리스틀의 세인트 바너버스 초등학교 교사 세라 토머스가 보낸 메일이었다.

SOLE 센트럴 귀중

저는 브리스틀시 사우스글로스터셔에 있는 세인트 바너버스 초등학교 교사로 영어 과목 책임자입니다. 우리가 학교에서 하고 있는 일 그리고 우리가 거둔 성과를 알려드려야겠다는 생각이 들어 연락했습니다.

저는 수가타 미트라 교수님의 작업을 매우 존경해왔으며 올해 저의 재량으로 학교 교육 과정에 '구름 속의 학교'를 도입할 수 있게 됐습니다(우리가 부르는 명칭은 'SOLE 타임'입니다). 저는 독서 활동 방침에 SOLE 타임을 넣어 2학년부터 6학년까지의 모든 학생이 매주 30분씩 SOLE 기법으로 하나의 개방형 질문을 탐구하게 했습니다. 학생들은 반 아이들에게 그 결과를 발표합니다. 이것은 매우 성공적이었고 우리 학교를 완전히 변모시켰습니다. 아이들의 학습 태도, 윤리성, 컴퓨터 활용 능력도 완전히 바뀌었습니다.

지난 학기(5월 11일)에 Ofsted의 감사가 있었는데, 다음은 그 보고서가 언급한 SOLE 타임에 관한 내용입니다.

"학생들은 배움에 자신감이 넘치고 의욕적이며 서로를 잘 돕는다. 학생들은 이 학교가 개발한 특별 연구실에서 보내는 시간을 정말 즐거워한다. SOLE 프로젝트는 학생들에게 스스로 학습 습관을 키우고 스스로 생각할 기회를 주기 위해 통상적인 교실 학습을 넘어서는 추진력을 보여준 좋은 사례다."

우리는 이러한 성공에 힘입어 '구름 속의 학교'를 중심으로 주제별 교육과정을 설계하여 프로젝트 기반 학습 방법을 완성해가고 있습니다. 아이들이 SOLE 타임 때 익힌 기술이 아니었다면 불가능했을 일입니다. 저는 또한 지역 교육 자문위원들에게 다른 학교들의 읽기 활동 계획을 지원하고 구름 속의 학교 접근법을 공유해줄 것을 요청받았습니다.

이것은 Ofsted가 우리를 언급한 두 번째 사례다(이 보고서는 https://reports.ofsted.gov.uk/provider/21/109174에서 볼 수 있다). 나는 세라에게 답장을 보내고 그의 학교를 방문했다. 나와 세라가 SOLE를 한 차례씩 진행했는데, 세라가 나보다 훨씬 나았다. 브리스틀에 갔던 그날, 안도의 물결이 나를 적시는 느낌을 받았다.

한 가지 일화와 함께 이 장을 마쳐야겠다. 지금까지 소개한 사례 중 가장 예언적이다.

2016년 12월 12일, 나는 영국 크로이던에 있는 웨스트 손턴 초등학교를 방문했다. 교직원들이 SOLE에 관해 나와 토론하고 학교를 보여주고 싶다고 했기 때문이다. 그 학교의 디자인은 뛰어난 상상력이 낳은 개가였다. 나는 SOLE를 진행했고 아이들은 더 많은 대화를 원했다.

"인터넷으로 배우는 것을 어떻게 생각하니? 그냥 검색해서 베껴 쓰는 건가?"

아이들은 세차게 고개를 저었다.

"그럼 뭐가 다르지?"

열두 살쯤 되어 보이는 소년이 일어나서 이렇게 말했다.

"배우기 전에도 인터넷에서는 알 수 있어요."

이것이 학습의 미래다.

미래를 내다보는 방식:
투영, 예측, 예언, 판타지

Projection, Prediction, Prophecy, and Phantasy

벽에 난 구멍 실험은 학습이 맞이하게 될 새로운 미래를 풍향계처럼 가리켰다. 당시에 내가 간과했던 점이다. 벽에 난 구멍이 구름 속의 학교를 가리키고 있었음을 깨닫는 데 20년이 걸렸다. 그리고 지금은 구름 속의 학교가 미래를 가리키고 있다. 이번에는 간과하지 않을 것이다. 시간이 갈수록 이 풍향계가 무엇을 가리키는지 희미해지고 있지만 나는 그 안개를 헤치고 들여다보려고 한다.

왜 미래를 이야기해야 하는가? 지금까지 이 책은 학습에 관한 실험을 다루었으며 그 결과는 오늘날 아이들이 필요한 것을 배울 수 있게 하는 새로운 방법이 있음을 보여주었다. 구름 속의 학교를 만들고 활용하는 방법을 알려주는 매뉴얼을 제공하는 데 만족하고 여기서 멈출 수도 있다. 그러나 그것으로는 충분하지 않다. 우리는 인류의 발전을 향해 날아가는 테크놀로지에 올라타 있으며, 그 속도는 기하급수적으로 빨라진다. 미래는 그 어느 때보다 빠르게 도래하고 있다. 구름 속의 학교가 어디로 가게 될지 내다보지 않고 끝낸다면 이내 시대에 뒤떨어진 책이 되고 말 것이다. 그것이 아무리 이상하고 난해하고 낯설더라도 우리는 미래를 예상해야 한다. 그리고 우리의 학교를 그곳으로 데려갈 채비를 해야 한다.

이 책을 쓰기 시작한 2017년 말부터 2019년 초 사이에만 해도 인터넷은 전통적인 수업을 많은 영역에서 가장 비효율적이고 비싼 학습 방법으로 만들었다. 2008년 칼리쿠팜 실험 후 나는 "아이들 여럿이 함께 인터넷에 접속할 수 있게 되면 스스로 무엇이든 배울 수 있다"고 말했다. 당시에 사람들은 이를 순진하고 극단적인 시각이라고 했다. 코라카티에서 킬링워스에 이르는 동안 구름 속의 학교 아이들은 우리에게 그렇지 않다는 것을 보여주었다. 우리는 미래를 내다보아야 한다.

나는 21세기가 시작될 무렵, 미래에 관해 써달라는 요청을 받아 「10의 8제곱Eight Powers of Ten」(Mitra, 2001)이라는 글에서 2000년부터 10002000년까지를 상상했다. 그 글을 쓰는 동안 나는 미래를 내다보는 몇 가지 방법이 있다는 것을 깨달았다. 막연한 추측이 아니며, 아니어야 한다. 우리가 미래를 볼 때 사용하는 네 가지 방식은 투영, 예측, 예언, 판타지다.

투영 PROJECTION

아주 기본적인 전제에서 시작해보자. 현재가 과거와 다르듯이 미래는 최소한 현재와 다를 것이다. 예를 들어 2018년이 2010년과 다르듯이 2028년도 2018년과는 다를 것이다. 2010년에 우리 대다수는 자동차가 스스로 운전하는 날이 오리라고 생각하지 않았다. 2018년에는 누구나 그렇게 생각한다. 이를 미래에 투영하면 2028년에는 사람이 자동차를 운전하는 시대가 있었다는 사실을 소수만 알게 되리라고 추정할 수 있다. 이 미래상은 간단하면서도 꽤 정확할 수 있다. 이것이 선형 투영법이며, 단기간을 내다볼 때 유용하다.

과거에서 미래로 향하는 변화가 일정한 속도로 일어난다면 예측이 가능할 것이다. 고속도로를 정속 주행하고 있다고 가정해보자. 지금까지 1분 동안 2km를 달렸다면 1분 뒤에는 2km를 더 가 있을 것이다. 쉽고 정확하다. 이 책에서 우리는 구름 속의 학교에서 아이들의 인터넷 검색 기술이 직선형으로 향상되는 여러 사례를 보았다. 지금이 학기 중간이라면 학기가 끝날 때 아이들의 검색 기술이 얼마나 향상해 있을지 아주 정확하게 예측할 수 있다는 뜻이다.

그러나 투영법에는 한계가 있다. 신호등이 없는 곳에서 길을 건너려는데 차가 오고 있다면 그 차가 도달하는 데 걸릴 시간을 추정해본 다음 길을 건널지 말지 정한다. 우리는 차가 일정한 속도로 달린다고 가정한다. 그러나 차가 속도를 높인다면 예측은 실패한다. 그러면 소리를 지르면서 최대한 빨리 달려야 할 것이고, 최악의 경우 차에 치일 수도 있다. 또한 투영으로는 장기적인 예측이 어렵다. 변화가 긴 시간 동안 일정한 속도로 일어나는 일은 드물기 때문이다. 당신의 자녀가 10세, 11세, 12세 때 얼마나 자랐는지를 근거로 21세 때의 키를 짐작하기란 불가능하다.

2010년부터 2018년까지의 변화로 2028년을 예측하는 것은 가능해도 1918년부터 2018년까지 어떻게 변했는지를 살펴본들 2118년은 예측할 수 없다. 몇 세기에 걸친 변화는 비선형적으로 일어난다. 따라서 미래를 내다볼 다른 방법이 필요하다.

예측 PREDICTION

시간에 따른 변화는 여러 양상으로 일어날 수 있다. 변화를 측정할 수 있다면 그래프를 그릴 수 있고, 그러면 그 그래프를 토대로 미래를 예측할 수 있다. '행복감'처럼 쉽게 측정할 수 없는 현상도 그래프로 그릴 수는 있다. 그림 14.1은 몇 종류의 그래프를 보여준다. 미래를 내다볼 때도 이런 식으로 그래프를 그릴 수 있다.

그림 14.1 **시간에 따른 변화 그래프**

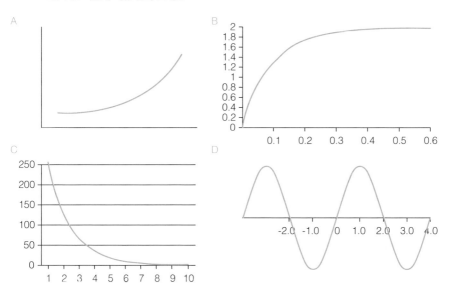

좀 더 자세히 살펴보자. A 그래프는 처음에는 천천히 상승하지만 점점 빨리 상승한다. 우리는 시두왈 아이들의 읽기 이해력 점수 그래프에서 이런 형태의 그림을 보았다.

B 그래프는 어떤 현상의 발생이 빠르게 늘다가 점차 멈추는 경우다. 자녀의 키 성장 그래프가 이 유형에 속할 것이다. 초기의 빠른 향상은 우리를 매우 낙관적으로 만드는데, 이 때문에 향상이 더뎌지거나 멈추면 실망하게 된다. 반면에 그 현상이 부정적인 변화, 예를 들어 암이나 지구온난화 같은 변화라면 처음에는 공포가 팽배하다가 나중에는 조심스러운 낙관론이 나올 수도 있다.

C 그래프는 최저점에 부딪혀 더 내려갈 데가 없을 때까지 빠르게 하강한다. 체중이 금방 줄어드는 훌륭한 다이어트 방법을 발견했지만 어느 시점부터 체중 감소가 점차 멈추는(물론 그 최저점이 C 그래프처럼 0은 아니겠지만) 경우를 예로 들 수 있다. 슬프게도 그 최저점은 당사자가 원하는 몸무게에 다다르기 훨씬 전에 온다. 이런 그래프가 그려질 운명임을 미리 알았다면 자신에게 조금 덜 미안할지도 모른다.

D 그래프는 파동을 그린다. 인간의 건강 상태나 수명 그래프라면 이 오르내림은 증가와 감소를 뜻할 것이다. 인류 역사에서는 제국의 흥망이 반복되는 것처럼 이 파도 모양의 변화가 흔히 나타난다. 개인의 행복과 불행도 이와 같이 반복된다. 상승이 있으면 반드시 하강이 뒤따른다.

아니, 마지막 예는 틀렸다. 우리 모두 알고 있듯이 한번 내려가서 다시 올라오지 않는 일도 많다. 물리학자들은 이것을 '엔트로피'라는 난해한 단어로 포장한다. 그들은 자연이 언제나 질서에서 무질서로 바뀐다고 말한다. 그러나 물리학자들이 언제나 옳은 건 아닐 수도 있다.

어쨌든 미래가 궁금할 때 추세 곡선을 알거나 추측할 수 있다면 경탄을 자아낼 만큼 매우 훌륭하게 예측할 수 있을 것이다. 도박꾼들 중 이런 일을 아주 잘하는 사람들이 있다. 교사들도 어쩌면 최고의 도박꾼이 아닐까?

훌륭한 예측 능력을 지녔다면 수십 년, 수백 년 또는 어쩌면 수천 년 앞까지 내다볼 수 있을 것이다. 하지만 그 이상은 불가능하다. 여기까지가 한계일까?

다행히 더 멀리 내다볼 수 있는 방법이 있다.

예언 PROPHECY

지금까지 본 투영과 예측은 꽤 정확하게 미래를 볼 수 있게 하는 방법이지만 과거의 추세가 미래에도 계속될 때만 적용된다. 그런데 우리의 역사에는 언제나 먼 미래를 볼 수 있다고 주장한 사람들, 바로 예언자들이 있었다. 어떻게 아느냐고 물으면 그들은 대개 정체불명의 무엇이 그렇게 말해주었다고 대답했다.

2018년 인도의 케랄라주에 심각한 홍수가 났다. 많은 사람이 죽고 많은 사람이 집을 떠나야 했다. TV에 나온 어느 여덟 살짜리 소녀는 가족들과 가까운 고층빌딩 꼭대기로 피난했다고 했다. 그 아이는 통을 하나들고 있었는데, 거기에는 석회수에 적신 천이 가득 들어 있었다. 왜 그걸 가져가는지 묻자 건물 꼭대기에서는 수돗물이 잘 안 나온다면서, 그 지역에 화재가 많이 발생해서 위층으로 갈수록 연기가 자욱한데 석회수가 이산화탄소를 흡수할 거라고 했다. 학교에서 선생님한테 배웠느냐고 묻자 "아뇨, 밖에서요"라고만 하고는 입을 닫았다. 인터넷에서 배웠지만 학교에서는 인터넷 접속이 허용되지 않아 말하기를 꺼리는 것이라고 생각했다. 언제 어디서 그것을 읽었는지 기억도 나지 않을 것이다. 네트워크에서 목소리가 들려온 것이다. 예언자처럼.

예언에 납득할 수 있는 근거가 있을까?

스키너와 아인슈타인도 교육에 관해 비슷한 말을 했다. 스키너는 이렇게 말했다. "교육이란 배운 것을 잊어버린 뒤에도 남아 있는 것이다"(Skinner, 1964). '잊는다'는 것은 무슨 뜻일까? 기억을 구성하는 신경 연결이 없어진다는 뜻일까? 아니면 접근 불가능한 잠재의식으로 잠수한다는 것일까? '남아 있는 것'은 잠수한 신경망에서 나오는 목소리이고, 그것이 예언자가 들은 목소리가 아닐까?

어쩌면 예언이란 우리의 의식으로는 알 수 없는 어떤 추세를 바탕으로 예측하는 것일지도 모른다. 아니면 우리의 숨은 욕망이 메시지로 표출되는 것일지도 모른다. 어쩌면 예언은 그저 소망일 수도 있다. 그 본질이 무엇이든 간에 예언은 실재한다. 예언은 영겁에 걸쳐 이어질 수 있으며 수천 년 동안 인간을 이끌어왔다. 우리가 예언하는 법을 배울 수 있을지도 모른다. 그러나 아직은 알지 못한다.

그런데 예언조차도 우리가 지각하는 현실의 경계를 넘지 않는다. 예언도 여전히 인간과 지구, 시간과 공간에 관해 말한다. 그 너머를 볼 수는 없을까?

판타지 PHANTASY

지크문트 프로이트는 이렇게 말했다. 인간은 "현실에서 쥐어짜낼 수 있는 빈약한 만족만으로는 살아갈 수 없다. 테오도어 폰타네의 말처럼, '간단히 말해 우리는 예비 장치 없이 견딜 수 없다.' …… 그것은 상상 속의 소망 충족이다."

나는 미래를 보는 이 마지막 방법을 '판타지'라고 부르고자 하는데, 통상적인 철자 'fantasy' 대신에 옛 표기인 'phantasy'를 택한 이유는 우선 그것이 투영projection, 예측prediction, 예언prophecy과 잘 어울리기 때문이다. 둘째로, fantasy가 무의식이나 잠재의식 속에 있을 때 phantasy라고 부르자는 매력적인 주장도 있기 때문이다.

판타지는 우리의 의식과 현실 바깥에 있다. 그것은 우리를 어디에든 데려다줄 수 있다. 우리에게 필요하지 않은 능력이 있을 리 없다. 판타지는 상상력에 의존하며, 우리는 그 의미를 잘 모른다. 위키피디아는 상상력을 다음과 같이 정의한다.

상상력이란 감각에 따른 직접적인 입력 없이 순수하게 머릿속에서만 새로운 사물·사람·생각을 만들어내거나 시뮬레이션하는 능력이다. 머릿속에서 이루어지는 경험이라고 설명하기도 한다. 그것은 생생한 기억 중 일부를 변형해볼 때처럼 과거의 경험을 재현하는 것일 수도 있으며 …… 완전히 무에서 창조된 것일 수도 있다. 상상력은 지식을 문제 해결에 적용할 수 있게 하고, 경험과 학습을 통합하는 과정의 바탕이 된다.

상상력이 감각의 입력 없이 작동한다면, 그것은 우리 뇌의 신경망에서 발생한다고 봐야 한다. 상상력은 엔트로피를 거역하며 카오스에서 자생적 질서를 만들어낸다.

자생적 질서

네트워크는 연결에 의해 생긴다. 연결된 대상 각각을 그 네트워크의 '노드'라고 한다. 한 노드에 무슨 일이 일어나면 거기에 연결된 다른 노드들도 영향을 받는다. 영향을 받은 노드 쪽에도 그에 연결된 다른 노드들이 있으므로 결국 시스템 안의 모든 노드가 처음에 발생한 일의 영향을 받게 된다. 이게 끝이 아니다.

영향을 받은 모든 노드는 다시 이 모든 일이 시작된 노드에 영향을 끼친다. 그 최초의 노드가 반응함으로써 이 모든 과정이 다시 시작된다. 이런 네트워크가 바로 프렐류드에서 언급한 '복잡동역학계'다.

간단한 실험으로 이 현상을 확인할 수 있다. 아주 쉬우며, 나도 여러 번 해보았다. 모여 있는 사람들에게 일제히 박자에 맞춰 손뼉을 치라고 하라. 이게 전부다. 사람들이 의도를 알아챌 수 있는 어떤 몸짓도 하지 마라. 이제 무슨 일이 일어나는지 잘 들어보라. 처음 1~2초 동안은 무작위로 박수 소리가 들릴 것이다. 그러다가 마치 지휘자가 있기라도 한 것처럼 박수 소리가 점점 한데 모일 것이다.

누가 그렇게 만들었을까? 누가 그 박자를 정했을까? 그런 사람은 없었다. 그냥 저절로 일어난 일이다. 자생적 질서는 저절로 일어난다. 모두가 손뼉을 치기 시작하면 각자의 박수가 다른 모두에게 들린다. 그러면 그것을 들은 사람들의 박수가 바뀐다. 달라진 소리가 또 다른 모두에게 들린다. 한 사람이 여러 사람에게, 여러 사람이 다시 한 사람에게 영향을 준다. 자생적 질서가 나타날 때까지.

아이들과 이 실험을 해보라. 그러고 나서 이 질문으로 SOLE를 진행 해보자. "박수 소리는 어떻게 하나가 됐을까?" 그 답을 아는 사람은 아무 도 없다고 말해주라.

복잡동역학계가 자생적 질서를 만들어낸다는 사실이 알려진 지는 오 래됐다. 그것은 삶의 바탕 자체다. 우리의 모든 기쁨과 슬픔, 모든 성취 와 타락은 자생적 질서가 낳은 결과물이다. 우리의 현실이 곧 하나가 된 박수 소리인 것이다.

이번에는 아무나 붙잡고 이렇게 물어보자. "인터넷이 존재하나요?" 이 질문을 받은 사람은 의아한 표정으로 당신을 바라볼 것이다. 그러면 이 렇게 묻자. "어디에 있나요?" 아무 대답도 못할 것이다. 정적을 즐겨라.

구름 속의 학교에서 아이들은 과거의 범위와 미래에 대한 시야를 넓히 는 법을 배워야 한다. 그리고 그것은 아이들의 행동과 계획에 활용돼야 한다. 시간 인식이 얼마나 확장됐는지에 따라 평가도 이루어져야 한다.

아이들은 상상하는 법을 연습해야 한다. 현재의 학교에서는 그럴 만 한 기회가 너무 적다. 내가 말하려는 것은 이게 전부다.

아이들이 살아가면서 올바른 판단으로 행동하기 위해서는 활용할 수 있는 과거의 지식과 미래를 상상할 수 있는 능력이 필요하다. 그 두 가 지를 결합하여 행동을 선택해야 한다. 그렇게 아이들은 스스로 자신의 현실을 만들어갈 것이다.

이것이 교육이다.

에필로그

MIT에서 나는 의식의 정의를 확장하는 작업을 시작했다. 니컬러스 네그로폰테는 나에게 이렇게 경고했다. "마빈 민스키나 놈 촘스키 같은 사람들이 이미 하고 있는 일이에요. 그만두고 자기조직적 학습에 집중하는 게 어때요?" 나는 그와 끝도 없이 논쟁했고 무례하게 군 적도 많았다. 이 점을 무척 부끄럽게 생각하며, 이 지면을 빌려 니컬러스에게 사과한다.

그렇지만 상호작용하는 '다체'체계들에서 자생적 질서가 출현하는 것, 그것이 자연이 작동하는 방식이다. 입자들의 무질서한 상호작용이 항성·행성·은하를 만들어낸 우주의 탄생부터 탄소와 수소(그리고 그 후 다른 원자들)의 무질서한 상호작용이 아미노산과 당을 형성하고 거기에서 RNA 분자 그리고 DNA가 만들어진 지구 생명체의 탄생에 이르기까지 늘 그랬다. 진화에서 살아남기 위한 이 DNA라는 분자의 엄청난 노력이 물에서, 그다음에는 육지에서 생명체를 만들어냈고, 호모 사피엔스의 출현에 이르렀다.

글로벌 네트워크에서 출현하는 자생적 질서는 인류의 역사 속에서 이 시대의 성격을 규정한다. 인터넷에는 물리적 형태가 없다. 그것은 물질적인 존재가 아니다. 인터넷은 사고한다. 어쩌면 의식도 있을지 모른다. 그러나 우리는 이 낯선 의식을 결코 이해할 수 없을 것이며, 감지할 수조차 없을지도 모른다. 개별 뉴런이 뇌의 생각과 의식을 감지할 수 없는 것과 마찬가지다.

인간은 기계를 만들었다. 처음에는 단순한 도구였지만 몇천 년 만에 상호작용을 하며 세계를 감지하고 생각할 줄 아는 복잡한 실리콘 구조로 발전했다. 인공지능은 1950년대에 앨런 튜링, 존 매카시, 마빈 민스키에 의해 처음 제안됐지만 전산 능력이 인공신경망과 그 결과로 나타나는 현상(자생적 질서)의 구현과 이용을 가능하게 만들어줄 때까지 거의 50년을 기다려야 했다. 지금은 이런 장치가 어디에나 있으며 우리는 그것들과 함께 살고 있다. 인터넷 기기는 끊임없이 학습한다. 과거를 감지하는 능력은 점점 향상되고 있으며 제한적이고 단선적이긴 하지만 미래를 내다보는 능력도 있다. 그 기기들은 투영하고 예측할 줄 안다. 상상력, 예언하는 능력, 판타지를 만들 능력은 없다. 아직은 그렇다.

이 실리콘 두뇌들은 생물학적 뇌에 통합될 것이다. 혼성 생물이 출현할 날이 머지않았다. 그것은 배우기 전에 벌써 모든 것을 알고 있을 것이다. 인간은 지구상에서 자신의 진화에 직접 영향을 끼친 최초의 종이 될 것이다. 새로운 종이 출현하면 이미 무너지고 있는 이 시대의 교육 시스템은 다른 형태로 진화해야 할 것이다. 과거의 영향을 풍부하게 확장하고 투영·예측·예언·판타지를 통해 미래를 보는 능력을 키우는 것이 이 진화한 교육 시스템의 유일한 목표가 될 것이다. 이것이 오늘날의 학교가 나아가야 할 방향이다. 그다음에는······.

이 탄소−실리콘 복합 생물체는 양자 차원으로 줄어들고 마침내 아무런 물질적 형태도 갖지 않게 될 것이다. "우리 말고도 [의식이 있는] 생명체가 있을까?" 21세기에 뜨거웠던 질문이지만, 이 자체가 성립 불가능한 문장이었다는 점이 밝혀질 것이다. 우리 같은 생명체는 원시적인 단계의 예외에 해당한다. 서로 연결되어 비물질 네트워크를 생성하는 것이라면 무엇이든 의식과 생명력을 지닌다고 봐야 한다. 우리는 이미 인간 아닌 의식에 둘러싸여 있었으면서 엉뚱한 것을 찾고 있었다.

의식 역시 진화한다. 공간과 연결이 상실되면서 시간에 따른 진화만 남는다. 그 행위에 태초부터 지금에 이르는, 과거의 모든 것이 영향을 준다. 또 시간이 끝나는 날까지 미래 전체가 영향을 준다. 언젠가 그 진화는 최종 능력에 도달할 것이다. 아직 나타나지 않은 현실을 읽는 능력에.

구름 속의 학교

교육계의 반응

수가타 미트라는 현재 교육계에서 가장 독창적인 목소리를 내는 사람 중 하나이다. 세계 곳곳에서 아동과 테크놀로지에 관해 그가 수행한 독보적인 연구는 배우고 가르치는 과정의 핵심 역학을 이해하는 데 매혹적인 통찰을 제공한다. 아이들은 배우는 것을 좋아한다. 그런데 학교에서는 다 잘 해내지 못한다. 왜 그럴까? 학교에서는 대개 서로 경쟁해야한다. 경쟁하는 대신에 협동한다면 어떨까? 학교교육은 연령에 따라 정해진 과정을 따른다. 만약 그렇게 하지 않으면 어떻게 될까? 아예 교사가 없다면 어떨까? 갈수록 더 긴밀하게 연결되고 더 활발해지는 세계에서 이 모든 것이 교육의 미래에 대해 의미하는 바는 무엇일까? 학습, 테크놀로지, 학교에 진지한 관심을 기울이는 모든 이를 위한 대담하고 도발적이며 중요한 책이다.

— 켄 로빈슨(교육학자, 『아이의 미래를 바꾸는 학교혁명』 저자)

우리는 흔히 아이들을 과소평가한다. 수가타 미트라는 그러지 않는다. 그는 평생 아이들이 본래 지니고 있는 호기심과 상상력으로 스스로 탐구할 수 있게 해주는 일을 해왔다. 교육은 다른 사람에 의해 이루어지는 것인 반면에 학습은 스스로 하는 것이다. 이 책에서 보여주듯이 디지털 기술은 스스로 배울 수 있는 환경을 선사한다.

— 니컬러스 네그로폰테(MIT 미디어 랩과 비영리단체 원 랩톱 퍼 차일드 설립자)

수가타 미트라의 신간이 나를 사로잡았다. 이 책은 가던 길을 멈추고 다시 한 번 생각해보게 만든다. 독자를 격려하고 안내해주는 좋은 책은 많다. 어떤 일을 하는 더 좋은 방법을 추천해주는 책도 있다. 이 책은 그 모든 것을 아우르며 그 이상의 가치가 있다. 또한 일반적인 교육방식에 의문을 제기하고 학습을 새로운 관점에서 생각할 수 있게 해준다.

예를 들어 모든 학생에게 컴퓨터 한 대씩, 아니면 적어도 두 명당 한 대씩이 돌아가게 하려면 얼마나 많은 돈이 들겠는가. 그러나 수가타 미트라는 나이가 서로 다른 아이들 여럿이 큰 화면을 둘러싸고 함께 답을 찾게 하면 훨씬 빠른 진전을 보인다고 말한다. 또 다른 예로, ICT 기반 교수법은 아이들이 제때에 그 나이에 '맞는' 것을 배우도록 주의 깊게 단계적 교육과정을 설계하지만, 미트라는 아이들에게 아무 때나 자유롭게 쓸 수 있는 공용 컴퓨터가 주어지면 계획된 커리큘럼 없이도 컴퓨터 활용 능력을 얻게 됨을 보여준다. 결정적으로 미트라는 어떤 환경이 마련되어야 자기조직적 학습이 유도되는지 설명한다. 벼락치기로 공부한 다음 시험이 끝나면 대부분을 잊어버리는 흔한 상황과 반대로, 그의 실험에 참여한 아이들은 한 달 뒤에 오히려 더 **많은** 것을 알고 있었다! '구름 속의 학교'라는 아이디어의 기본 원칙은 가르치지 **않는** 것이다. 단지 대화하고 질문을 던지고 아이들에게 가능한 답을 도출해보라고 할 뿐, 가르치지는 않는다!

이 책을 읽는 독자들도 나처럼 니컬러스 클라인의 다음과 같은 예언이 수가타 미트라에게서도 실현되리라고 생각할 것이다. "처음에 그들은 여러분을 무시할 것이고, 그다음에는 비웃을 것이며, 그다음에는 여러분을 공격하여 없애버리고 싶어 할 것입니다. 그러나 결국에는 여러분을 위한 기념비를 세우게 될 것입니다." 우리가 이 책의 메시지를 읽고 그에 따라 행동함으로써 그 축하를 앞당길 수 있기를 바랄 뿐이다.

— 제임스 노팅엄(챌린징 러닝 설립자)

인터넷이 제공하는 자원은 소비되는 양을 넘어 끝이 없어 보인다. 수가타 미트라는 다년간의 연구를 토대로 인터넷이 어떻게 해서 아이들에게 우리가 상상하지 못한 방식의 학습 역량을 가져다주는지 설득력 있는 서사를 들려준다. 그가 알려주는 지혜와 전략은 현재와 미래 교육 혁신의 청사진이다.

— 에릭 셰닝거(국제교육리더십센터ICLE 디지털 리더십 선임연구원)

수가타 미트라는 20년 전 인도의 어느 빈민가에 컴퓨터 키오스크를 설치해 교사, 교과서, 시험 없이 아이들끼리 배울 수 있게 했다. 이것은 전통적인 교육에 교란을 일으켰다. 최초의 '벽에 난 구멍' 실험에서 얻은 교훈은 자기조직적 학습환경SOLE 개발에 반영됐으며, 아이들이 온라인으로 조사해 '큰 질문'의 답을 찾는 SOLE은 전 세계로 확산됐다.

『구름 속의 학교』에서 미트라가 말하고자 하는 것은 학교의 종말이나 교사의 퇴출이 아니다. 오히려 교육자들이 SOLE 모델을 포용할 때 어떤 일이 가능해지는지를 보여준다. 그가 데이터와 스토리텔링을 통해 그려 보여주는 교육의 미래상은 호기심으로 점화되고 테크놀로지에 의해 구현되며 아이들 스스로 학습을 이끌어갈 수 있도록 현명한 교사가 북돋워주는 교육이다.

— 수지 보스(교육 컨설턴트,『프로젝트 수업 어떻게 할 것인가?』공동 저자)

『구름 속의 학교』에서 수가타 미트라가 제시하는 학습의 핵심은 앎을 향한 아동의 욕구가 정보에 대한 자유로운 접근과 결합할 때 그 아동의 학습 잠재력이 발산된다는 데 있다. 프로젝트 기반 학습PBL에 익숙한 독자라면 미트라의 작업이 그 방법론의 정수를 보여준다는 점을 인정할 것이다. 그리고 이 책에 바로 그 과정이 구현되어 있다. 우리는 이 책을 읽으면서 미트라가 교육 환경이 열악한 지역의 긴급한 상황을 확인하고 이 문제를 풀 방법을 모색하면서 시행착오를 거치고 해결책을 정립하는 과정을 따라가게 된다. 이렇게 공유해주는 사람이 있으니 우리는 운이 좋다. 미트라는 성공과 실패를 모두 경험한 데서 비롯된 유머와 겸손, 통찰력을 갖추고 학생 중심, 탐구 중심의 학습이 모양새를 갖추어가는 과정을 처음부터 보여준다.

— 제인 크라우스(국립 여성·정보기술센터 교육과정 및 프로그램 개발 컨설턴트,
『프로젝트 수업 어떻게 할 것인가?』공동 저자)

수가타 미트라는 학습에서 아이들을 충분히 신뢰해야 한다는 것을 오랫동안 주장하고 입증해온 몇 안 되는 사람이다. 아이들은 자신의 미래를 상상하고 구축해나가기 위해 필요한 과거의 지식을 배우려면 어떻게 해야 하는지 알고 있다. 상상하는 연습을 하는 것이 얼마나 중요한지

도 안다. 아이들에게는 이 책이 필요하지 않다. 그러나 아이들을 제외한 모든 사람에게는 이 책이 필요하다.

— 스티븐 헤펠(스페인 카밀로 호세 셀라 대학교 교수,

펠리페 세고비아 학습혁신연구소 책임교수)

〈구름 속의 학교〉를 시청해주셔서 감사합니다! 영화가 재미있었기를 그리고 여러분의 교실과 학교에서 학습의 미래에 관해 토론해볼 수 있는 계기가 되기를 바랍니다. 그 토론에 도움이 될 만한 안내를 제공하고자 합니다. 다음은 교사나 학부모, 행정가 그리고 무엇보다 학생들이 질문할 수 있는 내용입니다. 다큐멘터리 〈구름 속의 학교〉는 https://new.tugg.com/titles/the-school-in-the-cloud에서 구입할 수 있습니다.

——————— 자기조직적 학습 ———————

1. 테크놀로지는 교육을 어떻게 변화시키나요? 평가 시스템에는 어떤 영향을 줄까요?

2. 인터넷은 학습을 위협할까요, 촉진할까요? 수가타 미트라는 저서 『구름 속의 학교』에서 아르헨티나 부에노스아이레스에서 처음 자기조직적 학습환경 SOLE을 운영했을 때의 경험을 다음과 같이 말합니다.

여기서 스페인어권 최초의 SOLE 시연이 이루어졌다. 아르헨티나 출신인 마벨 키로가가 통역해주었고, 아이들과 나는 무척 즐거운 한때를 보냈다. 해당 언어로 된 온라인 자원만 충분하면 SOLE가 어떤 언어로든 작동할 수 있다는 사실을 알게 된 곳이 바로 여기였다.

3 SOLE가 영어 습득에서 어떤 역할을 할 수 있나요? 아이들이 SOLE을 통해 언어를 배울 수 있다고 생각하나요? 그 이유는?

4 테크놀로지를 활용한 학습이 성적뿐 아니라 학습 의욕에도 영향을 줄까요?

5 아이들에게 집단적인 학습이 왜 중요한가요? 그룹 구성원들이 어떻게 모두 SOLE 진행에 기여할 수 있나요?

6 아이들에게 자유롭게 인터넷을 검색하게 할 때 위험한 점은 무엇인가요? 잠재적인 이익이 훨씬 크므로 위험을 감수할 수 있다는 데 동의하나요?

최소간섭교육

7 수가타 미트라는 할머니처럼 아이들을 칭찬하고 격려하는 친절한 중재자를 도입한 뒤 인도 아이들의 점수가 30점에서 50점으로 올랐다고 했습니다. 할머니 구름이 효과적인 이유는 무엇일까요?

8 구름 속의 학교에서 교사의 역할은 무엇입니까? 인터넷이 더 많은 학교에 도입되면 교사의 역할은 어떻게 바뀔까요?

9 이 다큐멘터리는 학생들의 호기심을 자극하고 인터넷에서 찾아보고 싶게 만드는 '큰 질문'을 만드는 것이 가장 중요하다고 말합니다. 그런 큰 질문을 만들려면 어떻게 해야 하나요?

연구의 역할

10 교수·학습 전략을 실행하기 전에 얼마나 많은 연구가 필요할까요?

11 수업에서 새로운 전략을 실행하려면 어떤 접근법이 필요한가요? 성공 지표는 무엇인가요?

12 벽에 난 구멍에 관해 상반되는 의견(학습의 미래를 엿볼 수 있는 '징후'라는 점에서 성공적이라고 보는 사람도 있고 지속 가능하지 못했으므로 실패했다고 보

는 사람도 있다)이 존재한다는 사실은 교육에서 연구의 의미와 관련해 어떤 시사점이 있습니까? 어느 쪽 의견이 옳다고 생각하나요?

─────── 구름 속의 학교 ───────

⓭ 이 다큐멘터리에서 인도와 영국의 구름 속의 학교를 보았습니다. 각각의 성공 요인은 무엇일까요? 구름 속의 학교는 전 세계 어디에서나 통할까요?

⓮ 영화 속 찬드라코나 소녀 프리야 이야기에서, 구름 속의 학교는 그 아이의 삶에 어떤 변화를 일으켰나요?

⓯ 앞으로 구름 속의 학교는 어떻게 될까요?

⓰ 코라카티에서 구름 속의 학교는 인터넷 접속이 어려워 여러 문제에 부딪혔고, 결국 운영이 중단되기까지 했습니다. 그렇게 된 이유는 무엇인가요? "다시 살아났다"고 했는데 어떻게 가능했나요?

⓱ 코라카티 같은 오지에서 구름 속의 학교가 성공을 거두려면 어떻게 해야 할까요?

⓲ 영화에서 조지 스티븐슨 고등학교 교사 에이미 리 더글러스가 학생들에게 이렇게 묻습니다. "여러분이 교실을 디자인한다면 어떻게 하고 싶어요?" 당신에게 같은 질문을 한다면 뭐라고 대답하겠어요? 그렇게 디자인하면 교사나 학생은 어떤 기분이 들까요?

⓳ 구름 속의 학교를 만들 계획인가요? 그렇다면 다큐멘터리를 통해 알게 된 어떤 점이 구름 속의 학교 설계와 운영에 반영될까요?

⓴ 다큐멘터리 마지막에 수가타 미트라가 이렇게 말합니다. "그게 연구 프로젝트가 할 수 있는 최선입니다. 답을 내기보다는 다음에 던질 질문을 더 많이 만듭니다." 구름 속의 학교가 당신에게 제기하는 질문은 무엇인가요? 그 답을 찾으려면 이제 무엇을 해야 할까요?

참고문헌

Arora, P. (2010). Hope-in-the-wall? A promise of free learning. *British Journal of Educational Technology*, 41(5), 689-702. Retrieved from https://doi.org/10.1111/j.1467-8535.2010.01078.x

Banerjee, A. & Duflo, E. (2011, September 10). Pratham's contributions to Indian education policy-debate[Excerpt from Poor economies]. *TechSangam*. Retrieved from http://www.techsangam.com/2011/09/10/prathams-contributions-to-indian-education-policy-debate/

Birkegaard, A., Oxenhandler, D. & Sloan, W. (2018). The open window[Documentary film]. Denmark: Videnskabsstudier, Roskilde University.

Clark, D. (2013, March 4). Sugata Mitra: Slum chic? 7 reasons for doubt. *Donald Clark Plan B*[Blog]. Retrieved from http://donaldclarkplanb.blogspot.com/search?q=mitra

Corwin. (2018, October). *Visible Learning^{plus}-250+ influences on student achievement*. Thousand Oaks, CA: Corwin. Retrieved from https://us.corwin.com/sites/default/files/250_influences_10.1.2018.pdf

Freud, S. (1976). Lecture 23: The paths to the formation of symptoms. In James Strachey & A. Richards (Eds.), *Introductory lectures on psychoanalysis*(pp.404-424). London: Penguin, p.419. Original work published in 1917.

Frey, N., Hattie, J. & Fisher, D. (2018). *Developing assessment-capable visible learners, Grades K–12: Maximizing skill, will, and thrill*. Thousand Oaks, CA: Corwin.

Grove, J. (2016). I don't need to know everything; I just need to know where to find it when I need it. *S.O.L.E.*[Website section]. Retrieved from the Belleville Primary School website at https://www.belleville-school.org.uk/news/s-o-l-e

Hardesty, L. (2018, April 4). Computer system transcribes words users "speak silently": Electrodes on the face and jaw pick up otherwise undetectable neuromuscular signals triggered by internal verbalizations. *MIT News*. Retrieved from http://news.mit.edu/2018/computer-system-transcribes-words-users-speak-silently-0404

Hattie, J. A. (2009). *Visible learning: A synthesis of over 800 meta-analyses relating to achievement*. New York, NY: Routledge.

Hattie, J. A. (2012). *Visible learning for teachers: Maximizing impact on learning*. New York, NY: Routledge.

Hattie, J. A. & Donoghue, G. M. (2016). Learning strategies: A synthesis and conceptual model. *npj Science of Learning*, 1, 16013.

Imagination. (2019, May 29). *Wikipedia*. Retrieved from https://en.wikipedia.org/wiki/ Imagination

Jenkins, L. (2008). *From systems thinking to systemic action: 48 key questions to guide the journey*. Lanham, MD: Rowen & Littlefield Education.

Klein, N. (1918). Address of Nicholas Klein. In *Documentary history of the Amalgamated Clothing Workers of America, 1916–1918*(pp.51-53). Baltimore: Amalgamated Clothing Workers of America.

Kulkarni, S. & Mitra, S. (2010). The use of self-organizing systems of learning for improving the quality of schooling for children in remote areas. Project Report. Newcastle University.

Leonard, S. (2016, November 9). Urging students to teach themselves. *Positive News*. Retrieved from https://www.positive.news/perspective/urging-students-to-teach-themselves/

Mancuso, S. (2010). *The roots of plant intelligence*. Retrieved from https://www.ted.com/talks/stefano_ mancuso_the_roots_of_plant_intelligence

McDonald, A. S. (2001). The prevalence and effects of test anxiety in school children. *Educational Psychology*, 21(1), 89-101. https://www.tandfonline.com/doi/abs/10.1080/01443410020019867

Mitra, S. (2001). Eight powers of ten. *Barefoot in the head*[Blog]. Original article reposted December 30, 2015, and available from http://sugatam.blogspot.com/2015/12/in-2001-i-was-asked-to-write-article. html

Mitra, S. (2009). Remote presence: Technologies for "beaming" teachers where they cannot go. *Journal of Emerging Technologies in Web Intelligence*, 1(1), 55-59. Retrieved from https://media-openideo-rwd. oiengine.com/attachments/318b8cc44849fd5ab9606 0be3d0597c54354263f.pdf

Mitra, S. (2012). *Beyond the Hole in the Wall: Discover the power of self-organized learning*. New York and Vancouver: TED Conferences, LLC.

Mitra, S. & Crawley, E. (2014). Effectiveness of self-organised learning by children: Gateshead experiments. *Journal of Education and Human Development*, 3(3), 79-88. Retrieved from http://jehdnet. com/journals/jehd/Vol_3_No_3_September_2014/6.pdf

Mitra, S. & Dangwal, R. (2010). Limits to self-organising systems of learning—the Kalikuppam experiment. *British Journal of Educational Technology*, 41(5), 672-688. Retrieved from https:// onlinelibrary.wiley.com/doi/abs/10.1111/j.1467-8535.2010.01077.x

Mitra, S. & Dangwal, R. (2017). Acquisition of computer literacy skills through self-organizing systems of learning among children in Bhutan and India. *Prospects*, 47(3), 275-292. Retrieved from https://link.springer.com/article/10.1007/s11125-017-9409-6?wt_mc=Internal.Event.1.SEM. ArticleAuthorOnlineFirst

Mitra, S., Dangwal, R., Chatterjee, S., Jha, S., Bisht, R. S. & Kapur, P. (2005). Acquisition of computer literacy on shared public computers: Children and the "Hole in the Wall." *Australasian Journal of Educational Technology*, 21(3), 407-426. Retrieved from https://ajet.org.au/index.php/AJET/article/ view/1328

Mitra, S., Dangwal, R. & Thadani, L. (2008). Effects of remoteness on the quality of education: A case study from North Indian Schools. *Australasian Journal of Educational Technology*, 24(2), 168-180. Retrieved from https://ajet.org.au/index.php/AJET/article/view/1219

Mitra, S. & Kumar, S. (2006). Fractal replication in time-manipulated one-dimensional cellular automata. *Complex Systems*, 16(3): 191-207.

Mitra, S. & Quiroga, M. (2012). Children and the internet: A preliminary study in Uruguay. *International Journal of Humanities and Social Science*, 2(15), 123-129. Retrieved from http://www.ijhssnet.com/journals/Vol_2_No_15_August_2012/15.pdf

Ofsted. (2012, December 11). *Innovative curriculum design to raise attainment: Middlestone Moor Primary School.* Reference No. 120372. Document now archived but available from https://nanopdf.com/download/middlestone-moor-primary-school_pdf

Pratham. (2019, May 19). *Wikipedia.* Retrieved from https://en.wikipedia.org/wiki/Pratham

Pratham India Education Initiative. (2009). *Pratham India Education Initiative: Annual report 2008-09.* Retrieved from http://pratham.org/file/Pratham Annual Report.pdf

Rothwell, J. (Director). (2018). *The school in the cloud*[Documentary film]. London, UK: Met Film Productions.

Roy, S. (2009, January 13). "Golden" diplomat basks in Slumdog glory. *The Indian Express.* Retrieved from https://indianexpress.com/article/cities/delhi/golden-diplomat-basks-in-slumdog-glory/

Skinner, B. F. (1964). New methods and new aims in teaching. *New Scientist*, 122. Retrieved online at https://www.bfskinner.org/publications/pdf-articles/

Stern, J., Ferraro, K. & Mohnkern, J. (2017). *Tools for teaching conceptual understanding, secondary: Designing lessons and assessments for deep learning.* Thousand Oaks, CA: Corwin.

Tyack, D. & Cuban, L. (1995). *Tinkering Toward Utopia: A century of public school reform.* Cambridge, MA: Harvard University Press.

Tyack, D. & Tobin, W. (1994). The "grammar" of schooling: Why has it been so hard to change?" *American Educational Research Journal*, 31(3), 453-479.

Tobin, L. (2009, March 2). Slumdog professor. *The Guardian.* Retrieved from https://www.theguardian.com/education/2009/mar/03/professor-sugata-mitra

Wackerbauer, R. (2010). *Complex dynamical systems.* Retrieved from the website of Dr. Renate Wackerbauer, University of Alaska Physics Department: http://ffden-2.phys.uaf.edu/wacker/

Wilby, P. (2016, June 7). Sugata Mitra—The professor with his head in the cloud. *The Guardian.* Retrieved from https://www.theguardian.com/education/2016/jun/07/sugata-mitra-professor-school-in-cloud

Wormeli, R. (2018, October). The problem with "Show Me the Research" thinking. *AMLE Magazine.* Retrieved from http://www.amle.org/BrowsebyTopic/WhatsNew/WNDet/TabId/270/ArtMID/888/ArticleID/963/The-Problem-with-Show-Me-the-Research-Thinking.aspx

구름 속의 학교

초판 1쇄 인쇄 2021년 9월 10일
초판 1쇄 발행 2021년 9월 15일

지은이 수가타 미트라
옮긴이 김보영
펴낸이 김명희 편집 이은희 책임편집 온현정 디자인 신병근

펴낸곳 다봄교육 등록 2011년 6월 15일 제2021-000136호
주소 서울시 마포구 토정로 222 한국출판콘텐츠센터 305호
전화 02-446-0120
팩스 0303-0948-0120
전자우편 dabombook@hanmail.net
인스타그램 instagram.com/dabom_books

ISBN 979-11-85018-97-3 93370

• 다봄교육은 출판사 다봄의 교육 도서 브랜드입니다.
• 책값은 뒤표지에 있습니다.
• 잘못 만든 책은 구입하신 곳에서 교환해 드립니다.

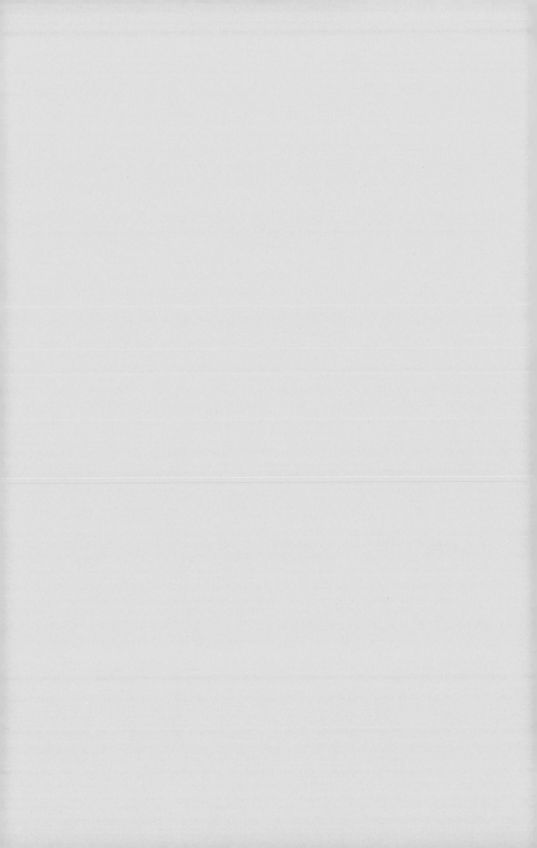